Landschaftsführer in der Reihe DuMont Dokumente

Zur schnellen Orientierung – die wichtigsten Orte und Landschaften Elbas auf einen Blick:
(Auszug aus dem ausführlichen Ortsregister S. 243–249)

Calamita (Erzgrube)	25	Monte Capanne	170
Capoliveri	204	Poggio	172
Cavo	183	Porto Azzurro	181
Cavoli	166	Portoferraio	154
Chiessi	168	Procchio	178
Fetovaia	168	Rio Marina (Erzgrube)	183
La Biodola	177	Rio nell'Elba	184
Lacona	179	San Martino	126
Madonna del Monte	127	San Piero in Campo	111, 173
Madonna di Monserrato	181	Sant'Andrea	169
Marciana Alta	169	Sant'Ilario in Campo	174
Marciana Marina	170	Seccheto	167
Marina di Campo	178	Volterraio	107

In der Umschlagklappe: Übersichtskarte von Elba

In der hinteren Klappe: Geologische Kartenskizze von Elba

Almut und Frank Rother

Elba

Ferieninsel im Tyrrhenischen Meer

Macchienwildnis, Mineralienfundorte, Kulturstätten

DuMont Buchverlag Köln

Die Farb- und Schwarzweiß-Fotografien (außer Farbt. 43, Abb. 16, 27, 28, 63) stammen aus dem Archiv der Autoren und wurden exklusiv für dieses Buch ausgewählt.
Almut Rother zeichnete die Figuren auf den Seiten 54 u., 112 u., 166, 171, 174, 182, 184, 202, 216, 229, 239.

Umschlagvorderseite: Nordküste mit Golfo della Biodola und Capanne-Massiv im Hintergrund
Umschlaginnenklappe vorn: Ruine der pisanischen Fluchtburg Volterraio, 13. Jh. (Motto aus: ›Cosmographia‹ des Sebastian Münster, 1598)
Umschlagrückseite: Im Hafen von Portoferraio
Frontispiz S. 2: Alter Hafen von Portoferraio. Lithographie aus: La Toscane. Album Pittoresque et Archéologique, André Durand, 1861

© 1980 DuMont Buchverlag, Köln
8. Auflage 1991
Alle Rechte vorbehalten
Repro: Litho Köcher, Köln
Satz: Rasch, Bramsche
Druck: Interdruck GmbH, Leipzig
Buchbinderische Verarbeitung: Leipziger Verlags- und Druckereigesellschaft mbH

Printed in Germany   ISBN 3-7701-1194-X

Inhalt

Vorwort 7
Überfahrt mit dem Schiff zur Insel Elba 9

Naturlandschaft der Insel Elba – Geologie, Mineralogie, Flora und Fauna 11

Elbas Lage im Tyrrhenischen Meer und seine landschaftliche Gliederung – Die Insel Elba in Zahlen 11
Eine Reise in die geologische Vergangenheit – Gesteinsaufbau und Entstehung der Insel 14
Häufige Gesteine und Mineralien – Fundorte für den Mineraliensammler 18
Eisenerzlagerstätten Ostelbas 24
Felsburgen, Riesenhohlblöcke und Opferkessel im Granit Westelbas 27
Streifzüge durch die Macchienwildnis – Kulturpflanzen auf Elba 31
Kleine Pflanzenkunde 35
Die Tierwelt Elbas 46

Eine Reise durch die wechselvolle Geschichte – Kulturstätten von der Vorgeschichte bis zur Gegenwart 49

Die Vorgeschichte Elbas 49
Elba als Waffenschmiede der Etrusker 52
Die Herrschaft der Römer – Villa romana delle Grotte 60
Eroberungen im Mittelalter – Langobarden, Sarazenen, Pisaner, Genuesen und die Appiani – Romanisch-pisanische Kirchen, Wehrtürme und Fluchtburgen 64
Die Herrschaften der Medici, Spanier, Habsburger und Franzosen 116
300 Tage Napoleon auf Elba – Palazzo dei Mulini, Villa di San Martino, Madonna del Monte 119
Elba im 19. und 20. Jahrhundert – Wirtschaftliche Entwicklung 134
Die Hauptstadt Portoferraio – Cosmopoli der Medici 154

Routenvorschläge mit Ortsbeschreibungen und Sehenswürdigkeiten 165
Route Westelba I
Marina di Campo – Cavoli – Seccheto – Fetovaia – Pomonte – Chiessi – Sant'Andrea – Marciana Alta – Marciana Marina – Procchio 165
Route Westelba II
Poggio – (Marciana Alta) – Monte Perone – San Piero in Campo – Sant'Ilario in Campo – La Pila . 172
Route Mittelba
Portoferraio – Enfola – Villa San Martino – Biodola – Procchio – Marina di Campo – Lacona – Portoferraio 175
Route Ostelba
Portoferraio – Porto Azzurro – Rio Marina – Cavo – Rio nell'Elba – Volterraio – Portoferraio . . 180
Route Halbinsel Calamita
Capoliveri – Ehemaliger Eisenerztagebau Calamita 203
Wandern auf Elba 206

Anmerkungen 210
Erläuterung der Fachbegriffe (Glossar) 211
Literaturhinweise und Landkarten 214

Praktische Reisehinweise 217
Wie kommt man nach Elba? 217
Verkehrsverbindungen auf Elba 218
Rufnummern für Notfälle 219
Wichtige Adressen 219
Hinweise von A–Z 222
Klima und Reisezeit 223
Campingplätze 224
Badestrände 226
FKK-Strände 227
Toskanisches Segelrevier 228
Unterwassersport und andere Sportarten 229
Therme von San Giovanni 231
Besondere Festtage auf Elba 231
Elbanische Küche und Weine 232
Die kleinen Inseln des Toskanischen Archipels 236

Abbildungsnachweis 240
Register 241

Vorwort

Elba, seit der Antike bekannt als Insel reicher Eisenerzlagerstätten, bietet für mineralogisch und geologisch interessierte Reisende ein weites Betätigungsfeld für Erkundungen und Entdeckungen. Aber auch der Pflanzenfreund findet hier den Artenreichtum der Mittelmeergewächse, insbesondere eine Fülle typischer Macchienpflanzen. Große Kunstwerke sucht man auf Elba vergebens, dafür war die Insel Jahrtausende hindurch Kriegsschauplatz, so daß nur noch Überreste an die Kulturen erinnern, die bis in die Vorgeschichte zurückreichen.

Doch die Insel Elba wird nicht nur den ›Forschungsreisenden‹ begeistern, auch der Erholung suchende Urlauber, der mit offenen Augen diese Insel erlebt, wird sich dem Reiz der Landschaften und Bergdörfer, der Blüten und funkelnden Steine nicht verschließen können und mit Elba vielleicht seine Lieblingsinsel finden, auf die er immer wieder gerne zurückkehrt.

Elba ist zwar nicht mehr so unberührt wie noch Anfang der fünfziger Jahre, was ›alte Elbaner‹ bedauern mögen, und doch ist der Anschluß an den Tourismus maßvoll geblieben. Noch fehlt dieser Insel dank einer einfühlsamen Planung, in deren Mittelpunkt der naturverbundene Mensch steht, die menschenverachtende Betonarchitektur manch anderer Mittelmeergestade; Hotels und Ferienhäuser verstecken sich in der immergrünen Macchienwildnis. Und bisher blieb die Insel auch von all jenen Besuchern verschont, die in ihrem Urlaub den lauten Amüsierbetrieb erwarten. Diese Gruppe von Zeitgenossen verschafft sich an den überfüllten Sandstränden und in den Bars zwischen Forte dei Marmi und Viareggio ausreichend Befriedigung und scheut vielleicht auch eine mit kleinen Unannehmlichkeiten verbundene Schiffsreise. Selbst in der Hochsaison ist die Aufnahmefähigkeit der Insel durch die Kapazität der Fährschiffe begrenzt. An den felsigen Steilküsten und Riffen gibt es immer noch unzählige Plätze, wo der Urlauber alleine ist. Und wer im Sommer die Betriebsamkeit der Badestrände einmal meiden will, der findet in den schattigen Kastanienwäldern an den Hängen des Monte Capanne Ruhe und Besinnung oder wandert auf dem Granit der Berge mit herrlichen Ausblicken auf die elbanische Küste und das Tyrrhenische Meer.

Dieses Buch soll erfreuen und anregen und die Vielfalt der möglichen Entdeckungen auf dieser Ferieninsel nahebringen, zugleich aber auch den Wissensdurst des anspruchsvollen Lesers zufriedenstellen. Es ist zur Vorbereitung und Planung einer Elbareise, zur

VORWORT

Orientierung an Ort und Stelle und zum späteren Nacherleben und Erinnern gedacht und soll möglichst vielen Interessengebieten der engagiert reisenden Zeitgenossen entgegenkommen. Anregungen und Hinweisen, die unser Buch noch verbessern helfen, sehen wir gerne entgegen.

Besonderen Dank sagen möchten wir an dieser Stelle Herrn Direktor Piergiorgio Antonioni (ENIT, Düsseldorf), Herrn Präsident Dr. Mario Palmieri und Herrn Direktor Dr. Umberto Gentini sowie Frau Pierangela Piras Pellizza (Ente Valorizzazione Elba) für Organisation und Unterstützung unserer Reisen nach Elba. Herr Prof. Dr. Giuseppe Battaglini (Portoferraio) beriet uns über die romanischen Kirchen, Herr Walter Giannini (Porto Azzurro) stellte freundlicherweise seine wertvolle Mineraliensammlung für fotografische Aufnahmen zur Verfügung. Fachliche Hilfe und Unterstützung bei Übersetzungen aus dem Italienischen boten uns dankenswerterweise unsere Freunde und Kollegen, Gustav Bock, Bergisch Gladbach; Dieter Henn, Köln; Ernst Ronsdorf, Köln; Günter Schwenke, Leverkusen und Frau Teresa Grandi Solbach, Leverkusen. Allen Mitarbeitern des Verlags danken wir für die gute Zusammenarbeit.

Bergisch Gladbach, im April 1980					Almut und Frank Rother

Überfahrt mit dem Schiff zur Insel Elba

Wer zum ersten Mal nach Elba reist und mit seinem Auto den Fährhafen Piombino auf dem italienischen Festland angesteuert hat, ist enttäuscht und betroffen von dem, was ihn hier erwartet, erinnert doch noch gar nichts an die ersehnte Ferienlandschaft. Stattdessen beleidigen eine ganze Reihe von Hochöfen mit ihren die Luft verpestenden roten Rauchwolken und übel riechende Hafenbecken die erwartungsvollen Sinne, und die unerträgliche sommerliche Mittagshitze setzt manchen Reisenden inmitten einer wartenden langen Autoschlange einer harten Zerreißprobe aus. Wer mag jetzt schon daran denken, daß in diesen Hochöfen die auf Elba gewonnenen Eisenerze verhüttet wurden und daß diese Erze schon seit dem 6. Jahrhundert v. Chr. abgebaut wurden. Eines der weißen Fährschiffe ist auf den Namen ›Aethalia‹ getauft, was soviel wie ›Rußinsel‹ oder ›funkensprühende Insel‹ bedeutet und an die Namengebung der Griechen für die Insel Elba erinnert. Später gelang es den Römern, die schon seßhaft gewordenen Griechen zu vertreiben und die seitdem mit dem lateinischen Namen ›Ilva‹ bezeichnete Insel für sich zu nutzen. Wahrscheinlich aber ist der Elbareisende in dem Augenblick, wenn er sein Fahrzeug über die Rampe in den Schiffsbauch manövriert, nicht gerade an geschichtlichen Exkursen interessiert; er strebt zum offenen Schiffsdeck empor, wo er sich einen schönen Aussichtsplatz sucht. Und sobald die Fähre den Hafen von Piombino verlassen hat und das Auge über das Meer schweift, die Umrisse der nur zehn Kilometer entfernten Ferieninsel suchend und entdeckend, sind die Strapazen der vorausgegangenen Reise vergessen, und eine ungeahnte Lebensfreude bemächtigt sich des erwartungsvollen Reisenden. Bald ist die Insel so nahe, daß die abgerundeten Bergformen und die schroff aus dem Meer aufsteigenden Küsten deutlicher werden. Zerklüftet und manchmal fast unheimlich bieten sich die Eisenberge des Ostens, in deren Flanken, von Macchiendickicht überwuchert, die riesigen rostroten Wunden der Erzgruben klaffen. Dicht am Capo Vita vorbei, dem nordöstlichsten Punkt Elbas, fährt das Schiff entlang der unzugänglichen und abweisenden Küste Ostelbas, die nur hin und wieder von einsamen, nur vom Meer aus erreichbaren Buchten unterbrochen ist; im Hintergrund eine unerschlossene Berglandschaft, die landeinwärts sanft ansteigt und in den Bergspitzen des Monte Serra, Monte Strega und der Cima del Monte (516 m) ihre höchsten Erhebungen hat. Nur selten wird das Dunkelgrün der von Macchiensträuchern bestandenen Hänge von einem schmalen Hirtenpfad unterbrochen. Bald nähert sich das Fährschiff der Punta Falconaia, und hier

ÜBERFAHRT MIT DEM SCHIFF

öffnet sich überraschend nach Süden in einem großen Halbrund der geschützt gelegene Golf von Portoferraio (Umschlagklappe vorn). Schnittige Segeljollen und Motorjachten jagen über die Wasserfläche, schmucke Segeljachten gleiten vorüber, und vielleicht ankert gerade eines jener mächtigen Passagierschiffe, die das Mittelmeer durchkreuzen, in der Bucht. Zur Linken reihen sich kleinere Ortschaften: Bagnaia, Magazzini, die Villa Ottone, aber auch einzelne Landgüter, eingebettet in reizvolle Gartenhaine mit mittelmeerischer Vegetation. Hinter dem schmalen Saum einer fruchtbaren Ebene steigen allmählich terrassenartig die Hänge hinauf zu den höheren Bergen im Hintergrund; hoch oben auf einem Bergkegel thront uneinnehmbar die Trutzburg Volterraio, gegenüber zur Rechten auf einer Halbinsel majestätisch und anmutig zugleich die Inselhauptstadt Portoferraio, die starke Festung Cosimo I. de'Medici (Farbt. 45). Die selbst noch bei bedecktem Himmel in kräftigem Neapelgelb leuchtenden Häuser mit ihren typisch grüngestrichenen Fensterläden, die fast das ganze Jahr hindurch geschlossen bleiben, gruppieren sich in Form eines Amphitheaters um das alte Hafenbecken, die Darsena. Forte Falcone, das grandiose Bollwerk der Medici, das der elbanische Humanist Mario Foresi einen »hyperbolischen Falken auf der Lauer« nannte, und Forte Stella, beide auf den höchsten Punkten der ehemaligen kleinen Felseninsel gelegen, die einst durch einen Graben vom Festland getrennt war, verteidigen die unterhalb liegende Altstadt und grüßen ernst den Fremden von der Ferne. Unser Fährschiff steuert jetzt den neuen Hafen von Portoferraio südwestlich der Altstadt an. Hier wächst auch das moderne Portoferraio allmählich heran; zwei hohe Stahlskelettbauten bewachen die Hafeneinfahrt. In den Sommermonaten spucken die Schiffe fast stündlich Autos, Caravans und Boote aus und sorgen damit regelmäßig für ein beängstigendes Anschwellen des Verkehrs in diesem Teil der Stadt (Farbt. 25). Doch den Reisenden hält es nicht lange an diesem Ort; sein Ziel ist eine jener vielversprechenden sandigen Meeresbuchten im Norden oder Süden der Insel.

Viele Eindrücke dieser so liebenswerten Insel sind natürlich von der Jahreszeit abhängig. Die Mehrzahl der Fremden besucht Elba in den Sommermonaten Juli und August, wenn die Farben der Landschaft am intensivsten leuchten. Doch der Unternehmungsgeist ist in diesen heißen Monaten stark geschwächt, besonders die Mittagszeit zwingt zur Ruhe. Erholsamer erweisen sich dagegen die blütenbunten Frühlingsmonate, wenn die Hänge der Berge vom Gelb des Ginsters auflodern und der Wind den herben intensiven Duft der Macchia weit hinaus auf das Meer trägt, so daß die Fischer ihre Insel auch bei Nacht und Nebel orten können. Dies ist für den Elbareisenden die Zeit der Wanderungen und der Entdeckungen einer überwältigenden Natur.

Naturlandschaft der Insel Elba – Geologie, Mineralogie, Flora und Fauna

Elbas Lage im Tyrrhenischen Meer und seine landschaftliche Gliederung – Die Insel Elba in Zahlen

Die Insel Elba (Isola d'Elba) ist mit 223 qkm nach Sizilien (25 461 qkm) und Sardinien (24 089 qkm) die drittgrößte Insel Italiens und gehört zusammen mit den kleineren Nachbarinseln Gorgona, Capraia, Pianosa, Montecristo, Giglio und Giannutri zum Toskanischen Archipel, einer Inselgruppe im Tyrrhenischen Meer zwischen Korsika und dem italienischen Festland. Die Entfernung zwischen Cavo und Piombino beträgt ca. 10 km, zwischen Chiessi und Bastia (Korsika) ca. 55 km. Die toskanischen Inseln liegen im Schelfbereich des Kontinents; die Meerestiefen reichen bis 200 m, rund um Elba bis 50 m. So ist es verständlich, daß Elba nicht immer eine Insel war, sondern während der einzelnen Kaltzeiten des Pleistozän wiederholt mit der Toskana eine zusammenhängende Landmasse bildete. Große Wassermassen waren damals in Form von Eis auf den Kontinenten gebunden, so daß der Meeresspiegel bis max. 200 m sank. Die letzte Abtrennung der Insel Elba vom Festland ist vor ca. 12 000–13 000 Jahren erfolgt (vgl. Fig. S. 12).

Elbas Buchten gliedern die Insel in drei große Landschaften: die Golfe von Procchio und Marina di Campo lassen nur eine 4 km breite Landenge, die Westelba von Mittelelba trennt. Eine zweite, 3,5 km breite Landenge zwischen den Golfen von Portoferraio und Stella trennt Mittelelba von Ostelba. Diese östliche Landschaft läßt sich durch die Landenge von Mola zwischen den Golfen von Stella und Porto Azzurro nochmals in Nordostelba und die südliche Halbinsel Calamita gliedern.
    Westelba besteht zum größten Teil aus dem mächtigen Granitmassiv des Monte Capanne, der im Mittelpunkt Westelbas bis 1018 m aufsteigt (Farbt. 16). Das ehemalige Deckgebirge ist abgetragen, und die Verwitterung hat aus dem freigelegten Granit sogenannte Helm- oder Glockenberge, Felsburgen und Riesenhohlblöcke (vgl. S. 27 ff.) herauspräpariert (Farbt. 6, Abb. 1, 2). Radial zum Zentralgipfel verlaufen die durch Erosion geschaffenen Täler, z. B. der Fosso di Marciana im Norden, der Fosso del Castagnola im Nordwesten, der Fosso la Valaccia im Südwesten oder der Fosso dell'Inferno (Abb. 5) im Süden. Wo sich die Täler zum Meer hin öffnen, breiten sich kleine Sandbuchten aus, z. B. bei Fetovaia (Farbt. 42),

ELBAS LAGE UND LANDSCHAFTLICHE GLIEDERUNG

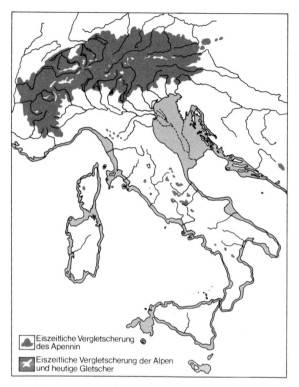

Küstenlinie Italiens während der letzten Vereisungsperiode (Würm-Eiszeit) (nach A. C. Blanc, 1942)

Seccheto und Cavoli, meist aber fällt die Küste mit bis zu 100 m hohen Kliffs schroff ins Meer ab. Die Vegetation ist auf der Nordseite stärker als auf der Südseite ausgeprägt; bis zu einer Höhe von 600–650 m steigen die Wälder am Monte Capanne bergan. Darüber hinaus sind die Hänge kahl oder nur mit Hartgräsern und Zwergsträuchern bedeckt (Farbt. 16).

Mittelelba, hauptsächlich aus grobporphyrischem Granit und Flyschsedimenten (marine Sandsteine, Mergel, Schiefertone und Kalke) aufgebaut, sieht mit seinen sanft geschwungenen, bis zu 377 m (Monte Tambone, Monte Orello) aufsteigenden und mit einem dichten Macchienkleid bedeckten Bergformen sehr viel lieblicher aus als das fast alpin erscheinende Landschaftsbild Westelbas (Umschlagvorderseite). Hinzu kommen die weiten Buchten mit flachen, feinsandigen Stränden, die diesen Teil Elbas zu einer idealen Urlaubslandschaft prädestinieren. Im Norden sind es die Golfe von Procchio (Farbt. 12), Biodola (Farbt. 13) und die Rade (Reede) von Portoferraio (Farbt. 3), im Süden die Golfe von Marina di Campo (Farbt. 10), Lacona und Stella (Farbt. 8), die jeweils durch unzugängliche Steilküsten voneinander getrennt sind. Weiter ragen die Küstenvorsprünge und Halbinseln von Enfola und Stella ins Meer hinaus.

Ostelba wird durch eine schmale Landsenke von Mittelelba getrennt. Untermeerische Flußtäler (Rio Ortano, Valle di Mola) beweisen, daß der Meeresspiegel während der

Eiszeiten tiefer lag; später ertranken die Flußmündungen bei ansteigendem Meeresspiegel und hinterließen tief eingeschnittene Buchten (z. B. bei Porto Azzurro), die an die Riasküsten der Bretagne oder Nordwestspaniens erinnern. Bis zu 516 m (Cima del Monte) ragt der vorwiegend aus basischen Gesteinen, Radiolariten und Kalken aufgebaute Gebirgskamm in Nordostelba auf, während die südöstliche Halbinsel Calamita mit 413 m (Monte Calamita) etwas weniger Höhe erreicht und vorwiegend aus Gneisen besteht. In der Umgebung des alten Bergarbeiterortes Capoliveri (Farbt. 21) hat sich der Fremdenverkehr an den kleinen Sandstränden von Naregno, Morcone und Pareti entwickelt, doch das Landschaftsbild Ostelbas bestimmen die Eisenerztagebaue von Rio Marina (Farbt. 46) und Calamita. Alle Gruben sind inzwischen stillgelegt, einige vom Macchiengestrüpp überwuchert, aber noch immer zieht es den Strom der Mineraliensammler aus aller Welt hierher, die den Boden nach goldfarbenen Pyrit- und blauschwarz schimmernden Hämatitkristallen durchwühlen (Farbt. 47–49, 50, 56).

Die Insel Elba in Zahlen

Lage: 42°, 47' Nord; 10°, 16' Ost

Flächenausdehnung: 223 qkm

Entfernung
von West nach Ost: 27,5 km (Sedia di Napoleone – Capo Ortano)
von Nord nach Süd: 18,5 km (Capo Vita – Punta della Calamita)

Küstenumfang: ca. 150 km

Größte Buchten
an der Nordküste: Golfe von Procchio, Biodola, Viticcio, Portoferraio
an der Südküste: Golfe von Campo, Lacona, Stella
an der Ostküste: Golf von Porto Azzurro

Bevölkerung: ca. 30 000 Einwohner

Inselhauptstadt: Portoferraio

Gemeinden (Comuni): Einwohnerzahlen geschätzt				
	Portoferraio	11 700	Porto Azzurro	3 000
	Campo nell'Elba	4 300	Rio Marina	2 400
	Marciana	2 300	Rio nell'Elba	960
	Marciana Marina	2 000	Capoliveri	2 600

Region: Toskana

Provinzhauptstadt: Livorno

Eine Reise in die geologische Vergangenheit – Gesteinsaufbau und Entstehung der Insel Elba

Bernardino Lotti, der große italienische Geologe des 19. Jahrhunderts und bedeutender Forscher der Insel Elba, pries ›die leuchtende Perle des Tyrrhenischen Meeres‹ mit ihren Eisenerzgruben als eine unerschöpfliche Quelle des Reichtums, als ein natürlich entstandenes Museum, wo die Freunde der geologischen und mineralogischen Wissenschaften das gesamte für ihre Forschung erforderliche Material vorfinden. In der Tat ist die Insel bis heute ein beliebtes Studien- und Forschungsobjekt der Geowissenschaften geblieben.

Durch lange Zeiten der Erdgeschichte war Elba weder Festland noch Insel, sondern ein mariner Ablagerungsraum, und zwar während des jüngeren Paläozoikums (Erdaltertum) – vor ca. 350–275 Millionen Jahren (Karbon, Perm) –, des Mesozoikums (Erdmittelalter) – vor ca. 275–70 Millionen Jahren (Trias, Jura, Kreide) – und auch noch während des Alttertiärs (ältere Erdneuzeit). So verzeichnen die geologischen Karten Elbas Sedimentgesteine und metamorphe Gesteine aus fast allen Formationen. Die wahrscheinlich ältesten Gesteine Elbas finden sich im Südwesten der Insel: dunkle Tonschiefer, Marmore, Paragneise und Glimmerschiefer des Karbons. Aber auch die Gneise und Glimmerschiefer auf der Halbinsel Calamita stammen aus jener Zeit. Das deutliche Parallelgefüge des

Faltenbilder von Elba (H.-G. Wunderlich, 1962)
A bis E: Flyschserie von Mittelelba
A Steilküste bei La Foce, nordöstlich von Marina di Campo   B   Straße Portoferraio–Procchio, unmittelbar östlich der Paßhöhe oberhalb La Biodola   C   Liegende Falte an der Punta di Nercio, östlich Marina di Campo (vgl. Abb. 15)   D   Muldenumbiegung nahe C (Dehnung im Bereich der Muldenumbiegung, starke Zusammendrückung im Muldenkern)   E   Spezialsattelkern aus Profil A (Einknickung der Bänke in dem sich verengenden Sattelkern)
Zum Vergleich fließende Faltenformen
F   Marmore und Kalksilikatgesteine aus dem Kontakthof des Monte-Capanne-Granits, Südküstenstraße östlich Cavoli   G   Schleppfalten aus den scisti lucenti, Ostküste bei Rio Marina (stärkere Durchbewegung dieses Komplexes)
H.-G. Wunderlich bezweifelt die Entstehung des Faltenbaus von Mittelelba aufgrund alleinigen gravitativen Gleitens. Er vermutet eine primär endogen-tektonische Faltung (dgg. L. Trevisan, vgl. S. 18, C)

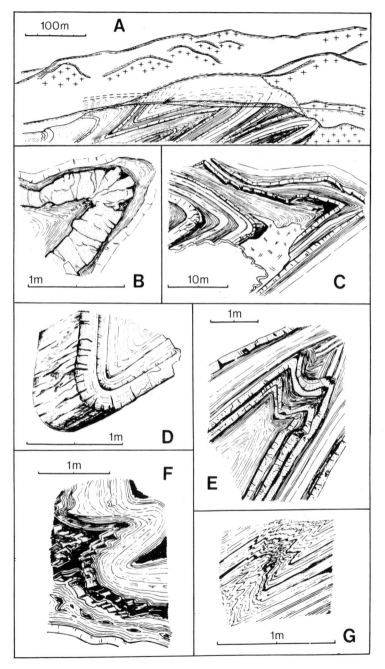

Schiefers ist an den hellen Quarz-Plagioklas- und an den dunklen Glimmerlagen gut erkennbar. Das Mesozoikum ist von der oberen Trias bis in die Oberkreide entwickelt, beginnend mit Quarziten, Quarzitschiefern und Quarzkonglomeraten; darüber lagern Kalke, Dolomite und Marmore, schließlich Tonschiefer und Phyllite. Der Jura schließt mit einem bis zu 300 m mächtigen Radiolarit-Hornsteinkomplex ab, der z. B. am Bergkegel von Volterraio sehr schön aufgeschlossen ist. Weitere von Radiolariten aufgebaute Berggipfel sind der Monte Mar di Capanna, Monte Castello, Monte Capanello und die Cima del Monte. Diese Radiolarite sind dunkel- bis ziegelrot und bilden 1–10 cm dicke Bänke (Farbt. 62k, Abb. 13). Unter diesem Radiolarit-Hornsteinkomplex lagern basische Eruptivgesteine (Diabas und Andesit), deren submarine Bildung an der typischen Form von Pillow- (Kissen)-Laven nachgewiesen werden können (Abb. 14). Ein weit verbreitetes Gestein Mittelelbas ist der Flysch, der nach seinen Leitfossilien z. T. in die Oberkreide, z. T. in das ältere Tertiär eingestuft wird. Der Flysch besteht aus gebankten braun, grau oder rot gefärbten Sandsteinen, hellgrauen bis dunkelgrauen Kalken und Mergeln, deren Schichtpakete bis zu 300 m Mächtigkeit erreichen können und häufig stark gefaltet wurden (Abb. 15) H.-G. Wunderlich vermutet nach Messungen von Strömungsmarken und Schwermineraluntersuchungen als Liefergebiet dieser Flyschsedimente den Raum südwestlich der Insel Elba, wo sich heute der nördlichste Teil des Tyrrhenischen Beckens zwischen Elba im Norden und Korsika im Westen mit Wassertiefen bis über 500 m erstreckt (vgl. Fig. S. 17, Skizze A).

Die wichtigsten Gesteine des Känozoikums (Erdneuzeit) sind die granitischen Gesteine, die vor ca. 6 Millionen Jahren in die bereits gefalteten Flyschsedimente eindrangen, so der Granodiorit oder Westelba-Granit, der die mächtige Kuppel des Monte Capanne bildet, aber auch die Granitporphyre Mittelelbas. Zu den jüngsten Ablagerungen im Quartär zählen die Alluvionen, Bachschotter und Sande, die in den flach zum Meer auslaufenden Ebenen, vor allem Mittelelbas, weitverbreitet sind (hintere Umschlagklappe).

Tektonische Vorgänge der jüngeren geologischen Vergangenheit (Tertiär) haben die in Jahrmillionen abgelagerten Sedimentschichten in ihrer Lagerung stark verändert und die heutige Form der Insel wesentlich bestimmt. Ursache dieser Veränderung war das Aufdringen eines glutflüssigen granitischen Schmelzflusses (Magma), welcher in der äußeren Erdkruste steckenblieb und die tieferen Schichten des Deckgebirges aufschmolz oder umkristallisierte. L. Trevisan hat diese Vorgänge in einer Schemazeichnung veranschaulicht, deren Interpretation H. Waldeck folgendermaßen zusammenfaßt:

A Geologische Situation im Oligozän. – Das heutige Gebiet Elbas ist noch vom Meer überflutet. Die Flyschsedimente sind als letzte Serie gerade abgelagert worden, darunter, in fast ungestörter Lagerung, folgen Tonschiefer mit Ophiolithen, liassische und triassische Kalke und schließlich die sandigen und tonigen Schiefer des Permokarbon.

B Geologische Situation im Miozän (die Phasen C und D reichen wohl bis ins Pliozän). – Im Untergrund hat sich eine intrusionsfähige, granitische Schmelze gebildet, die allmählich in die darüber liegenden Sedimente eindringt und diese aufwölbt. Die Hauptmasse der Schmelze befindet sich zwar noch in den tieferen Zonen, porphyrische und aplitische

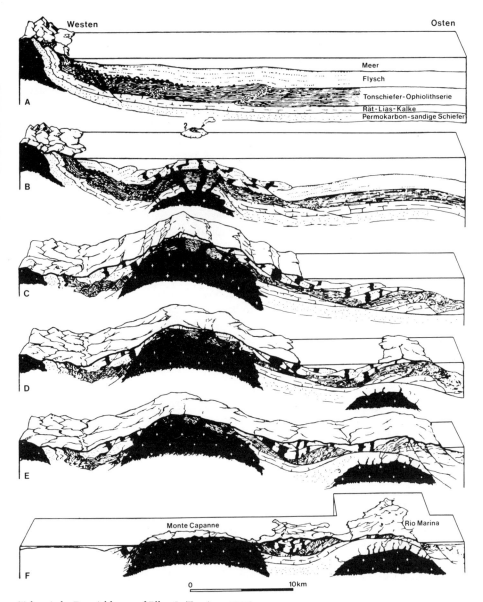

Tektonische Entwicklung auf Elba (L. Trevisan, 1911)

Apophysen dringen jedoch schon bis zu den jüngsten Sedimentschichten empor. Die hochgewölbten, von granitischen Gängen und Stöcken durchschlagenen Sedimente bilden eine Schwelle (›ruga‹), die heute als submariner Rücken vorliegt und das gegebene Entwicklungsschema belegt.

Mit der Platznahme der Gänge beginnen wohl die ersten Gleitbewegungen, Elba steht hiermit am Anfang seiner tektonischen Umgestaltung.

C Riesige Schmelzmengen intrudieren domförmig und wölben die Sedimente weiter auf, so daß die Schwelle den Meeresspiegel nunmehr weit überragt, und führen zu thermometamorphen Veränderungen im Nebengestein. Damit verstärken sich auch die ostwärts gerichteten Gleitbewegungen, und es lösen sich größere Schollen von der Capanne-Schwelle ab. Die Schweregleitung erfaßt sämtliche Sedimente, und auch die granitischen Gangkörper werden zusammen mit dem Flysch einige Kilometer nach Osten verfrachtet.

D Im Osten beginnt sich eine zweite Schwelle abzuzeichnen – ebenfalls zurückzuführen auf die Intrusion eines granitischen Magmas. Damit ist eine zweite tektonische Entwicklungsphase eingeleitet. Es kommt zu einem Gegenstau, durch den die allochthonen Komplexe ineinandergeschoben und deformiert werden. Aplitgänge beginnen das Nebengestein zu durchsetzen.

E Die Magmenmengen der Ostelbaintrusion vergrößern sich, und, da die ostwärts gerichteten Schübe andauern, wird auch die Wirkung des Gegenstaus verstärkt. An der Ostflanke entwickelt sich allmählich ein System von Störungen, außerdem erfolgen kontaktmetamorphe Umwandlungen, die zur Bildung der Skarne und der Magnetitlagerstätten führen.

F Geologische Situation der Gegenwart.[1]

Häufige Gesteine und Mineralien– Fundorte für den Mineraliensammler

Elba ist für den professionellen Mineraliensammler, aber auch für den interessierten Laien, der Freude an Mineralien und Gesteinen hat, eine reiche Fundgrube. Manche Reisende kommen überhaupt nur wegen dieser metallisch glänzenden Pyrit- und Hämatitkristalle, des grünen Chrysokoll, der winzigen Bergkristalle auf manchen Eisenglanzstufen oder der verschiedenfarbigen Turmaline hierher, gut ausgerüstet mit einem Sortiment von Hämmern und Meißeln, mit Rucksäcken und derben Wanderstiefeln. Die schönsten Stücke zieren heute sicherlich die Museen in aller Welt oder die Privatsammlungen der Elbaner. Doch auch in den vielen Mineraliengeschäften Porto Azzurros und Portoferraios sind noch manch schöne Kristalle zu erwerben. Mineralien aus dem Ausland, die auf Elba nicht vorkommen, vervollständigen meist die farbenprächtigen Auslagen und dürfen nicht mit den einheimischen Fundstücken verwechselt werden. Schwieriger wird es für den Sammler, der durch stacheliges Macchiengestrüpp zu den verlassenen Erzgruben emporklettert und mühsam mit

Hammer und Meißel die Pyritkristalle aus dem Erzverband herauszulösen versucht. Aber auch dieser wird mit wenn auch wohl kleineren Gesteinsstufen belohnt werden. Beobachtete man noch vor Jahren die Scharen ehrgeizig hämmernder Mineraliensammler im großen Tagebau von Rio Marina, der an Samstagen den Besuchern offenstand, dann fühlte man sich in die Zeit des Goldrausches in Kalifornien zurückversetzt (Farbt. 46–49).

Die folgende Zusammenstellung nennt die häufigsten Gesteine und Mineralien Elbas:

Basische und saure Eruptivgesteine

Serpentinit (Farbt. 62 b)
Grüne bis schwarzgrüne Massen, vielfach von weißlichen Adern (Magnesit, Opal) durchzogen, stark gefältelt, schiefrig, muscheliger Bruch. Gute Aufschlüsse: Straße Rio Marina – Porto Azzurro, Straße oberhalb von Lacona, unterhalb von San Piero in Campo.

Andesit
Tritt in ausgedehnten, bis zu 300 m mächtigen Eruptivkörpern zwischen Serpentinit und Radiolarit auf; schwarzgrün bis rötlich, feinkörnig, splittrig. Typische Ausbildung als Pillow-Lava (submarine Entstehung) bei Volterraio (Hohlweg) und an der Punta della Crocetta östlich Marciana Marina (Abb. 14).

Gabbro
Dunkelgrün, mittel- bis grobkörnig, besteht vorwiegend aus Pyroxen, Plagioklas und Aktinolith, bildet Gänge im Andesit. Fundort: Monte Orello.

Monte-Capanne-Granit (Farbt. 62 h, Abb. 3)
Hauptgemengteile sind Plagioklas, Alkalifeldspat, Quarz und Biotitglimmer; homogener Gesamteindruck durch gleichmäßige Verteilung des relativ hohen Biotitanteils. In den Randzonen des Plutons auch makroskopische, z. T. idiomorphe Einsprenglinge von Alkalifeldspat, Quarz und Plagioklas.

Mittelelbagranit
In einer grünlichen, feinkörnigen Grundmasse sitzen idiomorphe bis xenomorphe Kristalle von Quarz (0,5–1,5 cm Durchmesser), Alkalifeldspat (bis zu 3 × 15 cm!) und Plagioklas (ca. 1 × 2 cm), außerdem grünliche chloritisierte Biotittafeln und Turmaline als typische Nebengemengteile. Guter Fundort: Bucht von Scaglieri.

Porphyrischer Aplit
Weiß oder grau, dicht, porzellanartiger Charakter; Hauptgemengteile sind Plagioklas, Quarz (höherer Anteil als im Granit), Alkalifeldspat, Muskovitglimmer. Nebengemengteil: blaugraue Turmaline. Fundort: 1,1 km nördlich Marciana Alta, Steinbruch an der Straße.

Fremdgesteinseinschlüsse im Granit (Abb. 4)
Im Monte-Capanne-Granit und Mittelelbagranit beobachtet man Gesteinseinschlüsse mit scharfem Kontakt zum umgebenden Granit. Kreisrunde bis ovale Knollen von durchschnittlich 3–20 cm Durchmesser, stets dunkler und feinkörniger als das Muttergestein, mit den Hauptgemengteilen Plagioklas, Quarz und Biotit. H. Waldeck

weist darauf hin, daß es sich bei den Einschlüssen um ein »nicht aufgeschmolzenes, schon im Ursprungsgestein vorhandenes Material handelt, d. h. das granitische Ausgangsgestein bestand aus zwei Gesteinstypen. Gerät ein solcher Gesteinskomplex in Druck- und Temperaturbedingungen der Anatexis, so wird der niedrigschmelzende Anteil aufgeschmolzen, während der höherschmelzende zunächst nicht erfaßt wird. Er bleibt unverändert zurück, wenn die für seine Aufschmelzung erforderlichen Druck- und Temperaturbedingungen nicht erreicht werden.

Die Einschlüsse lagen ursprünglich nicht in der äußeren Form vor, in der wir sie heute antreffen. Das Einschlußmaterial wird sich innerhalb des die Schmelze bildenden Gesteins befunden haben – z. B. in gangförmigen Partien. Bei nicht vollständiger Trennung von der Schmelze ist zu erwarten, daß Anteile dieses Gesteinskörpers bei einer Intrusion mitgerissen werden. Dabei zerbrechen sie in kleinere Bruchstücke und verteilen sich über das gesamte Magma.«[2]

Mineralien

Aragonit
$CaCO_3$ (Farbt. 54)
Farblos, weiß, gelblich, rötlich, bläulich, grau
derb, faserig, stengelig, strahlige Aggregate und Krusten
Mohshärte 3,5–4
Glasglanz
Strich weiß
Bruch muschelig
Nachweis mit verdünnter Salzsäure
Fundort: Klüfte und Hohlräume von Erzlagerstätten; Calamita, Terranera

Azurit
(Kupferkarbonat) – $Cu_3[OH/CO_3]_2$
(Farbt. 53)
Tiefblau
erdige, derbe Aggregate, z. T. auch kleine Kristalle
Mohshärte 3,5–4
Glasglanz
Strich himmelblau
Bruch muschelig
Fundort: in Oxidationszonen von Kupferlagerstätten, neben Malachit, Chrysokoll; Calamita (Grotta Rame), Rio Marina, Rio Albano

Beryll
$Al_2Be_3[Si_6O_{18}]$
Wasserhell, bläulich, grünlich, rötlich
meist säulige hexagonale Kristalle
Mohshärte 7,5–8
Glasglanz
Strich weiß
Bruch muschelig
Fundort: Pegmatitgänge des Granits um San Piero in Campo und Sant'Ilario in Campo

Biotit
(Magnesiaglimmer) – $K(Mg,Fe,Mn)_3[(OH,F)_2/AlSi_3O_{10}]$ (Farbt. 62h)
Dunkelgrün, dunkelbraun, schwarz
Kristalle selten, meist unregelmäßig begrenzte Platten
Mohshärte 2,5
perlmutterartiger, angewittert goldgelbmetallischer Glanz (im Volksmund: Katzengold)
Strich weiß
Bruch blättrig
Fundort: gesteinsbildend in granitischen Gesteinen und in Pegmatitgängen um San Piero

Calcit
(Kalkspat) – CaCO$_3$ (Farbt. 55)
Weiß, grau, gelb, rötlich, bräunlich, grün, farblos
Kristalle (hexagonal-trigonal)
Mohshärte 3
Glasglanz
Strich weiß
Bruch muschelig
Nachweis mit verdünnter Salzsäure
Fundort: weite Areale der Insel, gesteinsbildend als Sediment oder Marmor, Kristalle in Gängen und Hohlräumen von Sedimenten und Eisenerzen. »Die von Calamita stammenden, blaugrünen, derben Handstücke bestehen ebenfalls aus Calcit und nicht – wie vielfach angegeben – aus Aragonit. Ein Kupfergehalt von 0,5–0,8 Gew. % verleiht dem Calcit die an manche österreichischen Aragonite erinnernde Färbung.«[3] (vgl. Aragonit, Farbt. 54)

Chalkopyrit
(Kupferkies) – CuFeS$_2$
Messinggelb
derb eingesprengt
Mohshärte 3,5–4
Metallglanz
Strich grünschwarz
Bruch muschelig
Fundort: in geringer Menge in Tagebauen von Calamita und Rio Marina

Chrysokoll
(Kieselkupfer, Kieselmalachit)
Cu$_4$H$_4$[(OH)$_8$/Si$_4$O$_{10}$]   (Farbt. 59, 62 c, i)
Grün bis tiefblau
traubig-nierige Aggregate und Krusten
Mohshärte 2–4
Fettglanz
Strich grünlichweiß
Bruch muschelig
Fundort: Tagebau Calamita, Grotta Rame

Epidot
Ca$_2$(Fe$^{\cdots}$,Al)Al$_2$[O/OH/SiO$_4$/Si$_2$O$_7$]
Pistaziengrün, flaschengrün
divergentstrahlige oder parallelfasrige Aggregate, langgestreckte Kristalle (monoklin)
Mohshärte 6–7
Glasglanz
Strich grau
Bruch muschelig, uneben, splittrig
Fundort: als Kristalle in Gesteinshohlräumen der Lagerstätte Ginevro, derb in Bändern in Ostelba (z. B. Torre di Rio)

Gips
Ca[SO$_4$] · 2H$_2$O   (Farbt. 61)
Derbe und fasrige Aggregate, lange Kristalle (monoklin)
Mohshärte 1,5–2
Glas- bis Permuttglanz
Strich weiß
Bruch muschelig
Fundort: Calamita, als Zersetzungsprodukt in allen Abbauen

Goethit
α-FeOOH   (Farbt. 51)
Metallisch glänzende, schwarze Oberfläche
traubig-nierige Massen (›brauner Glaskopf‹)
feinfasrige, nadelige braune Kristalle
Verwitterungsprodukt in Eisenerzlagerstätten, vielfach in Verbindung mit Limonit (Brauneisen), das ebenfalls durch Zersetzung eisenhaltiger Mineralien entstand
auch erdig und pulverig, braungelb bis okkerfarben (vgl. Farbt. 62 a, o)
Fundort: Rio Marina, Terranera

Hämatit
(Eisenglanz) – Fe$_2$O$_3$ (Farbt. 50, 62 d, e)
Feinblättrige, schwarzglänzende Lamellen (›Oligiste‹)
dichte, rote Massen

GESTEINE UND MINERALIEN / FUNDORTE

Kristallform (trigonal) vielgestaltig
Mohshärte 6,5
Metallglanz
Strich rot
Bruch muschelig
Fundort: Wichtigstes Eisenerz der Lagerstätten Rio Marina, Rio Albano, Terranera

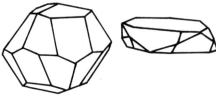

Hämatitkristalle der Insel Elba

Hedenbergit
$CaFe[Si_2O_6]$ (Farbt. 62 g)
Dunkelgrün
grob oder feinkristallin, stengelige bis fasrige, oft radialstrahlige Aggregate bis ca. 15 cm Durchmesser
nadelige Kristalle als Drusen
Fundort: Ostküste Elbas, z. T. in Wechselfolge mit Ilvait oder Epidot (Torre di Rio)

Ilvait
$CaFe_2\ddot{\ }Fe\dddot{\ }[OH/O/Si_2O_7]$ (Farbt. 52)
Bankartige, grobkristalline Aggregate von tiefbraunschwarzer Farbe
feinkristallin radialstrahlig, wechsellagernd mit Hedenbergit
dicksäulige Kristalle (bis 10 × 3 cm)
Fundort: Ostelba, Torre di Rio bei Rio Marina

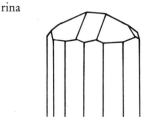

Ilvaitkristall, Rio Marina

Magnesit
$MgCO_3$
Mikrokristalline, blumenkohlartige Aggregate
Verwitterungsprodukt des Serpentinit in verzweigten Adern der Klüftung des Serpentinits folgend
Fundort: aufgelassene Magnesitabbaue südlich von Sant'Ilario in Campo

Magnetit
(Magneteisenstein) – Fe_3O_4 (Farbt. 62 m)
Schwarz
derbe, zuweilen polarmagnetische Massen, Kristalle (kubisch), gewöhnlich Oktaeder
Mohshärte 5,5
Metallglanz
Strich schwarz
Bruch muschelig
Fundort: Haupterz der Lagerstätten Calamita, Ginevro, Sassi Neri; über 1 cm große Kristalle in Pegmatitgängen bei San Piero (Grotta d'Oggi)

Malachit
$Cu_2[(OH)_2/CO_3]$ (Farbt. 53)
Smaragdgrün bis schwarzgrün
derbe Krusten und Aggregate von feinen Nadeln, Kristallrasen
Mohshärte 3,5–4
Seidenglanz
Strich hellgrün
Bruch splittrig
Fundort: Calamita, Rio Albano

Orthoklas
(Sanidin) (Karlsbader Zwilling) – $K[AlSi_3O_8]$ (Farbt. 58, 62 h)
Gehören zu den Kalifeldspäten
weißlich-trübe
Kristalle (monoklin), bis zu 15 × 3 cm, tafelig, gestreckt oder als Zwilling

Mohshärte 6
Glasglanz
Strich weiß
Bruch muschelig, spröde
Fundort: verbreiteter Gemengteil in granitischen Gesteinen, als große Einsprenglinge im porphyrischen Mittelelbagranit (vgl. S. 19), Pegmatite von S. Piero, Ginevro, Rio Marina

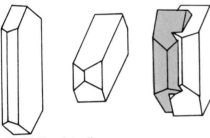

Alkalifeldspatkristalle
1 Sanidin   2 Orthoklas   3 Karlsbader Zwilling

Pyrit
(Schwefelkies) – FeS_2 (Farbt. 56, 57, 62 f)
Messinggelb (im Volksmund: Katzengold)
Kristalle (kubisch) als Pentagondodekaeder oder Würfel, Flächenstriefung parallel zu den Kanten, derbe, radialstrahlige Aggregate
Mohshärte 6–6,5
Metallglanz
Strich grünlichschwarz
Bruch muschelig, uneben
Fundort: Lagerstätten von Rio Marina, Rio Albano, Terranera, auf Calamita selten

Pyritkristalle der Insel Elba

Quarz
(Kieselsäure) – SiO_2
Kristalle (trigonal)
Mohshärte 7
Glasglanz
Strich weiß
Bruch muschelig, splittrig
Fundorte: Gesteinsbildend in granitischen Gesteinen. Mittelelbagranit mit Kristallen bis 1,5 cm; wasserhelle, gelbliche Kristalle, Umgebung von San Piero und Sant' Ilario, kleine weißliche Kristalle auf Hämatit, Rio Marina (Farbt. 62 e), durch Hedenbergit grünlich gefärbte Varietät ›Prasem‹ (Farbt. 60), auf Orthoklas aufgewachsene Kristalle, San Piero (Farbt. 58), gelförmige SiO_2-Varietät ist Diaspro (Farbt. 62 n)

Quarzkristall

Siderit
(Eisenspat) – $FeCO_3$ (Farbt. 57)
Gelb bis dunkelbraun
Kristalle (hexagonal) als Rhomboeder, oder derb
Mohshärte 4

Glasglanz
Strich weiß
Bruch muschelig
Fundort: Rio Marina, Calamita

Turmalin
$XY_3Y'_6[(OH)_4/(BO_3)_3/Si_6O_{18}]$
Kristalle (trigonal) langgestreckt
Mohshärte 7–7,5
Glasglanz
Strich weiß
Bruch muschelig, uneben
Als Schwarzer Schörl weit verbreitet in granitischen Gesteinen
($X=Na; Y=Fe^{..}, Y'=Al, Fe^{...}$)
Als Elbait in Pegmatitgängen um San Piero und Sant' Ilario farblos und unterschiedlich gefärbt ($X=Na, Y=Li, Al; Y'=Al$)
Rubellit = rote Varietäten
Achroit = farblose oder zartgrüne Varietäten
›Mohrenköpfe‹ = Achroite mit dunklen Enden

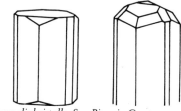

Turmalinkristalle, San Piero in Campo

Außer den genannten kommen noch ca. 70 weitere Mineralien auf Elba vor (vgl. H. Waldeck).

Eisenerzlagerstätten Ostelbas

Das mineralreiche Elba ist vor allem durch seine Erzlagerstätten weltberühmt geworden. Die aufgelassenen Tagebaue liegen entlang der Ostküste zwischen Cavo im Norden und der Punta della Calamita im Süden. Die linsen- oder gangförmigen Erzkörper, teilweise mehrere hundert Meter lang, sind durch den unter die Halbinsel Calamita intrudierten Ostelbagranit kontaktmetamorph überprägt worden. Dieser Granit hat die Erze aber nicht geliefert, wie frühere Forscher häufig angenommen haben, sondern hat lediglich einen primären Erzbestand unbekannter Herkunft thermometamorph umgewandelt. Wo der Granit weit nach oben drang, hat er den vorhandenen Hämatit magnetisiert, während die Erze um Rio Marina außerhalb dieses Kontaktbereiches keine Metamorphisierung erfuhren.

So lassen sich nach dem Mineralinhalt drei Lagerstättentypen unterscheiden (nach H. Waldeck):

1 Typ Calamita im Süden Ostelbas mit den Lagerstätten Calamita, Ginevro und Sassi Neri. Vererzung: Magnetit

2 Typ Ortano im mittleren Teil Ostelbas mit den Lagerstätten Ortano und Terranera. Vererzung: Pyrit – Hämatit – Magnetkies – Magnetit

3 Typ Rio Marina im Norden Ostelbas mit den Lagerstätten Rio Marina und Rio Albano. Vererzung: Hämatit – Pyrit

Lagerstätte Calamita (Farbt. 48)

Das Erz, vor allem Magnetit, wurde in mehreren terrassenförmig bis hinunter zum Meer angelegten Tagebauen gewonnen und nach Piombino zur Verhüttung geschickt. Das Erz ist verschieden ausgebildet, derb, schwarz, zuweilen polarmagnetisch, manchmal auch blättrig-lamellar mit Absonderungsflächen und dunkelblauen Anlauffarben (Farbt. 62 m). Die bis 60 m mächtigen Erzkörper sind an Dolomite und dolomitische Kalke gebunden. Typische Begleiter der Erze sind Eisen- und Calciumsilikate wie Ilvait, Hedenbergit, Epidot und Andradit. Interessant ist neben den Tagebauen auch die aufgelassene Grotta Rame wegen ihrer reichhaltigen Kupfermineralien (gediegenes Kupfer, Chalkopyrit, Malachit, Azurit, Chrysokoll; Farbt. 53, 59, 62 c, i).

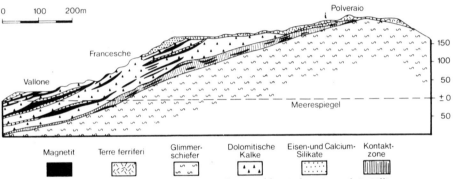

Schnitt durch die Lagerstätte Calamita, Abbau Vallone – Abbau Polveraio (nach F. Gillieron, 1959)

Lagerstätte Ginevro (Ginepro)

Der tiefschwarze, dichte oder körnige Magnetit, der als linsenförmiger Erzkörper bis zu 90 m Mächtigkeit auftritt, wurde früher im Tagebau gefördert, nach Entdeckung einer bis ca. 180 m unter den Meeresspiegel reichenden Linse im Untertagebau. Das Erz ist mit Amphibolen (dunkelgrüne, bis 10 cm lange Kristalle), Andradit, Epidot und Hedenbergit vergesellschaftet und an metamorphe Schiefer mit Andalusit gebunden. Die Mineralien Epidot, Titanit, Adular, Calcit, Quarz u. a. kommen z. T. in Drusen vor; Aplitgänge führen schwarzen Turmalin.

Lagerstätte Sassi Neri

Der aufgelassene Tagebau ähnelt in der mineralogischen Zusammensetzung der Lagerstätte Ginevro. Auch hier begleitet dunkelgrüner Amphibol das vorherrschende Magnetiterz. Weitere Mineralien sind hellgrüner Epidot, Hedenbergit, bräunlichgelber Chlorit, Quarz.

Lagerstätte Terranera (Farbt. 47)

Für Mineraliensammler lohnender aufgelassener Tagebau. Am Steilhang des kleinen Süßwassersees finden sich blättrig-schuppige Hämatite (Oligiste) und große Mengen Pyrit,

EISENERZLAGERSTÄTTEN OSTELBAS

in geringer Menge auch Magnetit. Die Erze sind an graubraune Phyllite gebunden. Südlich von Terranera kommen größere Mengen von Limonit in der Varietät des erdigen Ockers vor (Farbt. 62 a, o).

Lagerstätte Ortano

Pyrit und Hämatit, z. T. in Magnetit umgewandelt, sind die häufigsten Erze dieses aufgelassenen Tagebaus, mit Hedenbergit, Ilvait und Epidot vergesellschaftet und an Phyllite, Kalkschiefer, Marmore und dolomitische Kalke gebunden.

Lagerstätte Rio Marina

Der ehemals wirtschaftlich bedeutendste Tagebau Elbas nördlich von Rio Marina (vgl. S. 183). Die Erze sind an karbone Schiefer, dolomitische Kalke und den ›Verrucano‹ gebunden und durchziehen als linsen- und gangförmige Erzkörper ein Gebiet von 1,5 km in nordsüdlicher, von 1,2 km in westöstlicher Richtung. Der Abbau begann in etwa 15 m über dem Meeresspiegel und reichte bis zu einer Höhe von 200 m. Der Hämatit kommt in verschiedenen Ausbildungen vor, als blättrig-lamellare Oligiste (Farbt. 62 d), kompakt oder auch als idiomorphe Kristalle (Farbt. 50). Weltberühmt sind die in viele Museen gewanderten prächtig ausgebildeten Pyritkristalle unterschiedlicher Größe (Farbt. 56, 62 f, l). Ferner tritt in der Oxidationszone alter Tagebaue noch Limonit auf. Weitere, aber seltenere Mineralienbegleiter sind Zinkblende, Kupferkies, Bleiglanz, Quarz (dichte Kristallbüschel auf Hämatitstufen; [Farbt. 62 e]), Chlorit, Epidot u. a.

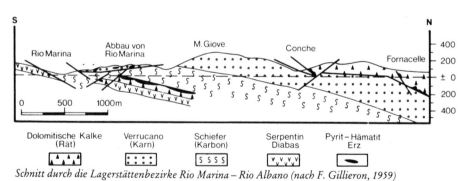

Schnitt durch die Lagerstättenbezirke Rio Marina – Rio Albano (nach F. Gillieron, 1959)

Lagerstätte Rio Albano

Nördliche Fortsetzung der Lagerstätte Rio Marina, bis zu 900 m lange Erzlinsen aus Pyrit und Hämatit, die z. T. weitgehend zu Limonit oxidiert sind.

Felsburgen, Riesenhohlblöcke und Opferkessel im Granit Westelbas

Nicht nur der Liebhaber von Mineralien, auch der geomorphologisch interessierte Reisende findet auf Elba ein weites Betätigungsfeld für Exkursionen und Entdeckungen. Mächtige Felsburgen und abenteuerlich geformte bizarre Riesenhohlblöcke, vom Volksmund mit treffenden, die Phantasie anregenden Namen belegt (›Adler‹, ›Elefant‹, ›Schildkröte‹), sind für den Bergwanderer weithin sichtbare Landmarken in der ›Granitwüste‹ Westelbas im Bereich des Capanne-Massivs (Farbt. 6). Die charakteristischen Formen sind für den Klimamorphologen beliebte Studienobjekte; ihren Forschungen verdanken wir wichtige Erkenntnisse ihrer Entstehungsgeschichte.

Zunächst müssen wir uns klarmachen, daß die **Felsburgen** Westelbas (Abb. 1) nicht oberflächlich durch Verwitterung und Abtragung entstanden sind, sondern zum größten Teil verborgen unter einer mächtigen Verwitterungsschicht des anstehenden Gesteins. Winterliche Sickerwässer drangen entlang von Klüften in das anstehende Granitgestein ein und verdunsteten wieder aufgrund der starken sommerlichen Hitze, wobei Eisenverbindungen frei wurden, die an den Kluftflächen widerständige eisenhaltige Krusten bildeten, welche die weitere Zersetzung der ellipsoidförmigen Granitblöcke verhinderten. Mit der Zeit werden dadurch sogenannte Wollsackblöcke aus dem Gesteinszusammenhang heraus-

Entstehung einer Felsburg
(H. Wilhelmy, 1958)

FELSBURGEN, RIESENHOHLBLÖCKE, OPFERKESSEL

geschält (Abb. 3) – bei sehr großem Kluftabstand haushohe, kantengerundete Monolithe –, die nach Abtragung des lockeren Granitgruses als Felsburgen das umliegende Gebiet weit überragen. Jetzt können auch die atmosphärischen Einflüsse auf das Gestein einwirken: Insolation, Zermürbung des Gesteins durch Temperaturschwankungen und die Abspülung durch winterliche Regengüsse führen den unaufhaltsamen Zerstörungsprozeß fort. Eine Besonderheit einiger Felsburgen sind die sogenannten Wackelsteine, die gefährlich auf einem Granitblock zu balancieren scheinen. Sie sind ebenfalls wie die Wollsackblöcke unter

Wackelsteine (H. Wilhelmy, 1958)

der Erdoberfläche herauspräpariert worden. Es erscheint sicher, daß die Vorgänge einer tiefgründigen Verwitterung und die Isolierung der Wollsackblöcke nur in einem feuchteren Vorzeitklima unter einem mehr oder weniger dichten Waldkleid stattfanden; die Vegetationsdecke konnte die Niederschläge speichern, die damit für eine nachhaltig in die Tiefe wirkende chemische Verwitterung während einer großen Zeit des Jahres sorgten.

Neben den Felsburgen bestimmen weiter unterhalb der Berghänge auftretende **Blockfelder** das Landschaftsbild. Die starke Abholzung in historischer Zeit beschleunigte die Abspülung der kostbaren Bodenkrume; die Blöcke wurden vom abfließenden Regenwasser aus den verwitterten Grusmassen herausgespült und freigelegt. Ein solches Blockfeld ist z. B. an der Küstenstraße zwischen Procchio und Marciana Marina aufgeschlossen, wo es die Ackerterrassen bedeckt.

Überall in Westelba im Bereich des Monte-Capanne-Granits stoßen wir auf die in Granitgebieten typische **Abschuppung** oder **Schalenablösung** (Desquamation) parallel zum Berghang (Abb. 5, 12). Mehrere Dezimeter mächtige Abschuppungen, manchmal auch nur wenige Zentimeter starke Schuppen kommen vor, oft liegen sie dachziegelartig übereinander. Verantwortlich für diese Schalenbildung sind Temperaturschwankungen und Austrocknung. Bei Erwärmung dehnt sich das Gestein ein Stück weit felseinwärts aus, bei Abkühlung zieht es sich zusammen und lockert damit das Gefüge des Felsens parallel zur Oberfläche. Die rasche Austrocknung nach den Regenfällen führt dazu, daß sich kapillar aufsteigende salzhaltige Lösungen oberflächlich anreichern, wobei die obere Schale des Felsens verfestigt, die tiefer liegende Zone gelockert wird. Dadurch kommt es schließlich zum Abspringen größerer Schalen. Neben diesen physikalischen und chemischen Verwitterungsvorgängen sind bei der schalenförmigen Abschuppung sicherlich auch noch Druckentlastungen wesentlich. Sobald nach Abtragung von Deckgebirge der Überlagerungsdruck nachläßt, streben die Gesteinsmassen eine Ausdehnung an. Im Idealfall zerfallen homogene Gesteine zu kugeligen Gebilden, was Erfahrungen im Tunnelbau und Steinbruchbetrieb bestätigen. In den Granitsteinbrüchen bei Seccheto beobachten wir, wie die Druckentlastung nach dem künstlichen Abbau zu schalenartiger Ablösung in der Tiefe führt, was den weiteren Abbau zusätzlich erleichtert. Nahe der Oberfläche treten breitere mit Verwitterungsmaterial ausgefüllte Kluftspalten aus (Abb. 7).

Druckentlastung, tageszeitliche Temperaturschwankungen in den höheren Lagen und periodische Trockenheit scheinen also bei den Schalenablösungen zusammenzuwirken. Durch die Druckentlastung werden die Schalen vorgezeichnet, durch Salzanreicherung gelockert und durch Temperaturgegensätze schließlich abgelöst. Bergmassive von ursprünglich kantigem Aussehen können durch diese Vorgänge die Idealform rundlicher Bergkuppen annehmen. Werden die anfallenden Schuttmassen laufend beseitigt, dann entstehen sogenannte **Helm- oder Glockenberge.** Die höchsten Berge Elbas, der Monte Capanne (1018 m), der Monte Giove (855 m) und La Tavola (936 m) sind vom Aussehen und von ihrer klimamorphologischen Entwicklung her ausgesprochene Helmberge. So ist die hangparallele Abschuppung an allen Bergseiten gut ausgebildet. Glatte Felsflächen fallen steil in die Tiefe, gut zu beobachten oberhalb von Chiessi oder am Nordhang des Monte Giove oberhalb von Madonna del Monte (Abb. 49). Die kantigen Gesteinstrümmer der abgeplatzten Granitschalen haben sich am Fuß der Berge zu mächtigen Schutthalden angesammelt.

Wo ebene Granitplatten von ihrer Verwitterungsdecke entblößt sind, breiten sich an manchen Stellen napf-, wannen- oder kesselartige Vertiefungen aus, deren Böden mit Wasser oder Verwitterungsrückständen bedeckt sind. Diese charakteristischen Lösungsformen werden **Opferkessel** genannt; sie kommen in ähnlicher Form auch als Lochkarren im

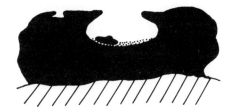

Schematischer Querschnitt durch einen Granitblock mit ›Opferkessel‹ (H. Wilhelmy, 1958)

Kalkgestein vor. Der Name geht zurück auf eine frühere Deutung, als man diese Vertiefungen fälschlich als künstlich geschaffen angesehen hat, besonders wenn ›Blutrinnen‹ zum Rande der ›Opfersteine‹ führten oder die Hohlformen untereinander verbanden. Günstige Ansatzpunkte für die Entstehung dieser Hohlformen sind entweder Schnittpunkte von Haarrissen oder Vertiefungen, die durch Herauswittern von Mineraleinschlüssen entstanden. Die häufig zu beobachtende Unterschneidung der Seitenwände dürfte durch sich ausdehnendes winterliches Eis bedingt sein.

FELSBURGEN, RIESENHOHLBLÖCKE, OPFERKESSEL

Der Granitkomplex des Capanne-Massivs ist vor allem aber ein klassisches Verbreitungsgebiet von Hohlblöcken, der sogenannten **Tafonifelsen**, und zwar findet man diese eigenartige Verwitterungsform auf den Brandungsklippen als Kleintafoni ebenso wie bei Riesenhohlblöcken im Gipfelbereich der höchsten Berge (Farbt. 6, Abb. 2). Eingehende Untersuchungen dieser klimamorphologischen Erscheinungen in neuerer Zeit stammen von W. Klaer (auf Korsika) und H. Wilhelmy (auf Elba). Jeder von Höhlungen durchsetzte Gesteinsblock wird von der korsischen Bevölkerung ›pietra tafonata‹ genannt, und deshalb hat sich auch in der wissenschaftlichen Literatur die Bezeichnung Tafoni (Sing. Tafone; korsisch: tafonare = durchlöchern) nach dem bedeutendsten Forschungsgebiet durchgesetzt. Die Höhlungen der Granitblöcke sind (nach Beobachtungen von B. Popov) ellipsoidoder kugelförmig. Alle Hohlblöcke besitzen seitliche Öffnungen nach außen, charakteristisch sind baldachinartige Überhänge oder flache Höhlungen auf Kluftflächen an der Unterseite der aufliegenden Blöcke, schließlich Hohlblockskelette von phantastischem Aussehen, die an Tiergestalten erinnern. Kopfgroße Höhlungen mit dünnen Trennwänden, aber auch hintereinander angelegte grabkammergroße Räume sind häufig. Der Boden der Höhlungen ist stets nach der Öffnung hin geneigt, und damit frei von Gesteinsschutt. An den Höhlendecken können meist weitere Nebentafoni auftreten, die durch rippenartige Vorsprünge voneinander getrennt sind. In fast allen Tafonifelsen schälen sich an den Deckenwänden und an den oberen Teilen der Seiten- und Rückwände größere oder kleinere konkave Gesteinsplatten ab, die durchschnittlich 3–5 mm dick und einen Durchmesser von 5–30 cm haben; bei der geringsten Berührung stürzen die Gesteinsscherben ab. Die glatten Tafoni-Innenwände sind gewöhnlich von etwas blasserer Farbe als die rauheren Felsoberflächen, die durch Eisenoxidausscheidungen rot gefärbt sein können. Die Untersuchungen von W. Klaer auf Korsika bestätigen und ergänzen Popovs Beobachtungen, daß flachgewölbte Tafoni besonders an der Unterseite dicker Felsplatten vorkommen. Die Aushöhlung großer Felsplatten beschleunigt darüber hinaus auch die schon erwähnte Abschalung. Wie Popov so führt auch Klaer die Abschuppungsvorgänge im Innern der Tafoni auf Volumenschwankungen an der Gesteinsoberfläche infolge häufiger und kurzfristiger Temperaturschwankungen zurück, eine Erklärung der Tafoni, die H. Wilhelmy nicht teilt, denn, so folgert er, die Tafoni müßten dann an der Gesteinsoberfläche zu finden sein, weil dort die Temperaturschwankungen größer seien als an den Auflageflächen der Blöcke, wo die Hohlräume jedoch tatsächlich vorkommen. Auch müßten Tafoni in Wüsten mit extremen Temperaturschwankungen am häufigsten verbreitet sein, was aber nicht der Fall sei. Wilhelmy ließ Stücke von den Rippen zwischen den einzelnen Höhlungen auf ihre chemische Umsetzung untersuchen, wobei sich bestätigte, daß bisher die Bedeutung der chemischen Verwitterung für die Tafonibildung unterschätzt worden war. Durch den Wechsel starker nächtlicher Betauung und kräftiger Sonnenbestrahlung scheiden sich an der Oberfläche der Blöcke Eisenoxidhydrate ab. Diese bilden Hartkrusten, hinter denen sich dann die unregelmäßigen Höhlungen in das Gestein hineinfressen. Schließlich zerfallen auch die Krusten, und übrig bleiben die Hohlskelette. Damit ist der starke Anteil der chemischen Verwitterung an der Tafonibildung als sicher anzusehen.

Die intensive chemische Verwitterung des Granits ist sehr deutlich im Spritzwasserbereich bei Marciana Marina zu studieren, und zwar auf den Klippen westlich des pisanischen Wachtturms (Abb. 47) und östlich im alten Fischerhafen Cotone. Der Granit ist stark geklüftet und in isolierte Blöcke unterteilt. Der ständige Wechsel von Durchfeuchtung und Abtrocknung hat bewirkt, daß der völlig zersetzte weißlichgelbe Gesteinskern – der Ort späterer Tafonibildung – von rostbraunen Limonitkrusten umzogen wird, denen sich eine äußere, ebenfalls durch Eisenausscheidungen verhärtete Blockhülle anschließt. Auf Granitköpfen sind ganze Netzwerke von Kleintafoni angelegt, die wie Riesenschwämme aussehen (Abb. 6). Hier ist die chemische Verwitterung dadurch besonders stark, daß sich in den vielen kleinen Hohlformen Salzwasser sammelt. Durch die Verdampfung erhöht sich der Salzgehalt, wodurch selbst der sonst widerständige Quarz leicht gelöst wird, während die großen Feldspäte weniger stark angegriffen werden und die Scheidewände durchsetzen bzw. in die Höhleninnenräume hineinragen.

Daß der Prozeß der Tafonierung – insbesondere bei Großtafoni – sehr langsam vor sich geht, konnte W. Klaer auf Korsika nachweisen. Hier stieß er auf tafonierte Blöcke mit den Öffnungen nach oben, die nur durch ein Abgleiten und Umkippen durch Solifluktion in einer der pleistozänen Kaltzeiten erfolgt sein konnte. So reicht die Bildung mindestens bis in das letzte Interglazial (vor etwa 150000–190000 Jahren), vielleicht sogar bis ins jüngere Tertiär zurück.

Streifzüge durch die Macchienwildnis – Kulturpflanzen auf Elba

Die große Überraschung für den botanisch interessierten Reisenden auf Elba ist der Artenreichtum der mittelmeerischen Pflanzenwelt. Dieser Reichtum ist Ausdruck einer großen Abwechslung in Klima und Bodenverhältnissen, aber auch der frühen Geschichte und Entwicklung, denn der Mensch des Mittelmeerraumes legte hier einige seiner ältesten Siedlungen an und begann schon bald mit der Kultivierung von Weinstock, Ölbaum, Feigenbaum und Getreidegräsern (Farbt. 31–33). Seit mindestens 8000 Jahren schlug er Bäume zum Hausbau, zur Erzverhüttung, als Brennmaterial oder als Gerbholz, bestellte seine Äcker, pflanzte Fruchtbäume, weidete seine Schafe und Ziegen und verursachte dadurch, daß so wenig von der ursprünglichen Vegetation übrigblieb. Alles, was wir heute zwischen den kultivierten Flächen finden, wächst in einem Degenerations- oder Regenerationsstadium, als langsam sich ändernde Übergangsstadien gegen einen stabilen Endzustand. Dieser Endzustand, von den Ökologen als ›Klimax‹ bezeichnet, abhängig von Klima und Boden, ist in den meisten Fällen ein Wald; doch wie selten finden wir wohlentwickelte Wälder im Gebiet des Mittelmeeres. Durch die jahrtausendelange Überweidung und Waldzerstörung wurde die Bodenkrume stark abgetragen, stellenweise trat nackter Fels zutage, und es konnten nur noch bescheidene, widerstandsfähige Pflanzen in diesem Ungunstraum wachsen. Dies allein erklärt uns, weshalb wir heute in den mediterranen Küstengebieten auf Tausenden von Quadratkilometern auf jenen so charakteristischen

STREIFZÜGE DURCH DIE MACCHIENWILDNIS

Vegetationstyp stoßen, der den Namen ›Macchia‹ trägt. Dieser undurchdringliche, immergrüne Buschwald von zwei und mehr Metern Höhe bedeckt auch einen großen Teil der Insel Elba (Umschlagvorderseite).

Auf der benachbarten Insel Korsika treffen wir auf die üppigsten Macchien, und so leitet sich auch der Name für diesen Vegetationstyp – ital. Macchia, dt. Macchie, franz. Maquis – vom korsischen ›Mucchio‹ ab, eine Bezeichnung, die jedoch zunächst nur der Charakterpflanze dieses Buschwaldes, nämlich der Zistrose (vgl. S. 35) galt. Vor allem auf Korsika, wo die Macchia mehr als die Hälfte des Inselbodens einnimmt, war sie seit jeher eine sichere Zufluchtstätte der Verfolgten, die der Blutrache entrinnen mußten.

Auf Elba wachsen die Macchienpflanzen auf relativ kleinem Raum eng beieinander, wobei bestimmte Leitpflanzen auf den kieselsauren Böden West- und Mittelelbas, andere auf den kalkhaltigen Böden Ostelbas siedeln. Überall aber verbreitet die Macchia jenen unverwechselbaren Duft, den elbanische Fischer weit auf dem Meer wahrnehmen und der sie bei Nacht und Nebel sicher zu ihrer Insel dirigiert. Bevor der Tau fällt und die Dämmerung hereinbricht, ist dieser Duft nach der Glut eines heißen Tages besonders stark und aromatisch. Dann entsteigen ätherische Öle den derben, hartlaubigen, häufig nur noch als Rudimente vorhandenen Blättern, den Dornen, Kanten oder Rippen an den Stengeln oder Zweigen. Diese auf ein Minimum an Fläche angelegten Blätter ermöglichen der Pflanze eine Überlebenschance in der sommerlichen Hitze- und Dürreperiode, da sie nur wenig Angriffsfläche der Sonne entgegenstrecken; außerdem halten die Dornen Schafe, Ziegen und nicht zuletzt auch den Menschen aus der Macchienwildnis fern. Die mediterrane Bevölkerung trotzt ihr dennoch zahlreiche nützliche Produkte ab: Gerbstoffe, Harze, Farben, Fasern, Brennholz und Holzkohle. Auch treibt sie ihre Ackerflächen in diese Wildnis hinein, um Nutzpflanzen zu kultivieren und ruft damit eine gewisse Veränderung innerhalb der Macchia hervor. Doch diese Flächen brauchen nur geraume Zeit brach zu liegen, sogleich erobert der Buschwald sie wieder zurück. So kann kaum etwas die Macchia an ihrer Ausdehnung hindern.

In ihrer schönsten Pracht zeigt sich die Macchia mit Beginn des Vorfrühlings, wenn sie auf Berghängen und in Tälern in vielen Farben erblüht und sie noch das frische Grün der regenreicheren Jahreszeit zeigt. Vor allem entzückt die lodernde goldgelbe Blütenfülle des Stechginsters (Farbt. 63) im Kontrast zum blauen Meer, unterbrochen von den weißen oder rosafarbenen Blüten der Zistrosen (Farbt. 64, 65, 67), den bis zu mannshohen Sträuchern der Baumheide mit ihren unzähligen weißen Glöckchenblüten (Farbt. 66), dem purpurfarbenen oder bläulichen Lavendel (Farbt. 72). Kurze Zeit später zieht die Myrte mit dem zarten Duft ihrer weißen Blüten mit den grazil vorstehenden Staubgefäßen die Aufmerksamkeit auf sich (Farbt. 73). Sie ist seit alten Zeiten bekannt und war als Symbol des Friedens und der Liebe der Göttin Aphrodite geweiht. An den Rändern der Macchia gedeihen zahllose wohlriechende Kräuter wie Thymian, Rosmarin (Farbt. 70), Beifuß, Majoran, Basilikum, Fenchel, Origanum, Minze, Salbei, Melisse und viele andere, die die elbanische Küche bereichern.

Nicht alles, was oberflächlich betrachtet wie Macchia aussieht, kann als solche gelten. Lokale Veränderungen, z. B. des Bodens, lassen die Macchia zu einem bestimmten Garigue-

Typ degenerieren. Die französische Bezeichnung ›Garigue‹ geht auf ›Garoulia‹, den provenzalischen Namen für die Hauptleitpflanze der französischen Garige, die Kermeseiche (Quercus coccifera) zurück und wird heute für die ganze Pflanzengesellschaft angewandt. Die Garigue setzt sich aber nicht nur aus schlechtentwickelten Pflanzen der Macchia zusammen, sondern weist auch nur ihr eigene Arten auf, die der Macchia fehlen. Die Zwergsträucher – selten werden sie höher als einen halben Meter – wachsen vorwiegend in heißen und trockenen Gegenden auf felsigen oder wenig tiefgründigen Böden. Wie bei der Macchia, so finden wir auf Elba auch verschiedene Garigue-Typen auf sauren und basischen Böden. Leitpflanzen der sauren Böden auf Granit- und Gneisuntergrund sind vor allem die niedrige Montpellier-Zistrose (Farbt. 64), Wolfsmilcharten, Ginster und Lentisken. Dagegen lieben verschiedene Lippenblütler wie Rosmarin, Thymian, Lavendel, Salbei, eine niedrige Erika, zu denen sich gerne Zwiebel- und Knollenpflanzen (Tulpen, Krokus, Schwertlilie, Traubenhyazinthe, Milchsterne) und zahlreiche Orchideen gesellen, kalkhaltige Böden. Die Garigue-Arten sind ebenfalls sehr aromatisch. Sie besitzen wie die Macchienpflanzen kleine ledrige, graufarbene, von dichtem Flaum oder steifen, wie Silber schimmernden Borsten überzogene Blättchen als Schutz gegen die verzehrenden Sonnenstrahlen.

Die Macchia steigt bis zu einer Höhe von etwa 500 m die Berge hinauf und geht dort in einen lockeren Edelkastanienwald über, der von Akazien oder Nadelhölzern (Aufforstungen!) durchsetzt ist. In größerer Höhe kann die Macchia nicht wachsen, weil vor allem die Winter zu kalt sind. Die Grenzen zu den in gleicher Höhenlage befindlichen Gruppen: Garigue, Felssteppe und spärlichem Wald, sind fließend und häufig kaum erkennbar.

Kulturpflanzen auf Elba

Die letzte Eiszeit, die vor etwa 10 000 Jahren endete und in der ein großer Teil der mitteleuropäischen Flora ausstarb, hatte im Mittelmeerraum keine so verheerenden Folgen, weil die Gletscher kaum unter 2700 m reichten. Es muß damals zahlreiche geeignete Standorte gegeben haben, kühler und feuchter als heute, wo die Pflanzen überleben konnten (vgl. S. 50). Deshalb finden sich im gesamten Mittelmeerraum noch zahlreiche Arten, die aus dem Tertiär stammen und die Eiszeit überdauert haben. Dazu gehören der Johannisbrotbaum, die Myrte, die Weinrebe, der Oleander, die Platanen, der Ölbaum, der Mastixstrauch u. a. Von den genannten Pflanzen besitzen einige keine oder nur wenige nähere Verwandte. Seit langer Zeit haben sie sich unabhängig entwickelt, während die näheren Verwandten alle ausstarben. Der Johannisbrotbaum, der Vertreter der Gattung Ceratonia, ist z. B. ein solcher Überlebender eines alten Geschlechts. Den Charakterbaum des Mittelmeerraumes, den Ölbaum (Olea europaea; Farbt. 4, 33), finden wir auch auf Elba. Dieser immergrüne, im Alter kräftig knorrige Baum ist mediterranen Ursprungs. Seine biegsamen Zweige mit den silbergrün schimmernden lanzettlichen Blättern gelten seit jeher als Symbol des Friedens und der Versöhnung. Die Farbe seiner Früchte reicht vom Grün bis zum Schwarzblau. Wenn der Ölbaum nicht veredelt wurde, also wild wächst, ist sein Wuchs stark degeneriert,

KULTURPFLANZEN AUF ELBA

da er sich den Lebensbedingungen der Strauchformation anpassen mußte. Seine dornigen, vierkantigen Äste sowie seine bitter schmeckenden ölarmen Früchte machen ihn für den Laien kaum noch erkenntlich. In seiner Wildform trägt er den Namen Oleaster.

Überall auf Elba bestaunt man die schönen Exemplare einzelstehender oder in Gruppen wachsender Schirmpinien (Pinus pinea; Farbt. 7, 8, Abb. 35). Ihre dichte Schirmkrone bildet sich erst in späteren Jahren aus. Wie so oft die Natur die Architektur anregte, so verwendete man schon im alten Rom die Pinienzapfen gerne als architektonisch-dekoratives Motiv. Auch der Thyrsosstab mit seinen flatternden Bändern trug einen Pinienzapfen an seiner Spitze.

Seit einigen Jahren ist man auf Elba bemüht, das ökologische Gleichgewicht durch Aufforstung wiederherzustellen. Leider fallen diese Gebiete trotz der vielen Warntafeln vor Brandgefahr immer wieder leichtsinnig verursachten Katastrophen zum Opfer. Einheimische sehen dahinter auch Sabotageakte und vermuten Rivalitäten von Ferienzentren, andere glauben an mutwillige Ausdehnung von Weideflächen durch Herdenbesitzer. In diesen Aufforstungen finden wir vor allem die Aleppokiefer (Pinus halepensis), ein Liebhaber von Kalkböden. Besonders anspruchslos in bezug auf Boden und Feuchtigkeit zeigt sich die Schwarzkiefer (Pinus nigra). Granit und quarzreiche Böden liebt die Seestrandkiefer (Pinus pinaster; Farbt. 30).

Als ein weiteres Wahrzeichen des Mittelmeerraumes gilt die Zypresse (Cupressus sempervirens; Farbt. 42 rechts), deren lateinischer Name aussagen soll, daß sie angeblich bis zu 2000 Jahre alt werden kann. Die dunkel und ernst in der sonst so heiter wirkenden mediterranen Landschaft aufragenden Bäume gelten als Symbol der Trauer und geben jedem ›campo santo‹ in Italien seine düstere Atmosphäre, schmücken auch alte Gehöfte und Parks. Ihre säulenartige Form gilt als optimale Anpassung an die Sonneneinstrahlung: die steil einfallenden mittäglichen Strahlen gleiten sozusagen an dem schlanken Baumkörper ab, diffuses Licht wird dagegen von den senkrecht gestellten Blättern bzw. Nadeln voll aufgenommen. In den letzten Jahren häufen sich Schreckensmeldungen vom Absterben der Zypressen, verursacht durch Pilzbefall, vor allem in der Toskana. Wünschen wir, daß dieser Krankheit wirksam begegnet werden kann, damit uns dieser einmalig schöne Charakterbaum des Mittelmeerraumes erhalten bleibt.

Als Vertreter der immergrünen Eichen (Fagaceae) mediterranen Ursprungs seien genannt: die Steineiche (Quercus ilex) sowohl als Strauch wie als stattlicher Baum, die buschartige Kermeseiche (Quercus coccifera) als ein Bestandteil der Garigue sowie die Korkeiche (Quercus suber), die meistens durch ihre geschälten zimtfarbenen Stämme auffällt. An den Nordhängen des Monte Capanne rund um Marciana Alta und Poggio verändern Wälder von Eßkastanien (Castanea sativa) das Landschaftsbild, die vor allem zur Blütezeit im Mai und Juni den Schmuck ihrer gelben aufrechtstehenden männlichen Kätzchen aufsetzen (Farbt. 16, 28).

In den Gartenlandschaften Elbas entdecken wir den sommergrünen Feigenbaum (Ficus carica; Farbt. 35). Seine Blüten sind in fleischigen, birnenartigen Behältern mit porenartiger Öffnung eingeschlossen. Ist der Baum kultiviert, reifen auf ihm zweimal jährlich die

Früchte, die ersten im Frühsommer von Blüten des vorjährigen Herbstes, die zweiten im Herbst. Diese sind kleiner, zahlreicher und weniger fleischig. Belebt wird die Gartenlandschaft im Frühling, wenn sich die Blütenpracht der Mandelbäume (Prunus amygdalus) und der Pfirsichbäume (Prunus persica), beide kaum voneinander unterscheidbar; rosafarben zu entfalten beginnt. Neben fast allen Fruchtbäumen Mitteleuropas (Farbt. 32) gedeihen auf Elba auch Zitrusfrüchte, hier vor allem die Zitrone. Sie sind zwar pseudomediterran, wie auch Agaven und Opuntien (Farbt. 36 links), konnten aber als subtropische Pflanzen seit langem im Mittelmeerraum Fuß fassen. Der Eukalyptusbaum (Eucalyptus globulus; Farbt. 45 links), auch Fieber- oder Blaugummibaum genannt, dessen Heimat Australien ist, steht häufig an Straßenrändern, ist wegen seines schnellen Wuchses auch ein beliebter Baum in Urbanisationen und Gehöften. Seine Blätter liefern das medizinisch wertvolle Eukalyptusöl. Die Mimose (Acacia dealbata; Farbt. 76) mit ihren zartgefiederten Blättern und den leuchtend gelben wohlriechenden Blütentrauben schmückt Gärten und Strandplätze, ebenso die Tamariske (Tamarix africana), besonders schön an der Uferpromenade von Marciana Marina (Farbt. 41), und der Oleander (Nerium oleander; Farbt. 77), der in Bachtälern auch wildwachsend zu finden ist, aber auch Häuser und Gärten üppig schmückt. Zuletzt sei noch die Weinrebe (Vitis vinifera) als die wichtigste Kulturpflanze auf Elba erwähnt, der wir im Küstenbereich und auf terrassierten Hängen begegnen. Sie zeigt sich im Frühjahr im zartesten Grün (Farbt. 31), triumphierend im Sommer und malerisch im Blattwerk und freigiebig an Weintrauben im Herbst.

Kleine Pflanzenkunde

Pflanzen der Macchia und Garigue

Zistrosengewächse – Cistaceae

Charakterpflanze für Macchia und Garigue. Es gibt etwa zwanzig Arten dieser Gattung im Mittelmeerraum. Die einzelnen rosenähnlichen Blüten verwelken meist schon nach wenigen Stunden, sind aber in großer Fülle angelegt, so daß ein Strauch ständig Blüten trägt.

Montpellier-Zistrose

Auch Französiche Zistrose (Cistus monspeliensis), kors. Mucchio (Farbt. 64)
Stark aromatischer, drüsig klebriger, 0,4–1 m hoher Strauch, gegenständige, schmallanzettliche, etwa 2–5 cm lange, oberseits schwach und unterseits stark behaarte Blätter mit umgerolltem Rand, häufig mit Zikadenschleim bedeckt; weiße Blüten;
Blütezeit: April–Juni;
Standort: Silikatböden.

Weißliche Zistrose

(Cistus albidus) (Farbt. 67)
Schwach aromatischer, bis 1 m hoher Busch mit weißfilzigen, flachen, nicht welligen, schmalelliptischen, 2–5 cm langen Blättern; rosarote Blüte (!), Kronblätter zerknittert;
Blütezeit: April–Juni;
Standort: vorwiegend felsige Kalkböden.

Salbeiblättrige Zistrose

(Cistus salvifolius) (Farbt. 65)
Kräftiger, bis zu 80 cm hoher Strauch, mit

gestielten, elliptischen bis eiförmigen, oberseits grünen und unterseits weißhaarigen, runzeligen, bis 4 cm großen Blättern; weiße Blüten, meist einzeln, seltener bis zu vier;
Blütezeit: April–Juni;
Standort: vorwiegend auf Silikatböden.

Lavendelblättriges Sonnenröschen
(Helianthemum lavandulifolium)
10–50 cm hoher, dicht graufilziger Zwergstrauch; Blätter lineal-lanzettlich, am Rande umgerollt, oben grau und unten weißfilzig, mit schmal-linealen Nebenblättern; charakteristisch verzweigte Blütenstaude, in der Jugend eingerollt, später gestreckt, gelbe, fünfzählige Blüten;
Blütezeit: April–Juli;
Standort: offene Garigues, lichte Wälder, bevorzugt Kalkböden.

Schmarotzerblumengewächse – Rafflesiaceae

Gelber Zistrosenschmarotzer (Hypocist)
(Cytinus hypocistis) (Farbt. 68)
Einzige Art dieser tropischen Pflanzenfamilie in Europa; niedriger, nur 4–10 cm hoher Schmarotzer auf den Wurzeln der weißblühenden Zistrosen. Da er sich nicht selbst ernährt, braucht er keine grünen Blätter; Stengel dicht bedeckt mit gelblichen bis roten Schuppenblättern und 5–10 Blüten, jede von zwei Hochblättern umgeben, die oberen Blüten (mit vierzähliger Blütenhülle) männlich, die unteren weiblich;
Blütezeit: April–Juni.

Heidekrautgewächse – Ericaceae

Baumheide
(Erica arborea) (Farbt. 66)
Bis 3 m hoher, besenartiger Strauch mit aufrechten, stark verzweigten Ästen, schuppig beblättert; dichte, meist endständige, bis zu 5 cm lange Blütenstände, bestehend aus den kleinen krugförmigen, weiß oder schwach rosafarbenen Blüten mit eingeschlossenen Staubbeuteln; unserer Heide ähnlich;
Blütezeit: März–Mai;
Standort: weitverbreitet auf Silikatböden.

Das rotbraune feine Maserholz der bis zu 30 cm dick werdenden Wurzelknollen liefert das wertvolle Bruyèreholz (franz. bruyère = Heide) für die Herstellung von Tabakpfeifen. Der hohe Gehalt an Kieselsäure bedingt die schwere Brennbarkeit. Auch als Honigpflanze spielt die Baumheide neben anderen Macchiengewächsen auf Elba eine wichtige Rolle. In Altgriechenland gewann man aus der Baumheide ein Heilmittel gegen Schlangenbiß.

Erdbeerbaum
(Arbutus unedo) (Farbt. 69)
1,5–3 m, selten bis 10 m hoher, immergrüner Strauch bzw. Baum, dessen Blätter glänzend, derb lanzettlich, gezähnt sind; weiße bis rötliche Blüten, glockenförmig, in verzweigten Blütenstauden mit endständigen Rispen; erdbeerähnliche Früchte von 15–20 mm Durchmesser, mit warziger Oberfläche, zunächst grüngelblich, später dunkelrot. Sie sind eßbar, schmecken aber fade. Nicht umsonst heißt der lateinische Name ›unedo‹ (ich esse eine), was bedeutet: eine ist genug;
Blütezeit: Oktober – April;
Standort: vorwiegend auf Silikatböden.

Schmetterlingsblütler – Leguminosae

Dorn- oder Stechginster
(Calicotome spinosa) (Farbt. 63)
Sehr dorniger, bis zu 2 m hoher Strauch,

Blätter sind kleeartig, Teilblättchen verkehrt eiförmig, 5–15 mm lang, oben kahl, unterseits schwach seidenhaarig; Blüten meist einzeln stehend, Blütenkrone goldgelb, Hülsen 3 cm lang, kahl bis schwach behaart;
Blütezeit: April–Juni;
Standort: vorwiegend an sonnigen, felsigen Hängen auf Silikatböden.

Pfriemenginster
(Spartium junceum) (Farbt. 78)
1–3 m hoher Rutenstrauch mit steifen, aufrechtstehenden, fast blattlosen Ästen; einfache, kleine lanzettliche Blätter; leuchtend gelbe Blüten in endständigen, aufrechten Trauben, 4–8 cm lange Hülsen, seidig behaart, mit 10–18 rötlichgelben, glänzenden Samen. Giftig!
Blütezeit: April–Juni;
Standort: trockene Hänge auf vorwiegend kalkhaltigen Böden.
Die Pflanze liefert einen gelben Farbstoff, Triebe zum Korbflechten und Fasern zum Weben. Sie enthält ein harntreibendes Alkaloid, das Brechreiz hervorruft.

Lippenblütler – Labiatae (Lamiaceae)

Schopfiger Lavendel
(Lavandula stoechas) (Farbt. 72)
Niedriger, immergrüner, bis 80 cm hoher Strauch mit beiderseits graufilzigen, linealen bis lanzettlichen, ganzrandigen Blättern mit umgerolltem Rand; Blüten purpurn, zweilippig in einer 2–3 cm langen, dichten Scheinähre, überragt von einem Schopf auffälliger hellvioletter Hochblätter, der als Schauapparat dient,
Blütezeit: Februar–Juni;
Standort: Garigues, trockene Stellen, besonders auf Silikatböden.

Sehr aromatische Pflanze, die schon im Altertum und noch heute in der islamischen Medizin verwendet wird. Die besonders in Südfrankreich zur Extraktion ätherischer Öle angebaute Art ist Lavandula opica.

Rosmarin
(Rosmarinus officinalis) (Farbt. 70)
Immergrüner, aromatisch riechender, bis 2 m hoher Strauch mit bräunlichen Zweigen; Blätter linealisch mit dunkelgrüner Oberseite und filzig weißer Unterseite, ledrig mit zurückgerolltem Rand; Blütenkrone blaßblau, selten weiß oder rosa, Oberlippe des Kelches einfach, breitoval, Unterlippe zweizähnig; zwei Staubblätter ragen lang heraus;
Blütezeit: ganzjährig;
Standort: vorwiegend auf kalkhaltigen Böden.
Häufig als Zier- und Nutzpflanze kultiviert, denn seine Blättchen sind ein beliebtes Gewürz für Fisch- und Fleischgerichte. Das ätherische Öl (Oleum Rosmarini) dient als Badezusatz, für Rheumasalben und ist auch Bestandteil von Kölnisch Wasser. Die alten Griechen verwendeten Rosmarin ›als Blume des Olymps‹ anstelle von Weihrauch.

Thymian
(Thymus vulgaris)
Kleiner, dichter, graugrüner Zwergstrauch, 10–30 cm hoch, mit stark aromatischem Duft. Lineale bis elliptische, dichtfilzige Blätter mit eingerolltem Blattrand; Blüten in Scheinquirlen, die ährig oder köpfchenförmig angeordnet sind, rosafarben oder weißlich;
Blütezeit: April–Juli;
Standort: Garigues, auf kalkigen Böden.
Der echte Thymian wurde schon von Theo-

phrast, Horaz und Vergil gepriesen. Er findet nicht nur als Küchengewürz Verwendung; aus seinen Blättern wird auch ein thymolhaltiges Öl gewonnen, das in der Medizin und Kosmetik Verwendung findet.

Liliengewächse – Liliaceae

Kleinfruchtiger Affodill
(Asphodelus microcarpus)
Er ist nur eine von mehreren Affodill-Arten des Raumes; bis 1 m hohe Pflanze, Blätter 2–4 cm breit, grundständig, im Querschnitt V-förmig. Diese Zwiebelgewächse entwickeln einen reich verzweigten, pyramidalen Blütenstand mit weißen Blüten und lanzettlichen Blütenblättern mit rötlichem Mittelnerv;
Blütezeit: März–Juni;
Standort: weite Flächen von Brachland, Garigues; auf Weiden oft große Bestände, da sie wegen ihres Giftes vom Vieh nicht gefressen werden.

Stechwinde
(Smilax aspera)
Bis 2 m hohe Kletterpflanze mit gekrümmten Stacheln, die sich durch Sträucher und Dickichte windet. Blätter sind derb, glänzend, herzförmig, ledrig, am Rande mit kurzen Stacheln, am Grunde des Blattstiels mit zwei Ranken; gelblichgrüne bis rosafarbene, wohlriechende Blüten, eingeschlechtlich in kurzen oder achselständigen Blütenständen; rote Beeren als Früchte;
Blütezeit: August–Oktober;
Standort: In den Sträuchern der Wälder und Macchien, an Wegrändern und Mauern.

Geißblattgewächse – Caprifoliaceae

Macchien-Geißblatt
(Lonicera implexa)
Bis 2 m hohe Kletterpflanze mit ledrigen, gegenständigen, eiförmig-elliptischen, immergrünen Blättern, oberseits dunkelgrün glänzend, unterseits blaugrün, am Rande durchscheinend; obere Blätter der blühenden Zweige am Grunde miteinander verwachsen; Blüten wirtelig angeordnet, in den Blattachseln der letzten Blätter; Blütenkrone mit langer, gelblichrötlicher Röhre und weit herausragenden Staubblättern; rote Beeren;
Blütezeit: April–Juni;
Standort: Gebüsche, Felsen.

Smilax aspera (²/₇ natürl. Größe)

Lonicera implexa (¹/₃ natürl. Größe)

Immergrüner Schneeball
(Stein-Lorbeer) (Viburnum tinus)
1–3 m hoher Strauch bzw. Baum mit großen, ledrigen, oberseits dunkelgrün glänzenden, unterseits drüsig behaarten Blättern; Blüten schirmförmig in dichten Trugdolden angeordnet, schwach duftend, weiß, fünfzählig; Früchte kugelig, bei Reife blauschwarz;
Blütezeit: Februar–Juni;
Standort: schattige Plätze in Macchien und immergrünen Wäldern, aber auch als Zierstrauch kultiviert.

Viburnum tinus (⅓ natürl. Größe)

Myrtengewächse – Myrtaceae

Myrte
(Myrtus communis) (Farbt. 73)
Bis zu 5 m hochwachsender Strauch; derbe, ledrige, gegenständige, eiförmig-lanzettliche, bis 5 cm lange Blätter, aus deren feinen Drüsen ein wohlduftendes ätherisches Öl strömt; Blüten in den Blattachsen an bis 3 cm langen Blütenstielen, mit 5 weißen Blütenkronblättern und einer Fülle von Staubgefäßen; Früchte als blauschwarze Beeren (Myrtenlikör);
Blütezeit: Juni–August.

Kreuzdorngewächse – Rhamnaceae

Immergrüner Kreuzdorn
(Rhamnus alaternus) (Farbt. 71)
Trotz des Namens ohne Dornen; 1–3 m hoher Strauch mit derben, ovalen bis lanzettlichen Blättern, fein gezähnt oder glattrandig, mit ausgeprägter Nervatur; Blütenstand traubig, männliche und weibliche Blüten getrennt in den Achseln der Blätter; sie sind unscheinbar, gelblich, fünfzählig; Früchte als rote Beeren, später schwarz;
Blütezeit: März–April;
Standort: auf kalkhaltigen Böden.

Sumachgewächse – Anacardiaceae

Mastix-Strauch
(Pistacia lentiscus) (Farbt. 74)
Immergrüner Strauch, der außerhalb der Macchia auch Baumform annimmt. Seinen paarig gefiederten Blättern mit 6–12 elliptisch-lanzettlichen Teilblättchen mit kleiner Spitze entströmt ein harziger Duft. Blüten sind sehr klein, zweihäusig (d. h. die männlichen und weiblichen Blüten erscheinen auf verschiedenen Sträuchern); auffallend sind die männlichen Blüten durch die roten Staubbeutel, die weiblichen sind grünlich und unauffällig; erbsengroße Früchte, rot bis braun; auf Windbestäubung angewiesen;
Blütezeit: März–Juni.
Das medizinisch verwendete Mastix-Harz wird aus dem Stamm gewonnen, indem man ihn künstlich verletzt; altbewährtes Kaumittel zur Festigung des Zahnfleisches und zur Erfrischung des Atems.

KLEINE PFLANZENKUNDE

Lorbeergewächse – Lauraceae

Lorbeerbaum
(Laurus nobilis)
Heute einziger Vertreter der im Tertiär auch bei uns weitverbreiteten, heute tropischen Familie der Lorbeergewächse; eingeschlechtlicher, bis 10 m hoher, buschiger Baum; immergrüne, wechselständige, ledrige, länglich-lanzettliche, beidseitig zugespitzte, aromatische Blätter; Blüten zu 4–6 blattachselständig mit 4 Kronblättern, entweder mit 8–12 Staubblättern oder einem Fruchtknoten und 2–4 sterilen Staubblättern; schwarze Steinfrucht;
Blütezeit: März–April;
Standort: schattige Wälder, feuchte Hänge, als Zier- und Gewürzbaum kultiviert.

Der Apollon geweihte Baum, der seit dem Altertum viel verehrt und dessen Zweige für Siegeskränze verwendet wurden, liefert uns heute das beliebte Lorbeerblatt als Küchengewürz; seine Früchte liefern Oleum Lauri, das in tiermedizinischen Salben Anwendung findet; häufig als Topfpflanze gezogen.

Seidelbastgewächse – Thymelaeaceae

Immergrüner Seidelbast
(Daphne gnidium)
Wenig verzweigter, 0,5–2 m hoher Strauch mit aufrechten Zweigen, gleichmäßig dicht, mit ledrigen, lineal bis lanzettlichen, bespitzten, blaugrünen, bis 5 cm langen Blättern; Blüten gelblichweiß, in endständigen Blütenständen; Früchte fleischig, eiförmig, rot, später schwärzlich; Früchte und Blätter sehr giftig!
Blütezeit: März–September;
Standort: auf Felsböden.

Daphne gnidium (⅓ natürl. Größe)

Ölbaumgewächse – Oleaceae

Oleaster
Wilder Ölbaum (Olea europaea)
Vgl. S. 33 f.; seine Blätter sind ölbaumähnlich: silbergrün schimmernd, lanzettlich mit kurzem Stiel, unterseits silbrigweiß, nur etwas kleiner und breiter; dornige vierkantige Äste und kleine, bitter schmeckende Früchte; Blüte grünlichgelb;
Blütezeit: Mai–Juni;
Standort: trockene und steinige Böden.

Olea europea (⅓ natürl. Größe)

Nadelhölzer

Kieferngewächse – Pinaceae

Schirmpinie
(Pinus pinea) (Farbt. 8, Abb. 35, Fig. S. 8)
Ausgewachsene Bäume tragen eine dunkelgrüne, schirmförmig ausgebreitete Krone; Stamm 15–30 m hoch, mit rissig-schuppiger Rinde; steife, dicke Nadeln, schwach gedreht, 10–20 cm lang; Zapfen 8–18 cm lang, in Büscheln wachsend, spitz und glänzend braun.

Pinus halepensis (¹/₃ natürl. Größe)

Pinus pinea (²/₇ natürl. Größe)

Aleppokiefer
(Pinus halepensis)
10–20 m hoher Baum, Rinde anfangs silbergrau, später rötlichbraun und tiefrissig; Nadeln paarig, dünn und biegsam, 6–15 cm lang; Zapfen hängend, kegelförmig mit stumpfer Spitze, 5–12 cm lang, erst im 3. Jahr reifend;
Standort: vorwiegend Kalkböden in tieferen Lagen, waldbildend.

Schwarzkiefer
(Pinus nigra)
Krone in jüngeren Jahren zunächst pyramidal, später schirm- oder breitförmig; Zweige graubräunlich, paarige, sehr lange Nadeln, tiefdunkelgrün, wodurch die düstere Erscheinung des Baumes unterstrichen wird.

Laubhölzer

Buchengewächse – Fagaceae

Steineiche
(Quercus ilex)
Die Steineiche ist eine der Leitpflanzen des Mittelmeerraumes. Ohne die wald- und bodenzerstörende Tätigkeit des Menschen seit dem Altertum wäre sie der wichtigste immergrüne Baum dieser Region. Dunkelgrüne, ledrige, eiförmig bis lanzettliche Blätter, glattrandig, aber auch gezähnt, wobei die Ränder vielfach etwas eingebogen sind; unterseits weißlich filzig; Fruchtbecher mit anliegenden, stumpfen, weißhaarigen Schuppen;

Blütezeit: April–Mai;
Standort: lichte, strauchreiche Wälder, bevorzugt Kalkböden.

Quercus ilex
(⅓ *natürl. Größe*)

Jahre geschält werden. Eiförmig-längliche Blätter, gering gezähnt, oberseits glänzend dunkelgrün, unterseits schwach graufilzig; Standort: lichte Wälder, bevorzugt leicht saure Böden.

Kermeseiche
(Quercus coccifera)
Sie bleibt meist buschartig, da sie Bestandteil der Garigue ist. Blätter auf beiden Seiten glänzend, stachelig gezähnt und ledrig, breit-eiförmig bis länglich. Aus der auf den Blättern lebenden Kermesschildlaus stellte man einst einen karmesinroten Lack her (Karmesin etymologisch von ›Kermes‹).

Korkeiche
(Quercus suber)
Bis zu 20 m hoher Baum mit dicker, korkiger, silbergrauer Borke. Wenn die Bäume 15–20 Jahre alt sind, können sie zum ersten Mal geschält werden (Gewinnung von Flaschenkork). Der nackte Stamm ist zunächst rosagelb, später zimtbraun. Je nach Plattenstärke können die Bäume dann alle 10–20

Wegränder

Süßgräser – Gramineae

Großes Zittergras
(Briza maxima)
Einjähriges, 10–60 cm hohes, zierliches Gras mit grünen, unbehaarten 5–20 cm langen Blättern mit 2–5 mm langen Blatthäutchen; eiförmig-längliche Blütenrispe mit an dünnen Ästen hängenden Ährchen;

Quercus suber
(⅓ *natürl. Größe*)

Briza maxima
(⅓ *natürl. Größe*)

Blütezeit: April–Juni;
Standort: Grasgemeinschaften.

Samtgras
Hasenschwänzchen (Lagurus ovatus)
Einjähriges Gras, trägt wenige 2–8 cm lange behaarte Blätter mit langen Blattscheiden; kugeliger bis eiförmiger Blütenstand mit sehr kurz gestielten, einblütigen Ährchen, die dicht mit langen, seidigen Haaren besetzt sind, aus denen einzelne längere Grannen herausragen;
Blütezeit: April–Juni;
Standort: Wegrand und Sandküste.

Lagurus ovatus (½ natürl. Größe)

Rachenblütler – Scrophulariaceae

Gewelltblättrige Königskerze
(Verbascum sinuatum) (Farbt. 75)
Zweijährige, weiß oder gelblich behaarte, bis 1 m hohe Pflanze mit kräftigem Stengel, mit überwinternder Rosette aus kurz gestielten, schwach gelappten, grobgezähnten und etwas gewellten Blättern, unterseits dichter behaart; Blütenstand ästig, Blüten zu 2–5 in den Achseln von kleinen Hochblättern, Blütenkrone fünfzählig, gelb, innen am Grund rötlich gefleckt, Staubblätter violett behaart; rundliche, bis 4 mm große Früchtekapseln;
Blütezeit: Juni–Oktober;
Standort: Ödland.

Hundsgiftgewächse – Apocynaceae

Oleander
(Nerium oleander) (Farbt. 77)
Kräftiger, bis 4 m hoher Strauch oder kleiner Baum; immergrüne, ledrige, lanzettlich paarige oder quirlständige Blätter; duftende Blüten in endständigen, trugdoldigen Blütenständen, rosarot, weiß, gelb, dunkelrot; Frucht langzylindrisch, zweiklappig, rötlich braun, Samen mit langem braunen Haarschopf; sehr giftige, milchsaftführende Pflanze, enthält herzwirksame Glykoside;
Blütezeit: Juli–September;
Standort: Gräben, Flußufer, feuchte Plätze; häufig als Zierstrauch oder in Hecken kultiviert.

Tamariskengewächse – Tamaricaceae

Afrikanische Tamariske
(Tamarix africana)
Strauch oder kleiner Baum, 2–3 m hoch; schuppenförmige Blätter, den Zweigen eng anliegend, durchscheinend berandet; Blüten in dicken Blütenständen, rosafarbene oder weißliche fünfzählige Blüten, 2lippig, außen behaart, Staubblätter lang herausragend;
Blütezeit: April–Juni;
Standort: Wasserläufe, Flachküsten.

Französische Tamariske
(Tamarix gallica)
Strauch oder Baum bis 10 m hoch werdend, ähnlich der afrikanischen Tamariske. Die kleinen rosafarbenen Blüten in dünneren

KLEINE PFLANZENKUNDE

ährenartigen Blütenständen an den Enden der jungen Zweige. Die Triebe sind schachtelhalmähnlich aufgebaut.
Standort: wie afrikanische Tamariske, häufig als Zierpflanze kultiviert.

Tamarix gallica (⅔ natürl. Größe)

Kulturland

Maulbeerbaumgewächse – Moraceae

Sommergrüner Feigenbaum
(Ficus carica) (Farbt. 35)
(vgl. S. 34f.)
2–5 m hoher Strauch oder Baum, mit glatter silbergrauer Rinde und dicken Zweigen; fünfgelappte, bis 20 cm große Blätter, die sich im März–April entwickeln. Das Fruchtfleisch der Feige entsteht aus dem Blütenboden, der sich von den Rändern aus nach oben so einbiegt, daß ein urnenförmiges Gebilde entsteht, in dessen Innerem die eigentlichen Blütenorgane sitzen. Bei der Wildform erfolgt die Befruchtung durch eine Gallwespenart, die durch die Mündung des ›Gefäßes‹ eindringt und dabei die zur Bestäubung notwendigen Geißfeigenpollen hereinbringt. Zwei Ernten im Jahr; Früchte im Reifezustand dunkelviolett; sie werden getrocknet und dienen als Nahrungs- und Abführmittel.
Standort: Wildform an Felsen und in Garigues, als Kulturbäume in Gärten und auf den Feldern.

Korbblütler – Compositae

Artischocke
(Cynara scolymus)
0,5–1,5 m hohe, zweijährige kräftige Pflanze, mit großen, fiederspaltigen bis einfachen Blättern; sehr große Blütenköpfe mit blauen Röhrenblüten. Der stark fleischige Blütenboden zusammen mit den am Grunde ebenfalls fleischigen, äußeren und mittleren stumpfen Hüllblättern der kurz vor dem Aufblühen stehenden Blütenköpfe ergibt ein schmackhaftes Gemüse.
Blütezeit: April–August;
Standort: Zuchtformen in Gärten und auf Feldern.

Fremdländische Arten

Myrtengewächse – Myrtaceae

Eukalyptusbaum
Fieberbaum oder Blaugummibaum (Eucalyptus globulus) (Farbt. 45 links)
(vgl. S. 35)
Schnellwüchsiger, bis 40 m hoher Baum mit einer sich in langen Streifen schälenden Rinde; junge Blätter eiförmig-lanzettlich, ungestielt und blaugrün, Folgeblätter sichelförmig-lanzettlich, gestielt und glänzend grün, 10–30 cm lang. Die Blätter haben die Fähigkeit, sich in Nord-Süd-Richtung einzustellen und den heißen Sonnenstrahlen nur die schmale Kante als Angriffsfläche zu bieten (›Kompaßbaum‹); Blüten meist einzeln, Blütenkron- und Kelchblätter zu einem

Deckel verwachsen, der beim Öffnen der Blüten abfällt. Daher rührt der Name Eukalyptus (= Schönmütze); zahlreiche, weiße oder rosafarbene Staubfäden, konisch gebaute Fruchtkapseln;
Blütezeit: Februar–Juli;
Standort: Parks, Alleen; häufig als Zierbaum kultiviert (Heimat: Australien).

Eucalyptus globulus (⅙ natürl. Größe)

Schmetterlingsblütler – Leguminosae

Mimose
(Acacia dealbata) (Farbt. 76)
8–12 m hoher Baum; zartgefiederte Blätter, nachts zusammengefaltet; leuchtend gelbe, wohlriechende Blütentrauben, Handelsartikel der Blumenbindereien;
Blütezeit: Januar–März;
Standort: Gärten, Waldrand, Strandplätze (Heimat: Australien).

Wunderblumengewächse – Nyctaginaceae

Bougainvillea
Drillingsblume (Bougainvillea spectabilis)
Die unscheinbaren weißlichen, röhrenförmigen Einzelblüten sind von drei auffälligen rotvioletten, roten oder orangefarbenen Hochblättern umgeben. Bei der Fruchtreife dienen die Hochblätter den mit ihnen verwachsenen Früchten als Fallschirm zur Verbreitung.
Blütezeit: Mai–September;
Standort: Zierpflanze in Gärten und an Mauern (Heimat: Südsee).

Kakteengewächse – Cactaceae

Echter Feigenkaktus
(Opuntia ficus-indica) (Farbt. 36 links)
Bedeutendster Vertreter aus dem Bereich der Kakteen; an den abgeflachten, graugrünlichen, elliptischen Gliedern sind die Blätter zu Stacheln umgewandelt. An den sukkulenten Gliedern entstehen große gelbe Blüten (März–April), die gegen Ende August feigenartige, saftige, gelbrote Früchte ausbilden; entfernt man ihre Schale mit den Stacheln, so ist das Fleisch eßbar.
Standort: beliebte Heckenpflanze, kultiviert wegen der Früchte (Heimat: Mexiko).

Agavengewächse – Agavaceae

Amerikanische Agave
(Agave americana)
2 m hohe Rosette aus dickfleischigen Blättern, an der Spitze mit einem langen Dorn und an den Rändern mit gekrümmten Zähnen. Nach 10–15 Jahren treibt die Pflanze einen 5–8 m hohen, riesenspargelähnlichen Trieb, der sich zu einem kandelaberförmigen Gebilde entwickelt, an dem unzählige gelbliche Blüten sitzen. Nach der Fruchtreife stirbt die Agave bis auf den unterirdischen Teil des Stammes ab, wo reichliche emporsprießende Ableger in ihr fortleben.
Standort: Straßenränder, Gartenumzäunung, Parks (Heimat: Mexiko).

Eiskrautgewächse – Aizoaceae

Mittagsblume

(Carpobrotus acinaciformis)
Kriechende Blattsukkulente, rasenbildende Pflanze; Blätter fleischig, im Querschnitt dreieckig; leuchtend karminrote Blüten, die sich erst gegen Mittag öffnen, purpurne Staubblätter; Früchte fleischig und eßbar; Blütezeit: März–Juli;
Standort: Zierpflanze in Gärten, Sand- und Felsengebiete von Küstenlandschaften, Böschungen und Mauern (Heimat: Südafrika).

Orchideen – Orchidaceae

Zuletzt seien zwei Arten aus der Familie der Orchideen genannt. Von der Gattung Ophrys gibt es allein schon ca. 30 Arten im Mittelmeerraum; charakteristisch ist die insektenartige Gestalt ihrer Blüten. Der Name Orchis ist griechischen Ursprungs und bezieht sich auf die knollenförmigen, hodenartigen Wurzeln.

Spinnen-Ragwurz

(Ophrys sphegodes) (Farbt. 79)
Alle Ragwurz-Arten sind Bewohner offener grasiger oder steiniger Hänge, seltener unter Gebüsch, mit Vorliebe auf Kalkboden. 15–60 cm hoch mit 3–10 Blüten. Eine sehr variable Art mit einer ovalen Lippe und Seitenlappen, die von kleinen Höckern bis zu armartig hängenden Ausstülpungen variieren können; charakteristische Zeichnung auf der kahlen oder behaarten dunkelbräunlichroten Lippe ist ein blaues H mit dem Querbalken nahe der Spitze, zuweilen aber auch nur zu zwei blauen Linien verkümmert;
Blütezeit: Februar–April.

Stendelwurz

(Serapias neglecta) (Farbt. 80)
Ihre hellroten Blüten besitzen eine lange, breite und behaarte Lippe; im Gegensatz zu anderen Gattungen tragen sie keine Sporen. Blütezeit März–April.

Die Tierwelt Elbas

Nicht ganz so vielfältig wie die Welt der Mineralien und Pflanzen ist die Tierwelt der Insel, die Meeresfauna der Küstenzone eingeschlossen. Dennoch bietet auch sie dem Zoologen und dem Tierfreund ein reiches Betätigungsfeld. In den unwegsameren Gebirgsregionen hausen wilde Ziegen, in den Wäldern am Abhang des Monte Capanne zeigt das Eichhörnchen seine Kletterakrobatik, und in der undurchdringlichen Macchia huschen die unzähligen Hasen und Kaninchen und zwitschern die Vögel. Eidechsen und Geckos sonnen sich auf warmen Felsplatten, und in der Dämmerung ziehen wir unwillkürlich die Köpfe ein, wenn die Fledermäuse zum Flug ausholen und die elastische Flughaut zwischen ihren stark verlängerten Mittelhandknochen und Fingern, zwischen den Armen und Beinen und oft auch längs des Schwanzes ausbreiten, um auf Insektenjagd zu gehen.

Die Meeresfauna ist sehr artenreich, eine typische Mittelmeerfauna mit leichten Korallen- und Schwammansammlungen. So leben in der Küstenzone in verschiedenen Tiefen unzählige Fische, Weichtiere und Krebse. Schnecken, vielerlei Muscheln, Austern, Krabben, Taschenkrebse, Meerspinnen und Langustinen ergeben ein beliebtes ›Hors d'oeuvre‹, das die Italiener ›frutta di mare‹ nennen. Langusten und Hummer, die aus größeren Tiefen kommen, sowie die vielen Fischarten (Thunfisch, Seezunge, Goldbrasse, Zahnbrasse, Umberfisch, Seehecht, Spinnenfisch oder Seebarbe) und der Tintenfisch werden gekocht, gegrillt, gebacken oder flambiert und mit den aromatischen Gewürzen der Macchia als festliche Mahlzeit zubereitet (vgl. S. 232). Beliebte Fische für Unterwasserjäger sind große Zackenbarsche (Cernien), vor allem im Mai und Juni, wenn sie zur Paarungszeit die Küstengewässer aufsuchen, aber auch der seltene Quadratschwanz (Tetragonurus cuvieri) und der Riesenhai (Selache maxima).

Die Jagd mit der Unterwasserkamera gilt auch den in feurigen Farben schillernden Korallenpolypen und den vielen Arten von Schwämmen und roten Korallen.

Viele Arten und Formen planktonischer Entwicklung bietet das Meer Elbas der Meeresforschung, wie beispielsweise die vielen Copepoden (Ruderfußkrebse) und Isopoden (Asseln), Schmarotzer der Fische und Wale. Glück hat der Fischer, dem der Fang eines in größerer Entfernung zur Küste entlangziehenden Delphins gelingt. Er ist wegen seines besonders schmackhaften Fleisches eine beliebte Beute. Überrascht wird der Schwimmer oder Bootsfahrer von Schwärmen zahlloser kleiner Fische, die in seiner Nähe plötzlich aus dem Wasser emportauchen, in einem flachen Bogen durch die Luft fliegen, wieder untertauchen und dieses Spiel mehrmals wiederholen. Vorsicht ist bei den schwarzen Seeigeln angebracht (Echinus esculentus), die auf felsigem Untergrund sitzen; ihre Stacheln, die übrigens leicht abbrechen, verursachen bösartige Entzündungen. Überall an den Küsten werden Seesterne (Asterias rubens) erjagt, die in getrocknetem Zustand als Souvenir mitgenommen werden. Dieser Räuber ernährt sich vorwiegend von Muscheln, umklammert sein Beutetier und öffnet dessen Schalen durch den Zug der sich anheftenden Saugfüßchen. Dann saugt er sie aus, indem er seinen Magen über den Weichkörper seiner Beute stülpt. Der Seestern ist wegen seines starken Regenerationsvermögens bekannt: abgetrennte Arme wachsen nach; ein abgetrennter Arm kann sich sogar zu einem vollständigen Seestern entwickeln.

Besonders nach stürmischem Wetter wird der an den Sandstränden angeschwemmte, stark nach Meer duftende Seetang zum Ärgernis jener Touristen, die den künstlich gesäuberten Badestrand bevorzugen. Beim näheren Betrachten bewundern wir aber nicht nur seinen schönen Thallus – so nennt man seine häufig recht verzweigte Körperform – sondern auch die vielen darin klammernden Muscheln und Krebschen, den Posthörnchenwurm (Spirobis borealis) oder gar die zottige Seerinde (Membranipora pilosa). Leider besteht auch bei der Meeresfauna die Gefahr der Dezimierung, z. B. durch Meeresverschmutzung, unsachgemäßes Fischen und Unterwasserjagd.

Zahlreiche Insekten bevölkern die Macchia, die Wälder und Haine: Heuschrecken, Grillen und Zikaden streichen mit ihrem Zirporgan, bestehend aus Schrilleiste und Schrillkante an den Flügeldecken, ihre typische Melodie. Käfer aller Arten kriechen umher, sind jedoch völlig harmlos. Bienen – es wird auf Elba viel und guter Honig gewonnen –, Wespen, wunderschöne Libellen, vor allem aber farbprächtige Exemplare von Schmetterlingen fliegen oder schaukeln von Blüte zu Blüte, emsige Ameisen in viele Meter langen

DIE TIERWELT ELBAS

Kolonnen versetzen den nachdenklichen Betrachter in höchste Verwunderung. Der größte der vorkommenden Schmetterlinge ist der Rapolocero mediterrano; außerdem gibt es den Totenkopfschwärmer, Distelfalter, Admiral, Bärenspinner, das Pfauenauge, den Frauenmantel und Kohlweißling, den Nonnenfalter, Wolfsmilchschwärmer, Argusfalter, Pappelschwärmer und die Saateule. In der Nähe von Cala Margidore entdeckte man den Gastropacha quercifolia (Kupferglucke), der einem Eichenblatt ähnelt und sich mit dieser Schutztracht (Mimese) seiner Umgebung anpaßt. Von den vielen Spinnenarten sei nur auf die giftige Kreuzspinne aufmerksam gemacht, die man an der weißen Kreuzzeichnung auf ihrem Hinterleib und an den behaarten Beinen erkennt.

An Lurchen gibt es den Wasser- und Laubfrosch und die sehr nützliche Kröte (Erdkröte und Wechselkröte) mit ihrem gedrungenen plumpen Körper, den kurzen Beinen und der warzigen Haut, den Ohrendrüsenwülsten und dem zahnlosen Maul. Im Gemäuer, auf Felsen und im Gebüsch findet man die verschiedenen Eidechsenarten: die bräunliche Ruineneidechse, seltener die Smaragdeidechse, in der Nähe menschlicher Siedlungen die braungraue Mauereidechse. Wie tot klebt der Gecko, dieser gute Baum- und Felsenkletterer, mit seinen Haftzehen tagsüber am Gemäuer und sonnt sich, während er nachts auf Insektenjagd geht. Von ihm gibt es drei Arten auf Elba: den Mauergecko, Halbfingergecko und Blattfingergecko. Die Erzschleiche ist eine schlangenähnliche, mit winzigen Füßen ausgestattete völlig harmlose Echse, die sich von Schnecken und Würmern ernährt. Warnen müssen wir aber vor der Aspisviper, einer besonders in trockenem offenen Gelände vorkommenden Giftschlange. Ungefährlich sind dagegen drei Arten von Nattern: die gelbgrüne Zornnatter, die Glatt- oder Schlingnatter und die Äskulapnatter. Bis in den Frühling hinein halten die Schlangen ihren Winterschlaf, doch ab Mai wird dem durch die Macchia streifenden Wanderer empfohlen, hohes Schuhwerk zu tragen und den Weg mit einem Stock abzuklopfen.

Die Vogelwelt Elbas hat kontinentalen Charakter; die Insel ist eine beliebte Zwischenstation des Frühjahrs- und Herbstfluges der Zugvögel. Sie sind hier vertreten durch den Gimpel (in sehr strengen Wintern), den Kreuzfink, die Amsel, Drossel, den Reiher oder den sehr seltenen weißen Storch (Columbus gacialis), um von den mehr als 60 Arten nur einige zu nennen. Etwa 50 Arten bauen auf der Insel ihre Nester, darunter die Falken, Bussarde, Raben, Finken, Rotkehlchen, Meisen und Nachtigallen. Den Küstenbereich bevölkern Lach- und Silbermöwen sowie die Seeschwalben. Der Monte Calamita ist eine bekannte Kolonie für Seevögel.

Mit lautem Gekreisch schießen die Schwalben in rasendem Flug über den alten Gemäuern von Capoliveri oder über den Marktplatz von Portoferraio hinweg, als wären sie besessen vor Freude, ihre Flugkünste zu erproben.

1974 fand auf der Insel Capraia der 20. Kongreß der italienischen Gesellschaft für Biogeographie statt, der eine Bestandsaufnahme endemischer Spezies des gesamten Toskanischen Archipels machte; darunter befinden sich Schnecken und Spinnen, z. B. Solatopupa simonettae, Nemesia Ilvae, Dysdera andreinii, Scotophaeus fabrisae, Xysticus pavesii. Cavernella helenae (Höhlenkäfer) stellt eine neue Spezies dar, die bis dahin unbekannt war.

Eine Reise durch die wechselvolle Geschichte – Kulturstätten von der Vorgeschichte bis zur Gegenwart

Geht man von dem mit kunsthistorischen Baudenkmälern und anderen Zeugen der Vergangenheit so reich gesegneten italienischen Festland aus, so fällt auf, daß die Insel Elba in dieser Hinsicht immer noch eine recht unbekannte Insel ist, bedenkt man doch, welche Bedeutung sie einst für die Etrusker, Griechen und Römer hatte, die zur Deckung ihres Eisenbedarfs größtenteils auf die Mineralvorkommen der Insel angewiesen waren. Warum sollten sich nicht zu den wenigen bisher gefundenen Zeugen der Antike noch weitere archäologische Schätze gesellen, die bisher noch in der dichten Macchienwildnis verborgen sind? (1983 wurde übrigens der letzte aufsehenerregende Fund am Monte Orello gemacht: eine etruskische Grabstätte.) Allzulange mußte die Insel bei Ausgrabungen hinter dem Festland zurückstehen. Die erst in den vergangenen Jahren intensiv angelaufenen wissenschaftlichen Untersuchungen und Grabungen auf Elba, aber auch die Funde in seinen Küstengewässern stimmen recht zuversichtlich und geben Anlaß zu weiterer verstärkter Forschung. Dennoch wird man in erster Linie auf Fundamente und Ruinen stoßen, vielleicht auch auf Überreste von keramischen Gefäßen, Schmuckstücken, Waffen u. ä., denn wir wissen, daß z.B. die Römer darauf bedacht waren, alle Erinnerungen an die Etrusker und ihre Kultur auszulöschen.

Die Vorgeschichte Elbas

Ausgrabungen, auch solche in jüngster Zeit, beweisen die Existenz des Menschen auf Elba schon in prähistorischen Zeiten. Die gefundenen Steinwerkzeuge der Paläolithiker reichen in die dritte Stufe der frühen Werkzeugkulturen, in das *Moustérien*, zurück, eine Epoche, die geologisch dem Jungpleistozän (vor etwa 100000–40000 Jahren), archäologisch dem letzten Abschnitt des Altpaläolithikums (ältere Altsteinzeit) zuzurechnen ist. Die Bevölkerung, die der Menschengruppe des Neandertalers angehörte, benutzte zur Herstellung ihrer Waffen und Werkzeuge mikrokristalline Quarzvarietäten (z. B. Chalcedon), weiß oder durch geringe Beimengungen schwarzgrau, grün, braun oder braunrot gefärbt. Immerhin beweisen die Funde, daß die frühen Menschen Jäger und Nomaden waren. Von der religiösen Vorstellung jener Bevölkerung zeugt ein Schädel des Neandertalers aus der Grotte Guattari al Circeo, der ein großes Loch im Hinterkopf aufweist. Durch dieses Loch wurde die Gehirnmasse herausgezogen und verzehrt, um damit die Eigenschaften des Toten

DIE VORGESCHICHTE ELBAS

in sich aufzunehmen. Der Schädel wurde anschließend aufgestellt und verehrt. Die gefundenen Gegenstände, einfache roh behauene Werkzeuge des täglichen Bedarfs: Faustkeile, Steinspitzen, Kratzer und Schaber, stammen aus allen Teilen der Insel.

Im *Jungpaläolithikum* (jüngere Altsteinzeit), in der geologischen Epoche vom Beginn bis zum Ende der letzten Eiszeit (Würmeiszeit) (vor etwa 40 000–10 000 Jahren), werden die Formen der Werkzeuge etwas differenzierter und speziellen Bedürfnissen angepaßt: Hohlschaber, Stichel und Meißel sowie als Waffen verwendbare gestielte Steinspitzen, ferner Schneidewerkzeuge wie Klingen und Messer zur Bearbeitung von Holz und zum Zerschneiden von Fleisch. Waren die Werkzeuge der mittleren Altsteinzeit vorwiegend aus Stein gefertigt, so verwendete man jetzt auch schon Knochen oder Horn.

Man muß sich die Küstenlinie Elbas und des toskanischen Festlandes zu jener Zeit völlig verschieden vom heutigen Zustand vorstellen (s. Fig. S. 12). So existierten die Inseln des Toskanischen Archipels noch gar nicht, sondern diese Gebiete bildeten durch den während der Eiszeit gesunkenen Meeresspiegel eine zusammenhängende festländische Landmasse, die für die nomadisierenden Tiere und ihre menschlichen Jäger frei zugänglich war. Deshalb fand man die Artefakte auch in Verbindung mit den Knochen großer Säugetiere: Höhlenbär, Rhinozeros und Flußpferd, die wohl einer älteren Zeit entstammen als die Knochenfunde von Wildziegen, Hirschen und Rotwild. Seltsamerweise grub man in der seit dem 18. Jahrhundert bekannten Caverna Reale bei Porto Azzurro in ein und derselben Tonschicht in 20–50 m Tiefe nicht nur die Knochenfragmente des Bären, Hirsches und des Rehbocks aus, deren Existenz auf ein kaltes Klima schließen lassen, sondern auch solche von Vertretern der ›warmen Fauna‹, wie Rhinozeros und Flußpferd. Dieses Nebeneinander kann nur dadurch erklärt werden, daß Elba trotz vorherrschender Eiszeit auf dem Kontinent durch die Meeresnähe ein milderes Klima besaß und deshalb zu einer Rückzugs- und Überlebensoase für Rhinozeros und Flußpferd wurde, die während des vorangegangenen Riß-Würm-Interglazials hier erschienen waren und für eine gewisse Zeit die veränderten Klima- und Umweltbedingungen aushalten konnten. Erst nach dem Rückzug der letzten Eiszeit, während der sogar die toskanisch-emilianischen Apenninketten von Gletschern bedeckt waren, stieg der Meeresspiegel nach dem Abschmelzen um mehr als 100 m an, so daß die ehemals ausgedehnte Halbinsel, die sich gegen Korsika vorschob, den heutigen Archipelcharakter erhielt.

Im Verlaufe des *Neolithikums* (Jungsteinzeit), das in Italien um 6000 v. Chr. beginnt, scheint sich eine vermutlich aus Kleinasien stammende Bevölkerung zwischen 5000 und 4000 v. Chr. auf Elba niedergelassen zu haben. Die höhere Entwicklungsstufe mit einem deutlichen technischen und wirtschaftlichen Aufschwung dieser Jungsteinzeitmenschen ist an der Ausführung, dem größeren Formenreichtum und an der Materialwahl der Artefakte gut ablesbar. Die polierten Steinbeile, Pfeilspitzen, feinere Klingen, Feuersteinsicheln und andere Gegenstände, die man auf Elba, Pianosa und Giglio fand, lassen auf eine Agrarbevölkerung schließen. Zunehmend gewinnen auch Knochen und Holz an Bedeutung, daneben Keramikgefäße mit eingeritzten Ornamenten.

Die Umstellung vom Werkstoff Stein auf Metall, und damit der Durchbruch der *Metallzeit* (zunächst der Kupferzeit), muß mehrere Jahrtausende gedauert haben. An welcher Stelle der Insel erstmals nach Kupfer geschürft worden war, läßt sich heute nicht mehr feststellen. Gediegenes Kupfer, ein auch in kaltem Zustand gut formbares Metall, wurde sicherlich im Tagebau gewonnen. Heute findet man es noch in der Grotta Rame im Magnetiterztagebau von Calamita im Südosten Elbas. Jedenfalls erscheinen zwischen 3000 und 2000 v. Chr. die ersten Bergleute auf Elba, die in den ebenerdigen Kupferschichten das Metall abbauten, indem sie vermutlich mit Hilfe eines Kalt-Warm-Systems die Erdschichten zerbrachen. Sie entstammen einer Bevölkerung, die der sogenannten *Rinaldone-Kultur* (benannt nach einem Gebiet auf dem Festland in der Nähe von Bolsena) angehörten. In Grabausrüstungen dieser Kultur, z. B. in der Grotte von San Giuseppe bei Rio Marina, also genau im Herzen des Bergwerkgebietes von Elba, fand man zahlreiche Beweise ihrer Aktivitäten auf der Insel: z. B. einen fast 7 cm langen Kupferdolch, Pfeilspitzen, Lanzenspitzen, Flachäxte, keramische Scherben (Abb. 22–24) und menschliche Knochen und Schädel. Spuren des Abbaus von Kupfererz (Kupferkies, Cuprit, Malachit, Azurit u. a.), Kupferschlacken und Reste konisch geformter Kupferschmelzöfen sind in San Lucia, Pomonte, am Monte Perone und Colle Reciso gefunden worden.

In die Zeit der Kupfererzeugung aus Kupfererzen fällt wohl auch das erste Auftreten der Bronze, einer Kupfer-Zinn-Legierung (70–95 % Kupfer mit 30–5 % Zinn), die oft noch Zink, Blei und eventuell Eisen enthält. Diese Legierung war schon bekannt, bevor man metallisches Zinn herzustellen vermochte. H. Waldeck findet hierfür eine einfache Erklärung: »Um den Schmelzpunkt bei der Verhüttung der Kupfererze herabzusetzen, benutzte man unter anderem auch Zinnstein (Cassiterit) enthaltende Erze, ohne zu ahnen, daß dieses Mineral ein Metall – eben Zinn – enthält. Als Endprodukt des Schmelzverfahrens entstand bei Verwendung solcher Kupfer-Zinn-Mischerze weder elementares Kupfer noch elementares Zinn, sondern die Legierung Bronze. Man nahm vorlieb mit diesem neuen ›Metall‹ und stellte bald Eigenschaften fest, die es gegenüber dem reinen Kupfer als Nutzmetall vorteilhafter erscheinen ließen. In kaltem Zustand war die Bronze zwar schwerer zu bearbeiten, ihre bessere Gießbarkeit und ihre größere Härte machten sie jedoch zur Herstellung von Gebrauchsgegenständen und Waffen bald unentbehrlich.«[4] Aufgrund einiger Funde, vor allem einer Gußform aus Sandstein vom Colle Reciso, kann man davon ausgehen, daß auf Elba später auch Bronze hergestellt und verarbeitet wurde, doch verlagerte sich die Bronzegewinnung mangels des dazu erforderlichen Zinnerzes vor allem in das Gebiet der Toskana, wo es genügend Zinnerz in den Bergen um Campigliese gab.

Während der Bronzezeit erscheinen auf Elba Stämme der ›*Subapenninischen Kultur*‹, einer Nebenlinie der ›Apenninen-Kultur‹, die auf dem Festland zwischen 2000 und 1000 v. Chr. verbreitet war. Sie waren Ackerbauer und Viehzüchter, und in einer nachfolgenden Entwicklungsstufe gesellte sich die Weberei dazu. Da sich alle subapenninischen Siedlungen weit entfernt von den Minenzonen befanden, nämlich im Bereich des Capanne-Massivs, am Fuß von Bergen, und in den Bergen überall an Plätzen, die sich für die Verteidigung eigneten und eine kurze Saisonwanderung des Viehs ermöglichten, gilt es als bewiesen, daß diese Bevölkerung nicht die Kupfererze abbaute. Trotzdem lebte sie nicht völlig isoliert, sondern trieb mit anderen ethnischen Gruppen Handel, wie es die archäologischen Funde zeigen, z. B. fand man im Valle Gneccarina bei Chiessi an der Westküste mehrere Bronzeäxte aus der Zeit um 700 v. Chr. Obwohl noch keine genaue Datierung über die Dauer des Aufenthaltes der Bevölkerung der subapenninischen Kultur auf Elba festliegt, kann man davon ausgehen, daß sie bestimmt bis zum 7. Jahrhundert v. Chr. dort lebte, denn Keramiken dieser Kultur wurden zusammen mit etruskisch-korinthischen Keramiken in den Grotten von Madonna del Monte (Marciana) und in einem Zufluchtsort unter Felsen in der Nähe von Bagno (Marciana Marina) gefunden. Dennoch bleibt vorläufig die genaue Identität jener letzten prähistorischen Völker auf Elba ein Rätsel, wenn auch die literarische Überlieferung von den ›Liguri Ilvates‹ spricht. Auch über die Beziehungen der Ureinwohner zu den neuen Siedlern weiß man wenig, obschon man annehmen kann, daß beide durch den Eisengrubenbetrieb miteinander in Verbindung standen, da man sich sonst die Anwesenheit von Eisenschlacken an felsigen, unzugänglichen Orten, wo kein Holz vorhanden war, wie Madonna del Monte, S. Bartolommeo u. a. nicht erklären kann.

Im 8. Jahrhundert v. Chr. erscheinen auf Elba die *Villanova-Stämme*, deren Spuren vor allem in der östlichen Erzregion festgestellt wurden. (Die Entdeckung ihrer Kultur geht auf Ausgrabungen bei dem Dorf Vallanova nahe Bologna zurück.) Die Vilanova-Funde bestanden aus Agraffen mit einfachem Bogen (Spiazzi di Rio Marina, Grassera), kahnförmigen Agraffen mit Gravuren (Santa Lucia) oder Beilen mit konischem Schaft und Lorbeerblattverzierung (Casa del Duca) u. a.

Elba als Waffenschmiede der Etrusker

Während die letzten prähistorischen Völker auf Elba noch von der Landwirtschaft lebten, zogen schon die Eisengruben die Aufmerksamkeit der Mittelmeerwelt auf sich. Bereits die Kupfervorkommen hatten die Insel auf dem Festland bekannt gemacht, doch nachdem das Eisen seinen Siegeszug auf italienischem Boden angetreten hatte, wurde Elba zu einer begehrten Beute für die Etrusker, aber auch für die Karthager und Griechen. Wer über das Tyrrhenische Meer herrschen wollte, war auf Elbas geographische und strategische Lage angewiesen. Die Etrusker, ein Volk, das in einem viele Jahrhunderte dauernden Verschmelzungsprozeß aus mehreren ethnischen Komponenten entstanden war (Ethnogenese nach M. Pallottino, 1947) und seit dem frühen 8. Jahrhundert v. Chr. in Schriftdenkmälern faßbar ist, gründeten die erste städtische Hochkultur auf italienischem Boden. Die Hochblüte ihrer Kultur verdanken sie vor allem der geschickten Verarbeitung von Erzen und dem Handel mit dem wertvollen Metall. Trotz der ständigen Bedrohung durch griechische Piraten beherrschten die Etrusker die Insel Elba und hatten um 500 v. Chr. den Höhepunkt ihrer Macht erreicht, als sie den größten Teil des Gebietes zwischen den Alpen und der römischen Campagna unter ihrer Kontrolle hatten.

Die waffentechnische und damit politische Bedeutung des Eisens wurde erst erkannt, als man es in großer Menge herzustellen gelernt hatte. Die Zeiten der ersten Eisenverhüttung auf Elba gehen wahrscheinlich auf das 8. Jahrhundert v. Chr. zurück. Elba besaß an der Ostküste im Gebiet von Rio Marina und auf der Halbinsel Calamita im Tagebau leicht zu gewinnende Eisenerze, die unerschöpflich zu sein schienen. Der ungewöhnliche Reichtum des Erzes – es enthält etwa 60 % Eisen – gab Anlaß zum Raubbau. Auch die eigenartige Behauptung in der Antike (z. B. beim griechischen Geschichtsschreiber Timaios, später bei Vergil in der Aeneis), daß das Erz wie die belebte Natur nachwüchse und den Abbau ersetze, mögen dazu beigetragen haben. In der Tat häuften sich während der Jahrhunderte Halden von nicht verwertetem Gestein, das oft noch 50 % Eisen enthielt, so daß eine Verhüttung in der Neuzeit lohnend war.

Anfangs waren die Öfen, in denen Eisen reduziert wurde, solche vom katalanischen Typ und bestanden aus einem mehr oder weniger tiefen Graben. Dieser war am Boden und seitlich mit Steinen ausgekleidet und mit einer Lehmschicht abgedichtet. In die Vertiefung wurden dann abwechselnd Holzkohle und Eisenerz aufgeschichtet, die Kohle entzündet

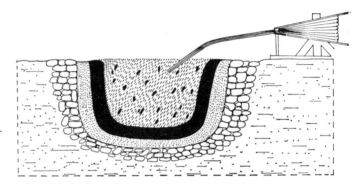

Schematische Darstellung eines Eisenschmelzofens (H. Coghlan, 1956)

und die Glut mit Hilfe eines Blasebalgs geschürt. Die Blasebälge waren am Rande des Ofens mit Röhren aus Tonerde befestigt. Reste eines solchen kreisförmigen Mauerwerks, das einem Ofen dieses Typs ähnelt, fand man am Capo Pero, im Herzen des Bergwerkgebietes. Die Öfen des katalanischen Typs sind sehr bald durch zweckmäßigere Öfen ersetzt worden, und zwar von solchen einer entwickelteren Technik, wie sie die Etrusker bis zum 7. Jahrhundert v. Chr. für die Gewinnung von Kupfer benutzten. Guterhaltene Kupferschmelzöfen der Etrusker in der Toskana gestatten die genaue Rekonstruktion dieser Technik. Die konisch gebauten Öfen bestehen aus zwei übereinander angeordneten, von einer durchlöcherten Gesteinsplatte getrennten Kammern. Die obere Kammer, abgestützt durch eine zentral angebrachte Steinsäule, wurde mit Kupfererz und Holzkohle beschickt, die untere Kammer diente als Verbrennungsraum zur Erzeugung der notwendigen Temperatur. Das geschmolzene Kupfer tropfte durch die Öffnungen nach unten und floß auf dem geneigten Boden des Verbrennungsraumes durch eine seitliche Öffnung ab. Die Etrusker stellten diese Öfen so geschickt auf, daß Fall- und Aufwinde den ehemaligen Blasebalg ersetzten. Immerhin war die Eisenreduktion mit Hilfe dieses neuen Ofentyps ergiebiger als nach dem

WAFFENSCHMIEDE DER ETRUSKER

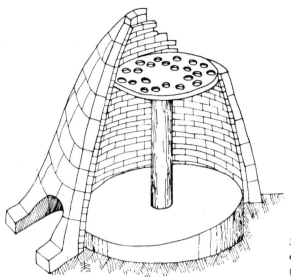

Schematische Darstellung eines etruskischen Kupferschmelzofens (A. Minto, 1954)

Reduktionsprozeß in den katalanischen Öfen, denn Feilreste und andere Unsauberkeiten betrugen nur 40–55%, und das war etwa 10–15% weniger als bei der veralteten Technik, wenn auch die Vergleiche mit heutigen Verhüttungsmethoden recht bescheiden ausfallen.

Die Erze wurden nicht nur in der Nähe der Gruben in Ostelba verhüttet; Schlackenfunde beweisen, daß die Schmelzöfen auch in Mittel- und Westelba errichtet wurden, und zwar dort, wo genügend Holz zur Verfügung stand. Die weithin sichtbaren Flammen und Rauchschwaden haben sicherlich dazu geführt, daß die Insel von den Griechen (Aristoteles) den Namen ›Aithalia‹ erhielt, was soviel wie ›die Rauchende‹ oder ›die von Ruß geschwärzte Insel‹ bedeutet. Wie intensiv die Förderung des Eisenerzes auf Elba war, beweist die

Etruskische Plastik, gefunden am Monte Castello (Archäologisches Museum Marciana)

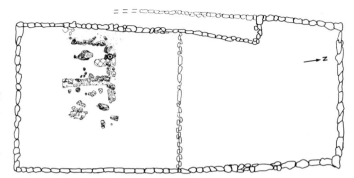

Monte Castiglione di San Martino. Grundriß der etruskischen Siedlung (M. Zecchini, 1978 und L'Elba preromana, 1979)

Tatsache, daß man an mehr als 90 Orten Feilreste aus der Bearbeitung des Eisenerzes und Reste von Öfen gefunden hat, und zwar vorwiegend auf der nördlichen Inselseite, wo es genügend Holz, aber auch gut ausgebaute Häfen gab, die an der Handelsstraße nach Populonia (in der Nähe des heutigen Piombino) und Alalia (heute Aleria auf Korsika) an der weißen Küste zwischen Capo Bianco und Punta Acquaviva lagen.

In den letzten Jahren haben die Archäologen drei etruskische Höhensiedlungen (castellum) freigelegt, deren ›städtische‹ kulturelle Entwicklung parallel ablief. Es sind *Castiglione di San Martino, Castiglione di Marina di Campo* und *Monte Castello* südlich von Procchio. Nur im letzten Fall kann man jedoch vorerst von einer großen Anzahl beweiskräftiger Funde sprechen, wobei auch stratigraphische Analysen gemacht wurden, während die Nachforschungen an den übrigen beiden Orten noch in den Anfängen stecken[5] (Abb. 17–19). *Monte Castello* war von einer hohen Stadtmauer aus aufeinandergesetzten

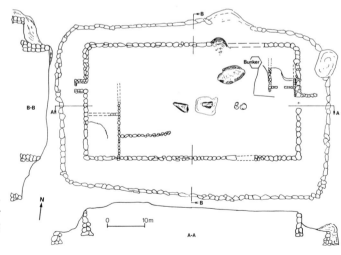

Monte Castello. Grundriß und Aufrisse der etruskischen Siedlung (M. Zecchini, 1978)

WAFFENSCHMIEDE DER ETRUSKER

Blöcken umgeben, die der Ummauerung anderer etruskischer Städte vergleichbar ist. Die Innenmauer ist sehr regelmäßig angelegt. Von den archäologischen Funden vom Ende des 5. und 3. Jahrhunderts v. Chr. sind folgende von Bedeutung: Bruchstücke chiusinischer und attischer rotfiguriger Keramik, mit Inschriften versehene Trinkbecher u. a. Das Dorf muß also mindestens zwei Jahrhunderte lang bewohnt gewesen sein. Große Mengen von Metallschlacken an der Südseite der Stadtmauer weisen darauf hin, daß die Bewohner auf irgendeine Weise mit dem Erzgrubenbetrieb in Verbindung gestanden haben müssen. Auf den Ruinen der etruskischen Siedlung haben die Römer (vgl. S. 60) ihrerseits weitergebaut, wie an dem Pflaster (›Opus signinum‹) zu erkennen ist. Unter den Bruchstücken des Pflasters hat man eine Schicht Asche und verkohlte Reste gefunden, die darauf hinweisen, daß die etruskische Siedlung Monte Castello um 250 v. Chr. zerstört wurde.

Auch auf dem *Paolina-Felsen* nordwestlich von Procchio war eine etruskische Siedlung angelegt; man fand viele Bruchstücke von Amphoren, Keramik aus Campagnien und einer Vase, die eine etruskische Inschrift – eine Zahl – zeigt. Wahrscheinlich handelt es sich bei diesem Ort um einen bescheidenen Handelsposten, der bis in die römische Zeit benutzt wurde.

In der Nähe der Höhle von *Madonna del Monte* (vgl. S. 52) wurde 1971 ein Etruskergrab entdeckt, das leider schon unsachgemäß durchsucht worden war. Unter den mit Sicherheit zu einer Beerdigung gehörenden Gegenständen zählen schwarzfigurige Kantharosbruchstücke, ein Kyatos, verschiedene Fragmente einer Olpe aus dem Olpaizyklus und eines korinthischen Alabastron mit Hähnchen geschmückt sowie zwei Bronzespangen. Diese Funde müssen aus der Zeit zwischen 650 und 550 v. Chr. stammen.

In der Ortschaft *Bagno*, in der Nähe von Marciana Marina, fand man in einer Höhle im Granitfelsen zum zweiten Mal (siehe Höhle von Madonna del Monte, S. 52) die Verbindung

◁ *Fundstücke aus der etruskischen Grabstätte von Profico bei Capoliveri. Zeichnungen von G. Mellini, 1816. Die verschollenen Gegenstände wurden 1979 im Depot des Archäologischen Museums Florenz wiederentdeckt (Bearbeitung von A. Maggiani) und sind z. T. im Archäologischen Museum Marciana ausgestellt.*

1 Gabel aus Blei
2 Kerzenständer aus Blei
3 Armreif aus Bronze, gefunden am linken Arm eines Skeletts
4 Fragment eines Bronzegriffs, verziert mit einer menschlichen Figur
5 Fragment eines Bronzegriffs, endend in einem Vogelkopf
6 Bauchiger Behälter aus Bronze
7 Behälter aus Bronze mit langem Griff
8 Fragment eines Untersetzers
9 Bronzesitula mit festem und beweglichem Griff
10 Schwarzer Tonkrug (Oinochoë), erinnert an die Produktion von Volterra, Toskana
11 Krug (Olpe)
12 Schwarzer Krug (Olpe) mit horizontalen Rippen
13 Trinkgefäß aus Ton mit zwei vertikalen Henkeln und Inschrift
14 Schwarzes Trinkgefäß aus Ton (Kantharos) mit vertikalen Henkeln, erinnert an die Produktion von Volterra, Toskana
15 Krug
16 Trinkgefäß mit horizontalen Rippen und Zahlenwerten (?)

der Keramik der subapenninischen Kultur mit der der etruskischen Tradition, nämlich verschiedene Tonbruchstücke, darunter Fragmente eines etruskisch-korinthischen Aryballos.

In *Grassera* (Gemeinde Rio nell'Elba) wurden 1883 mehrere Gräber aufgedeckt; Überreste von Menschenskeletten, Bronzelöffel, ein Bronzespiegel, Webstuhlgewichte, Perlen und Bronzevasen stammen teilweise aus der Villanova-Zeit, aber auch aus der Zeit zwischen dem 7. und 5. Jahrhundert v. Chr.

Aus der Gegend von *Le Trane* stammt der 1764 aufgefundene berühmte ›Schenkende‹ (Bronzetto di offerente), der heute im Nationalmuseum von Neapel aufbewahrt wird. Die kleine bronzene Statuette ist 26 cm groß und stammt aus der Zeit zwischen 520 und 500 v. Chr.

Auch in der Ortschaft *Magazzini*, in der Nähe von Le Trane, hat man 1880 mehrere Gräber aufgedeckt, aus denen folgende Fundstücke im städtischen Museum von Livorno ausgestellt sind: acht Spangen, zwei Kylixes, ein Kantharos, ein Skyphos, fünf braungestreifte Aryballi, zwei Eisenlanzen mit Griff, ein Bruchstück eines Eisenschwertes, ein Bronzehelm u. a. m. Alle Gegenstände stammen aus der Zeit zwischen dem 7. und dem 5. Jahrhundert v. Chr.

Eine etruskische Amphore aus dem 6. Jahrhundert v. Chr., die aus dem Meer bei Patresi geborgen wurde, ist 1975 den Massalia-Amphoren aus der Barbarossabucht und von der

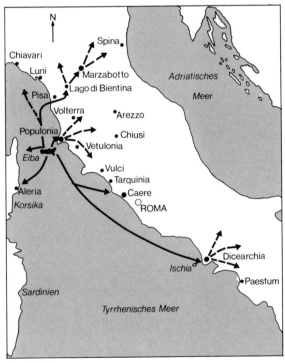

Hauptwege des elbanischen Eisens in etruskischer Zeit (M. Zecchini, 1978)

Punta dei Ripalti (Halbinsel Calamita) hinzugefügt worden; sie gelten als Indizien für die Handelsstraßen in der archaischen Zeit (Abb. 29).

In der *Casa del Duca*, gegenüber von Portoferraio, fand 1872 ein Bauer verschiedene Gräber. Ihre Funde werden heute im städtischen Museum von Reggio Emilia aufbewahrt: eine Halskette, zwei goldene Ohrringe, eine weitere Halskette sowie eine Spange aus Silber, Glaskugeln, Bronzeanhänger, drei bleierne Kerzenleuchter und zahlreiche Stücke aus feinem wie grobem Ton. Die Stücke werden teilweise dem 5.–4. Jahrhundert, teilweise dem 2. Jahrhundert v. Chr. zugeordnet.

Am *Monte Orello*, südlich der Casa del Duca, wurden kürzlich zwei Grabstätten offengelegt, die eine aus der klassischen, die andere aus der hellenistischen Epoche. In der ersten fand man nur Fragmente aus grauem Töpferton und schwarzfiguriger attischer Keramik, in der zweiten Bruchstücke von Keramik, Bechern, Leuchtern und Urnen.

Die Gräber von *Caubbio* (Abb. 25, 26) und von *Profico* (Capoliveri) gehen auf die frühesten Zeiten der Romanisierung zurück. Die Nekropole von Profico und deren reichhaltige Funde hat G. Mellini 1816 ausführlich beschrieben und mit Tuschezeichnungen festgehalten. Bis zur Wiederentdeckung der lange Zeit verschollenen Gegenstände war die in der Stadtbibliothek von Portoferraio aufbewahrte Originalhandschrift von Mellini das einzige Dokument jenes Fundortes (s. Fig. S. 56/57, 61).

Durch die Piratenüberfälle griechischer Ansiedler (Phokäer von der Westküste Kleinasiens), die auch das etruskische Aleria an der Ostküste Korsikas zu besetzen drohten, gingen die Etrusker ein Bündnis mit den Karthagern ein. Im sardischen Meer endete um 540 v. Chr. eine Seeschlacht zugunsten der Verbündeten. Die Karthager erhielten ein Recht auf Sardinien, die Etrusker auf Korsika, doch am wichtigsten war, daß die Phokäer keine weitere Gefahr für Elba und seine Erze darstellten.

Die Herrschaft der Römer – Villa romana delle Grotte

Zwischen Etruskern und Römern muß eine zwiespältige Beziehung bestanden haben, in der sich Bewunderung und Feindseligkeit mischten. Die Vorherrschaft Roms begann mit der Unterwerfung der Etruskerstadt Veji 396 v. Chr., mußte aber in den folgenden vier Jahrhunderten immer wieder durch zahlreiche Kriege zwischen Rom und Etrurien ausgebaut und bekräftigt werden, bis schließlich Kaiser Augustus im Jahre 40 v. Chr. Etrurien als VII. Region dem römischen Herrschaftsbereich eingliedern konnte. Schon vorher hatten sich auch die Griechen um die Herrschaft im Tyrrhenischen Meer bemüht: eine von Syrakus 453 v. Chr. ausgesandte Flotte hatte die Inseln Elba und Korsika sowie die bedeutende etruskische Hafenstadt Puplona (das spätere römische Populonia) angegriffen. Den Griechen gelang es auch zeitweilig, Elba zu besetzen und unweit der heutigen Hauptstadt Portoferraio eine Siedlung Argoos zu gründen.

Durch die Kupfer- und Eisenerzverhüttung auf Elba waren im Laufe der Jahrhunderte die Wälder abgeholzt worden, so daß die Etrusker ihre Verhüttungsanlagen auf das toskanische

Römische Münzen, Profico bei Capoliveri (Zeichnung von G. Mellini 1816)

Festland in die Stadt Puplona (Populonia) verlegten, die dadurch zum »Zentrum der ersten Großindustrie auf europäischem Boden«[6] ausgebaut wurde. Diese Verlegung mag aber auch politische Gründe gehabt haben (M. Zecchini 1978), denn in Populonia war schon seit dem 8. Jahrhundert Kupfer und Silbererz von Campigliese geschmolzen worden, und mit der neuen Reduktionsaktivität wurde gleichzeitig der Anfang des Niedergangs von Cerveteri 384 v. Chr. eingeleitet. Es waren jene Griechen von Syrakus, die Pyrgi, den wichtigsten Hafen von Cerveteri, plünderten und zerstörten. Von diesem Hafen wurde die Ausbeute an Metallen in den Tolfabergen verschifft, eine der wichtigsten Quellen des Reichtums von Cerveteri. 354 v. Chr. erklärte Rom Cerveteri (Caere) wegen seiner Beteiligung am Einfall von Tarquinia in sein Salinengebiet den Krieg, womit der Niedergang begann.

Innerhalb kurzer Zeit gelang es den Römern, die Griechen von Elba zu vertreiben und die Insel unter dem römischen Namen Ilva für sich zu nutzen. Bis in das 4. Jahrhundert v. Chr. reichen die römischen Spuren zurück, und bis heute erinnern die Namen der Siedlungen an römische Gründungen, z. B. Pomonte (Post Montem), Capoliveri (Caput Liberum), Valeria in der Nähe von Cavo oder das sich seiner nie versiegenden Quelle rühmende Rio (Rivus). Die römische Stadt Fabricia (heute Portoferraio), hervorgegangen aus der griechischen Siedlung Argoos, wurde zu einem bedeutenden Handels- und Gewerbezentrum. Die geographisch günstige Lage Fabricias und ihr geschützter Naturhafen (Reede von Portoferraio) machten die Stadt auch zu einem hervorragenden strategischen Stützpunkt. Große Mengen von Eisenerzschlacken, die in der Gegend von San Giovanni gefunden wurden, deuten darauf hin, daß die von der Ostküste über Volterraio auf Saumtierpfaden herangeschafften Erze hier verhüttet und z. T. auch verschifft worden sind. Daraus kann gefolgert werden, daß es leichter war, das Erz selbst auf mühsamen Bergpfaden zum Brennmaterial zu transportieren als umgekehrt. Auch der Name des Ortes Magazzini im Osten der Bucht von Portoferraio weist auf den früheren Stapelplatz und gibt Auskunft über die damalige Wirtschaftslage.

Die Römer beuteten aber nicht nur die Erze in Ostelba aus, sondern auch die reichen Granitvorkommen des Capanne-Massivs, denn der Bedarf der Hauptstadt an Säulen, Wasserbecken und Vasen für die Paläste, Tempel und Plätze war groß. Viele Granitsäulen wurden aus der Südwestflanke des Gebirges bei Cavoli, Seccheto und Vallebuia gebrochen und auf untergelegten Baumstämmen bergab zu den Lastkähnen geschleift. Granitsäulen

HERRSCHAFT DER RÖMER

von Elba schmücken beispielsweise das Pantheon in Rom oder die Basilika St. Paul vor den Mauern. Im Archäologischen Museum von Portoferraio ist ein römischer Granitaltar aufgestellt, auf dessen Vorderseite der Name des unter Kaiser Hadrian (117–138 n. Chr.) eingesetzten Präfekten Publius Acilius Attianus eingraviert ist: P. (ublius) ACILIUS / ATTIANUS / PRAEF (ectus) PR (aetorio) HERCULI SA(nc)/To/D.D. Darunter ist im Flachrelief eine Herkuleskeule aus dem Granit herausgehauen worden, auf der Rückseite sind Schild und Schwert dargestellt (Abb. 31).

Villa romana delle Grotte (Farbt. 4, 5, Abb. 32)

Der Präfekt Publius Acilius Attianus wird auch als Besitzer des römischen Landhauses angesehen, dessen Überreste bei Le Grotte gegenüber von Portoferraio, hoch über der weiten Meeresbucht, in den Jahren 1964–68 zum größten Teil freigelegt wurden. Die luxuriöse rechtwinklige Anlage und die ausgezeichnete Aussicht auf die elbanische Landschaft sind eines römischen Präfekten durchaus würdig gewesen, obwohl weder Inschriften noch sonstige Beweise den Besitzer bis heute bestätigen können. In Verlängerung des Parkplatzes stößt man zunächst auf eine breite leere Fläche, wo sich wahrscheinlich die

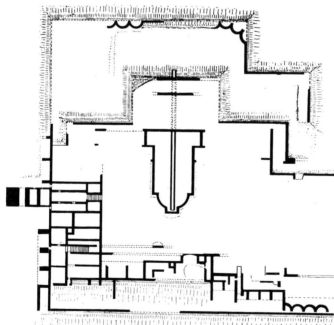

Villa romana delle Grotte, Grundriß

Ziergärten befanden. Weiter nördlich umranden Mauerfundamente ein ehemaliges großes Wasserbecken (Farbt. 5), deren Einfassungsmauern mindestens 2 m hoch gewesen sein müssen, wie die stehengebliebenen Eckpfeiler vermuten lassen. In der Mitte des Beckens ist eine gemauerte Röhre angelegt worden, durch die vermutlich heißer Dampf oder heißes Wasser geleitet wurde, um das Wasser im Becken anzuwärmen. Wegen der allzugroßen Tiefe vermutet G. Monaco, der die Ausgrabungen leitete, daß es sich nicht um eine Badeanlage, sondern eher um ein Fischzuchtbecken gehandelt haben muß. Es war mit Zierarkaden umgeben, mit Fresken an den Wänden geschmückt und besaß einen gepflasterten Boden. Jenseits des Beckens, ebenfalls in nördlicher Richtung, stand eine große Halle von 11 × 18 m Fläche, von der kaum noch etwas sichtbar ist, weil sie im Zusammenhang mit der Belagerung von Portoferraio 1801–1802 zerstört wurde. Im Südwesten des Beckens liegen die Wohnräume des Besitzers, die vermutlich durch eine Mauer von den Räumen der Dienstboten und den Vorratskammern, die im Kellergeschoß liegen, getrennt waren. Stufen führen von der oberen Ebene zu den in dem Hügel angelegten Kellerräumen. Einige von ihnen sind begehbar, obwohl die Macchia von Jahr zu Jahr wieder Besitz von der Ruine erreift und den Weg verstellt. Weitere systematische Ausgrabungen werden vielleicht noch genauere Erkenntnisse liefern, obwohl die Gefahr besteht, daß die Villa schon von Schatzgräbern heimgesucht und wichtiger kostbarer Beweisstücke beraubt wurde.

Besonders auffallend sind aber die zum Bau der Villa rustica verwendeten Bausteine, nämlich zwei Gesteinsarten, die auf Elba in großer Menge anstehen: dunkelgrüner Serpentinit und grauweißer, feinkörniger Kalk. Die an der Vorderseite quadratisch zuge-

Modell des römischen Schiffes von Procchio (Rekonstruktion) (vgl. Abb. 28)

MITTELALTER: LANGOBARDEN

hauenen Bausteine von 10 × 10 cm laufen nach hinten pyramidenförmig zu und sind mit diagonal verlaufenden Fugen vermauert. Das in der römischen Bautechnik von ›Opus reticulatum‹ hergestellte mosaikartige Mauerwerk ist durch den Farbkontrast der verwendeten Steine ästhetisch sehr wirkungsvoll, zumal noch Bogenblenden die Fassaden auflockern (Farbt. 4, Abb. 32). Innerhalb der Ruine sind mehrere quadratische Brunnenschächte angelegt, die von dem oberen Stockwerk zu den Lagerräumen hinabreichen und durch die Waren mit einem Flaschenzug befördert wurden.

Als das Weströmische Reich im 5. Jahrhundert n. Chr. unterging, werden die kaiserlichen Familien die Villa rustica verlassen und ihre Habe mitgenommen haben. Wahrscheinlich wurde die Villa dann im 10. oder 11. Jahrhundert zerstört, was man aus der Mächtigkeit der abgelagerten Sedimente herleitet.

Überreste einer zweiten römischen Villa findet man auf der Halbinsel Capo Castello bei Cavo. Diese Anlage liegt auf einem Privatgrundstück und ist für die Öffentlichkeit nicht zugänglich.

Schließlich sollen noch einige in den Küstengewässern von Elba aufgefundene römische Kulturreste erwähnt werden: eine Fülle von Amphoren (Chiessi, Naregno u. a.), die von gekenterten und versunkenen römischen Frachtschiffen stammen, aber auch Teile dieser Schiffe selbst (Procchio, Sant'Andrea, Porto Azzurro; Farbt. 43, Abb. 27, 28, 30).

Fundstücke aus den prähistorischen Epochen sowie den Zeiten der Etrusker und Römer sind sowohl in dem Archäologischen Museum von Marciana Alta als auch in dem von Portoferraio, das 1988 eingerichtet wurde, ausgestellt. Viele Funde wurden aber auch von Elba weggeschafft und lagern heute in Museen und Depots des italienischen Festlandes.

Eroberungen im Mittelalter – Langobarden, Sarazenen, Pisaner, Genuesen und die Appiani – Romanisch-pisanische Kirchen, Wehrtürme und Fluchtburgen

Als sich durch den Einfall germanischer Stämme in Italien der Untergang des Weströmischen Reiches (476 n. Chr.) ankündigte und viele Landstriche verwüstet wurden, entgingen viele Menschen der Feuersbrunst der Schlachten auf dem Festland durch Flucht zu den nahegelegenen Inseln. Auch Einsiedler glaubten so der Gefahr einer gottlosen Welt entfliehen zu können. So wird erzählt, daß auch der heilige Mamilianus, Bischof von Palermo, durch Genseric, den König der Vandalen, von seinem Sitz vertrieben wurde und in nordafrikanische Gefangenschaft geschickt werden sollte. Zum Glück konnte er in einem kleinen Boot entfliehen und lebte zunächst als Eremit auf Sardinien, später auf Elba, wo ein Weiler (San Mamiliano) in der Nähe von Marina di Campo nach ihm benannt wurde. Von Elba aus konnte der Heilige an klaren Tagen den Bergkegel der Nachbarinsel Montecristo erkennen, die damals noch nach einem heidnischen Tempel auf ihrem Gipfel Mons Jovis (Berg Jupiters) hieß. Um 450 n. Chr. hat sich Mamilianus für den Rest seines Lebens auf die

, 5 Villa romana delle Grotte, römisches Landhaus mit Badeanlagen, 2. Jh. n. Chr.

6 Nordküste von Elba. Blick von den Felsen L'Aquila nach Osten ▷

7 Pinienhaine und Weingärten bei Capoliveri

8 Südküste Elbas mit dem Golfo Stella. Blick von der Halbinsel Calamita

9, 10 Blick vom Monte Perone auf die Nordküste Mittel- und Ostelbas und auf die Südküste mit dem Golfo di Campo

11 Sonnenuntergang an der Nordküste Elbas im Golfo della Biodola ▷

12 Golfo di Procchio und Capanne-Massiv

13 Strandleben in der Bucht von Biodola

14 Capo Sant' Andrea, am Horizont die Insel Korsika
15 Fischerort und Bucht Scaglieri
16 Marciana Alta vor dem Panorama des Monte Capanne (1018 m) ▷

22–24   Fischer in Marciana Marina, Portoferraio und Marina di Campo

25   Portoferraio, Fährhafen

6 Segel- und Motorjachten im Hafen von Marciana Marina

7 Am Strand von Marina di Campo

29 Wallfahrtskapelle Madonna di Monserrato, 1606

◁ 28 Romanische Kirchenruine San Giovanni, 12. Jh.

30–33 Landschaftsimpressionen: Pinienaufforstung am Monte Perone; Weinstöcke; Pfirsichbaumplantage; Haferernte und Olivenbäume

34 Bergdorf Poggio inmitten von Kastanienwäldern ▷

35 Bergdorf Sant' Ilario in Campo
36 Valle delle Ceramiche, Freilichtmuseum des elbanischen Künstlers Italo Bolano
37 In den Wäldern an den Hängen des Monte Capanne, südlich von Poggio ▷

38 Rio nell'Elba, ehemaliges Minenarbeiterdorf

39 Ehemaliger Erzausfuhrhafen Rio Marina

40   Porto Azzurro mit der Festung San Giacomo, 1605

41   Pisanischer Wachtturm in Marciana Marina, 12. Jh.

42 Bucht von Fetovaia

43 Römische Amphoren mit roten Schwämmen, Chiessi (Unterwasserfoto)

44 Hafen von Portoferraio

45 Panorama von Portoferraio mit Forte Falcone (links) und Forte Stella (rechts) ▷

46 Eisenerztagebau von Rio Marina (Hämatit, Pyrit), 1982 stillgelegt; im Hintergrund der Torre del Giove

7   Aufgelassener Eisenerztagebau von Terranera (Hämatit, Pyrit)

8, 49   In den Gruben von Calamita (Mineralvorkommen von Chrysokoll) und Rio Marina (Hämatit)

50

51

52

53

54

75 78 76 77 79 80

Zu den Farbtafeln 50–80

50–61 Wertvolle Mineralien, z.T. Raritäten, aus der Privatsammlung von Walter Giannini, Porto Azzurro

50 Hämatit (Eisenglanz), Fe_2O_3, Rio Marina, ca. ¾ nat. Größe
51 Goethit (Brauner Glaskopf), α-FeOOH, Rio Marina, ca. ¼ nat. Größe
52 Ilvait, $CaFe_2\ddot{}Fe\ddot{}\ddot{}\ddot{}[OH/O/Si_2O_7]$, Rio Marina, ca. ½ nat. Größe
53 Malachit (grün), $Cu_2[(OH)_2/CO_3]$ und Azurit (blau), $Cu_3[OH/CO_3]_2$, Calamita, ca. ⅓ nat. Größe
54 Aragonit, $CaCO_3$, Calamita, ca. ½ nat. Größe
55 Kobaltblüte (pfirsichblütenrot), $Co_3[AsO_4]_2 \cdot 8\,H_2O$ und Calcit (Kalkspat), $CaCO_3$, Calamita, ca. ½ nat. Größe
56 Pyrit (Schwefelkies), FeS_2, Rio Marina, ca. ¾ nat. Größe
57 Pyrit und Siderit (Eisenspat), $FeCO_3$, Calamita, ca. ¾ nat. Größe
58 Quarz, SiO_2, gewachsen auf Orthoklas, $K[AlSi_3O_8]$, S. Piero in Campo, ca. ⅔ nat. Größe
59 Chrysokoll, $Cu_4H_4[(OH)_8/Si_4O_{10}]$, Calamita, ca. ⅕ nat. Größe
60 Quarz, SiO_2, durch Hedenbergiteinschlüsse grün gefärbte Varietät ›Prasem‹, Porticciolo, Kristalle 4 cm lang
61 Geode mit Gipskristallen, $Ca[SO_4] \cdot 2H_2O$, Calamita, ca. ⅓ nat. Größe

62 (Doppelseite) Häufig vorkommende Mineralien und Gesteine, ca. ⅔ nat. Größe
a,o Limonit (Brauneisen), Varietät: erdiger Okker, $2\,Fe_2O_3 \cdot 3H_2O$, Terranera
b Serpentin, $Mg_6[(OH)_8/Si_4O_{10}]$, Mittelelba
c,i Chrysokoll, $Cu_4H_4[(OH)_8/Si_4O_{10}]$, Calamita
d Hämatit, Fe_2O_3, Rio Marina
e Quarzkristalle, SiO_2, auf Hämatit, Rio Marina
f Pyrit, FeS_2, Rio Marina
g Hedenbergit, $CaFe[Si_2O_6]$, Ostküste Elbas
h Granit mit idiomorphem Einsprengling von Alkalifeldspat (Orthoklas), $K[AlSi_3O_8]$, Monte Capanne
k Radiolarit, Volterraio
l Pyrit auf Orthoklas, Hämatit, Rio Marina
m Magnetit, Fe_3O_4, Calamita
n Diaspro, FeO_2Si, SiO_2-Varietät

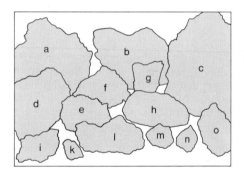

63–74, 78 Typische Pflanzen der Macchia (immergrüner Buschwald)

63 Dornginster (Calicotome spinosa)
64 Französische oder Montpellier-Zistrose (Cistus monspeliensis)
65 Salbeiblättrige Zistrose (Cistus salvifolius)
66 Baumheide (Erica arborea)
67 Weißliche Zistrose (Cistus albidus)
68 Gelber Zistrosenschmarotzer (Cytinus hypocistis)
69 Erdbeerbaum (Arbutus unedo)
70 Rosmarin (Rosmarinus officinalis)
71 Immergrüner Kreuzdorn (Rhamnus alaternus)
72 Schopfiger Lavendel (Lavandula stoechas)
73 Myrte (Myrtus communis)
74 Mastixstrauch (Pistacia lentiscus)
75 Gewelltblättrige Königskerze (Verbascum sinuatum)
76 Mimose (Acacia dealbata)
77 Oleander (Nerium oleander)
78 Pfriemginster (Spartium junceum)
79 Spinnen-Ragwurz (Ophrys sphegodes)
80 Stendelwurz (Serapias neglecta)

MITTELALTER: LANGOBARDEN/SARAZENEN

kleine Insel zurückgezogen; er soll es gewesen sein, der das Eiland in ›Mons Cristi‹ umbenannte. Als er seinen Tod im Jahre 465 durch ein Feuer auf dem Berggipfel ankündigte, wurde der Rauch von Seeleuten auf den Inseln Elba und Giglio entdeckt. Die Bewohner beider Inseln bemühten sich nun darum, den Körper dieses heiligen Mannes auf ihrem Boden zu bestatten. Beide Parteien trafen aber gleichzeitig auf Montecristo ein, und in dem folgenden Streit wurde der Leichnam des Heiligen in Stücke gerissen. Ein Teil seines Körpers soll deshalb in Marina di Campo, ein weiterer auf Giglio und ein dritter, der in der Arnomündung bei Pisa angeschwemmt worden war, in der dortigen Kirche San Mateo begraben worden sein.

Während des Mittelalters änderte sich das unter der römischen Herrschaft friedlich verlaufene Leben auf der Insel Elba. Im 6. Jahrhundert drangen von Norden her die Langobarden, ein westgermanischer Volksstamm, der ursprünglich an der Westelbe, später in Mähren und Niederungarn ansässig war, in Italien ein. Wie die Vandalen vor ihnen, so hatten sich auch die Langobarden der arianischen christlichen Lehre verschrieben, die den Gottessohn dem Gott-Vater unterordnete, eine Tatsache, die sie wahrscheinlich dazu verleitete, die Christen Italiens mit besonderer Grausamkeit zu verfolgen. Sie zerstörten auch die Stadt Populonia, deren Bevölkerung nach Elba zu flüchten versuchte. Auch dem Bischof St. Cerbone gelang mit einigen seiner Anhänger die Flucht zu der nahen Insel. In den dichten Kastanienwäldern unterhalb des Monte Capanne errichtete er seine Einsiedelei, wo er bis zu seinem Tod noch ein Jahr lebte. Als St. Cerbone seinen Tod nahen fühlte, bat er seine Brüder, seinen Leichnam auf dem Festland in seiner ehemaligen Diozöse zu begraben. Jene aber protestierten aus Furcht vor einem tödlichen Ausgang dieses Unternehmens, weil sie viel Schreckliches von Gummarith, dem Langobardenfürsten, und seinen Untergebenen gehört hatten. St. Cerbone versicherte sie jedoch des göttlichen Schutzes und machte ihnen Mut. Die Legende erzählt, daß das Boot mit dem Leichnam an Bord in einen dichten böigen Regen geriet und daß die Brüder den Toten an Land tragen und beerdigen konnten, ohne von den Langobarden entdeckt zu werden. Später wurden die Gebeine des Heiligen in der nahen Stadt Massa Marittima in der Krypta der Kirche begraben. Flachreliefs auf dem Stein-Sarkophag und am Westportal der Kirche stellen diese Legende um den Heiligen dar; und auf Elba nennt man in Erinnerung an ihn die ersten Frühjahrsstürme ›St.-Cerbone-Wetter‹.

Doch auch Elba blieb nicht von den Plünderungen und Eroberungszügen der Langobarden verschont. Alle Priester wurden ermordet, die Kirchen zerstört, die meisten Schmelzöfen mußten ihre Arbeit einstellen. Erst 774 n. Chr., als Karl der Große, von Papst Hadrian I. um Hilfe gebeten, den Langobardenkönig Desiderius und sein Heer besiegte, trat vorübergehend wieder Ruhe ein.

Doch schon bald folgten den kriegerischen Langobarden die nicht weniger räuberischen Sarazenen vom Meer aus. Vom 8. Jahrhundert an beherrschten sie weite Teile des Tyrrhenischen Meeres und überfielen die Bewohner zahlreicher Mittelmeerinseln, ganz besonders auch Elba, wo mehr Land zu gewinnen war und mehr Menschen als Sklaven zu fangen waren als auf den kleineren Inseln des Archipels. Außerdem bot Elba den Seeräubern ausgezeichnete Häfen für weitere Operationen auf dem Festland. Nach der Eroberung Nordafrikas und Spaniens durch die Mauren während des 7. und 8. Jahrhunderts hatten tunesische Korsaren den Befehl erhalten, die Christenheit anzugreifen, und so breitete sich das Piratentum im Mittelmeerraum aus. Zwischen 750 und 1000 besaßen die Sarazenen die Inseln Sardinien und Korsika. Elba wurde von ihnen erstmals zu Beginn des 9. Jahrhunderts überfallen. Wahrscheinlich hätten sie von der ganzen Insel Besitz ergriffen, wäre nicht von Pisa, dem ersten italienischen Stadtstaat im Mittelalter, Hilfe gekommen. Die Republik Pisa wurde sich nämlich des Wertes der Elbaner Eisenerze bewußt, die seit 500 Jahren ungenützt lagen. Papst Johannes XVIII. rief zu gemeinsamem Vorgehen gegen die Piraten auf. In den Jahren 1004 und 1005 vertrieb die pisanische Flotte die Sarazenen von den Inseln Elba, Korsika und Sardinien. Doch dieser Sieg muß die Pisaner leichtsinnig gemacht haben, denn als Antwort auf einen Hilferuf der kalabrischen Städte, die sich von den maurischen Piraten bedroht fühlten, zogen sie ihre gesamte Flotte von Elba ab und schickten sie in das Ionische Meer. Während ihrer Abwesenheit eroberten die Sarazenen unter Muzet Sardinien zurück, überfielen die Arno-Mündung und landeten nachts vor Pisa, um es zu plündern und seine Vorstädte zu brandschatzen. Auf ihrer Rückkehr in heimische Gewässer holten die Pisaner auf Sardinien zum Vergeltungsschlag aus; die maurische Flotte wurde vernichtet und die Heiden mußten um Frieden nachsuchen und erneut Sardinien verlassen.

Zehn Jahre dauerte die Vorbereitung für Muzets Rache. Eine neue Flotte wurde gebaut und ein großes Expeditionskorp aufgestellt. Diesmal segelten die Sarazenen an Sardinien vorbei und liefen direkt den elbanischen Hafen Portoferraio an, wo sich ein Teil der Besatzung ausschiffen ließ, um die Insel zu besetzen. Der größte Teil fuhr jedoch nach Norden weiter und landete ungehindert auf dem Festland in der Nähe von La Spezia. Hier belagerte und erbeutete Muzet die antike und ehemals etruskische Stadt Luni, die er als Ausgangsbasis für weitere Eroberungszüge wählte, die ihn bis vor die Tore Pisas, Genuas und anderer Städte brachten. Dennoch waren die Sarazenen nicht stark genug, ihre Ziele weiter zu verfolgen. Die Pisaner, unterstützt von Papst Benedikt VII. und anderen Nachbarstaaten, gingen zur Offensive über und eroberten Luni zurück. Dann wendeten sie ihre Aufmerksamkeit auf Elba, wo die sich niedergelassenen Sarazenen, erschrocken über die Niederlage bei Luni, gerade im Begriff waren, die Insel zu verlassen. Die Pisaner fanden eine völlig verwüstete Insel vor; die wenigen Überlebenden trauten sich aus Angst kaum aus ihren Verstecken.

Elba war durch päpstliche Schenkung zu Beginn des 11. Jahrhunderts an die Republik Pisa gefallen. Um vor erneuten seeräuberischen Angriffen geschützt zu sein, gebot Pisa die Errichtung der Festungen Volterraio und Luceri bei Portoferraio. Auch das Kastell von Marciana Alta, die Mauern von Capoliveri, Rio, Sant'Ilario und San Piero stammen aus dieser Zeit.

Die Ruine der **Fluchtburg Volterraio** (s. a. S. 156, 201; Umschlaginnenklappe vorn, Farbt. 2, 3) ist der ehrwürdigste Rest aus der bewegten Vergangenheit der Insel. Im Südosten des Golfes von Portoferraio auf einem einsam herausragenden Radiolaritkegel gelegen und von hier aus die weite Reede beherrschend, hat sie bei vielen Gelegenheiten die Elbaner vor ihren Feinden gerettet. Volterraio ist die älteste Festung Elbas und konnte auch nicht von den

MITTELALTER: SARAZENEN/PISANER

Volterraio, Lithographie 1861

gefürchtetsten Piraten, Chaireddin Barbarossa oder Dragut eingenommen werden; bis zum Ende des 18. Jahrhunderts hat sie ihre Verteidigungsaufgabe bewiesen. Ungewiß ist bis heute ihr Ursprung. Die Historiker nehmen an, daß es die Etrusker aus Volterra, vom Festland, waren, die sich zuerst auf dem Felsen niederließen. Sprachforscher pflichten dieser These bei, weil der Name Volterraio von ›Ful Tur‹ komme, dessen Bedeutung ›Hochburg‹ ist. Eine andere, weniger haltbare Hypothese lautet, der Name ginge auf ›vultures‹ (= Geier), d. h. der ›Berg der Geier‹ zurück. Nicht sicher erwiesen ist auch die Vermutung, daß es die Pisaner waren, die im 11. Jahrhundert mit der Befestigung der Anlage begannen. Fest steht aber, daß 1284 der Pisaner Vanni di Gherardo Rau damit beauftragt wurde, dort eine uneinnehmbare Fluchtburg für die in Küstennähe lebenden, ständig gefährdeten Bewohner zu bauen. Die Überreste der Mauern und Gewölbe gehören fast ausschließlich jener Zeit an; Wehrgänge und -türme, Kellergewölbe und Wohnteile sind noch gut zu erkennen. Etwas unterhalb, noch innerhalb der Befestigungsanlage, steht eine kleine Kapelle, heute ebenfalls eine Ruine. Auf der Stirnseite befindet sich als einziges Ornament ein in drei Schlaufen gehauener Balken. Scherbenreste innerhalb und außerhalb der Befestigungsanlage gehen auf die Zeit zwischen dem 13. und 16. Jahrhundert zurück. Selbst Napoleon hat es während seiner Verbannung auf Elba nicht versäumt, zur Burg hinaufzuklettern, und man erzählt, daß er, wie so mancher Tourist der Gegenwart, seinen Namen in einem Stein verewigte. Ist man sonst eher enttäuscht über jene Dreistigkeit, mit der Fremde historische Mauern verunzieren, so ist das bei einem so bekannten Besucher natürlich etwas ganz anderes: so soll jener Stein mit seinem Monogramm in der kleinen Kapelle unterhalb der Burg aufbewahrt worden sein, jedoch später während der Revolutionsunruhen verschwunden sein.

Die Pisaner nahmen auch die jahrhundertelang stillgelegten Erzgruben um Rio Marina wieder in Betrieb und verkauften das Eisenerz so günstig, daß sie mit dem Geld die Staatskasse ihrer Republik erheblich auffüllen konnten. Sichtbarer Ausdruck ihrer wirtschaftlichen Macht war die Entwicklung einer eigenständigen Architektur, die im 1036 begonnenen Dom in Pisa, Campanile (›Schiefer Turm‹), Baptisterium und Camposanto gipfelte.

Auf Elba werden während der pisanischen Epoche kleine romanische Kirchen und Kapellen gebaut, die alle dem 12. Jahrhundert angehören und sich in Ikonographie, Stil und Konstruktion wiederholen und Kirchen in Gebieten der Toskana entsprechen, die unter pisanischem Einfluß standen. Außer einer Abweichung bestehen die Kirchen aus einem Schiff mit Apsis. Typisch ist der Segelglockenturm, der mit der Kirche eine Einheit bildet. Der besondere Geschmack für die pisanische Ornamentik zeigt sich in der Fassade mit Blendarkaden (Santo Stefano alle Trane), in der Apsisdekoration, in Bogenfriesen und Lisenen. Der Baustein (Granit oder verschiedenfarbige Kalksteine) ist sehr sorgfältig behauen und in regelmäßigen Bändern gemauert. J. Moretti und R. Stopani (1972) beklagen noch die Vernachlässigung sämtlicher romanischer Kirchenruinen gegenüber den übrigen touristischen Bemühungen auf Elba. Inzwischen ist Santo Stefano alle Trane restauriert worden; die übrigen Bauwerke wurden durch Instandsetzung vor weiterem Verfall bewahrt.

Die Kirchenruine **San Giovanni** (Farbt. 28, Abb. 45) steht an der Panoramastraße, die vom Monte Perone hinab nach San Piero in Campo führt, am Rande eines Kastanienwäldchens; sie ist der größte einschiffige Sakralbau Elbas (20,35 × 8,5 m), den die Pisaner in der 2. Hälfte des 12. Jahrhunderts bauen ließen. Beeindruckend an der Ruine aus elbanischem Granit ist der schöne, von Efeu überwucherte Segelglockenturm und die halbrunde Apsis.

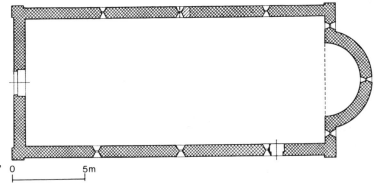

San Giovanni in Campo nell'Elba, Grundriß

MITTELALTER: ROMANISCH-PISANISCHE KIRCHEN

Die Westfassade der Kirche wird beidseitig von breiten, wandpfeilerartigen Lisenen gerahmt. Der rechteckige Portaleingang ist von einem schlichten Rundbogen geschmückt, darüber ein Fenster in Form eines griechischen Kreuzes. Die Mauerwände bestehen jeweils aus einer Außen- und einer Innenmauer. In der Apsis sollen sich Mosaiken des heiligen Giovanni (Johannes) befunden haben. Neben der Apsis öffnen sich, abweichend von den übrigen Kirchen Elbas, zwei schießschartenartige Fenster. In den ersten Jahren des 19. Jahrhunderts wurde der Steinaltar zerstört, als das Dach einstürzte. Mauerreste in der Mitte der Kirche ließen die Vermutung zu, daß der Bau in eine kleinere Kapelle umgebaut wurde, in der sich dann auch die Apsis befand. Nach Angaben von G. Ninci (1815) wurden noch 1814 in der Kirche Gottesdienste abgehalten.

San Michele, eine kleine romanische einschiffige Kirche, steht am Berghang von Capoliveri. Nach J. Moretti und R. Stopani (1972) wurde sie in der 1. Hälfte des 12. Jahrhunderts erbaut und ist deshalb eine der ältesten Sakralbauten auf Elba. 1302–1303 war sie die reichste Kirche der Insel, was man aus der Liste der ›Rationes Decimarum Tusciae‹ ablesen kann, in der niedergelegt wurde, wer den 10. Teil der Ernte an die Kirche abzugeben hatte. Wahrscheinlich wurde die Kirche am 5. August 1544 bei der Plünderung durch Sarazenen und Franzosen zerstört. Da sie anschließend nie wieder in ihrem alten Zustand aufgebaut wurde, ernannte man sie im 18. Jahrhundert zur Reliquie.

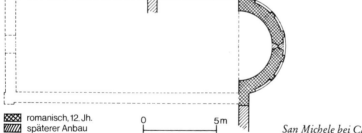

San Michele bei Capoliveri, Grundriß

Anfang des 19. Jahrhunderts wurden die Umfassungsmauern abgerissen und der Vorderteil in einen Friedhof umgewandelt. Von der romanischen Kirche sind heute noch die halbrunde Apsis aus rosafarbenem Kalkstein mit den für romanische Bauten typischen Blendarkaden, vom Schiff und den Seitenwänden nur Grundmauern übriggeblieben. Die Blendarkaden stützen sich abwechselnd auf kleine Konsolen oder Lisenen. Als Papst Gregor XI. im Jahre 1376 von Avignon mit dem Schiff nach Rom zurückkehren wollte, zwang ihn ein Unwetter, die Insel Elba in Porto Longone (heute Porto Azzurro) anzulaufen. Von dort aus soll er zu Fuß nach Capoliveri gewandert sein und in der Kirche die Messe gelesen haben.

Die **Chiesa dei Santi Pietro e Paolo** (auch San Nicolò genannt) (Abb. 40–42) steht am Südende des 277 m oberhalb des Golfo di Campo gelegenen Bergortes San Piero in Campo, an einem wunderschönen Aussichtspunkt, von dem man die Topographie und Morphologie Mittel- und Ostelbas sehr gut studieren kann (Schlüssel bei Signora Daria).

Die zweischiffige romanische Kirche, Ende des 12. bis Anfang des 13. Jahrhunderts erbaut, ist eine architektonische Besonderheit in der Toskana. Nur die Kirche Sant'Agostino in Vaglisotto bei Lucca war zweischiffig geplant, aber hier existieren ein größeres und ein kleineres Schiff. Zwei gleich große Schiffe sind äußerst selten; in Deutschland kommt dieser auffallende Grundriß z. B. in der Nikolai-Kapelle von Soest vor. Die Namensgebung mit den beiden Heiligen rührt möglicherweise von den Zwillingsschiffen her, die voneinander durch zwei Granitsäulen, eine davon mit frühromanischen Kapitell-Skulpturen (Esel, Pferd?), getrennt sind. Die Kirche hat zwei Apsiden – heute sind die Apsidenbögen mit Auffüllmaterial verblendet –, wobei sich in der linken Apsis und an der Nordwand Reste von Fresken befinden, die katalanischen oder portugiesischen Künstlern aus der zweiten Hälfte des 15. Jahrhunderts zugeschrieben werden.

San Piero war eine römische Kolonie zur Zeit Octavians, und so soll die Kirche auf den Fundamenten eines römischen Tempels gebaut worden sein, der dem weissagenden Meerdämon Glauco gewidmet war, der teilweise die Gestalt eines Fisches zeigte und von dessen Erscheinen und Weissagungen über Glück und Unglück die Schiffer gerne erzählten. Dieser Tempel wurde 589 von den Langobarden zerstört, später wieder aufgebaut und zu

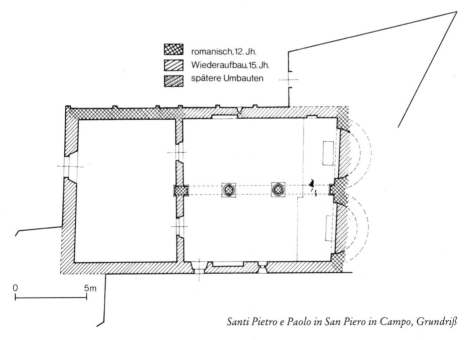

Santi Pietro e Paolo in San Piero in Campo, Grundriß

MITTELALTER: ROMANISCH-PISANISCHE KIRCHEN

einer Burg umgestaltet. Unter der Herrschaft Pisas entstand auf der wieder zerstörten Burg die heutige Kirche, die im 14. Jahrhundert von Bastionen umgeben wurde, die das Äußere der Kirche stark veränderten, später verschwanden zwei Joche durch Rückversetzen der Fassade. Weil die Kirche baufällig wurde, mußte sie im 16. Jahrhundert geschlossen werden. Eine neue Pfarrkirche wurde am Ort errichtet, doch als man den eigentlichen Wert der romanischen Kirche erkannte, versuchte man in jüngster Zeit den ursprünglichen Stil wieder hervorzuheben.

Santo Stefano alle Trane (Abb. 38, 39). Die Kirche liegt in einem Gebiet, in dem aufgrund von Funden aus römischer Zeit antike Siedlungen nachgewiesen sind. Der Ortsname ›Trane‹ ist vermutlich eine Ableitung aus dem etruskischen Personennamen ›Atrane-Nia‹, der zu ›Atranus‹ latinisiert wurde. Ein Weg, begrenzt von zehn Säulen aus neuerer Zeit (19. Jh.), führt hinauf zu der romantisch auf einer Anhöhe gelegenen einschiffigen Kirche mit halbrunder Apsis mit Bogenfries. Der aus graublauen und rötlichen Kalkquadern errichtete Bau mit den Grundflächenmaßen von 11,34 × 5,56 m stammt aus der 2. Hälfte des 12.

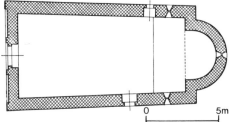

Santo Stefano alle Trane bei Magazzini, Grundriß

Jahrhunderts. Die Westfassade wird von drei Blendarkaden, Lisenen und einem Kreuzfenster im Giebel gegliedert und geschmückt und erinnert besonders stark an die Verkleidung der Mauern des Doms von Pisa. Von den romanischen Kirchen Elbas ist diese am reichsten geschmückt. An den beiden Längsseiten befinden sich Eingänge; jener auf der Südseite besitzt auf einer Konsole ein groteskes Relief mit der Darstellung eines Pferdes oder Esels

Konsole mit Fabeltier (Pferd oder Esel), Santo Stefano alle Trane, Eingang an der Südseite

mit dem Vorderlauf im Maul. Weitere Ornamente zeigen Blätter, Adler, Köpfe von Fabelwesen auf den Konsolen des apsidialen Bogenfrieses und der Seitenfenster; über der Apsis öffnet sich ein Kreuzfenster. Interessant ist, daß die typisch präromanische Dekoration in hochromanischer Zeit ausgeführt ist, vermutlich deshalb, weil diese Kirche nicht im zentralen Gebiet dieser Kunstrichtung lag.

Kirche San Lorenzo (Abb. 43, 44) liegt unterhalb von Poggio und Marciana Alta und zeigt wiederum den pisanisch-romanischen Stil. Leider sind auch hier wie bei San Giovanni nur noch die Außenmauern erhalten geblieben; das Dach fehlt und im Innern wuchern Gräser und Sträucher. Dennoch überrascht der unregelmäßige Grundriß und die relative Länge des Kirchenschiffes und die Apsis als Halbzylinder, heute ohne Schmuckfries. Die Kalotte über der Apsis ist aus porösem Gestein hergestellt, um das Gewicht zu verringern (Einsturzgefahr!). Vom ehemaligen Segelglockenturm blieben nur noch zwei Säulen übrig, welche den Glockenträger gestützt haben. Ein Kreuzfenster über dem Haupteingang und weitere kleine

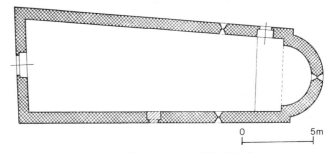

San Lorenzo bei Marciana Alta, Grundriß

Fenster in den Mauern sind die einzigen Lichtquellen gewesen. Die Wände bestehen aus elbanischen Granitquadern, die, nach oben zu kleiner werdend, linear angelegt und mit einer dünnen Mörtelschicht verbunden wurden. Auch hier gibt es wieder Innen- und Außenmauern, der Zwischenraum besteht aus Steinschotter. Seitliche Mauerreste lassen einen Anbau vermuten, vielleicht einen ehemaligen Klosterbau. Zur Zeit V. Mellinis Anfang des 19. Jahrhunderts war der Boden noch mit Steinen gepflastert. Der Grundriß ist nicht ganz rechtwinklig und weist die Maße 5,9 × 14,8 bzw. 15,4 m auf. Die Kirche wurde 1553 zusammen mit den Städtchen Poggio und Marciana Alta von den Sarazenen zerstört.

Neben den Kirchen sind die Verteidigungsanlagen stolze Reste aus der pisanischen Zeit. Das **Kastell von Marciana Alta** (Farbt. 16, Abb. 46) ist noch recht gut erhalten; es erhebt sich am oberen Ende der mit Treppen und Gassen eng bebauten Ortschaft und wurde aus Granitblöcken ohne Mörtel gebaut. In Kriegszeiten flüchtete sich die Bevölkerung des gesamten westlichen Teils der Insel hierher. Zur Verteidigung und Zuflucht dienten auch die am Meer gelegenen runden Wachttürme von Marciana Marina (Farbt. 26, 41, Abb. 47) und Marina di Campo (Farbt. 27) oder der Turm von San Giovanni (Abb. 37) hoch oben in den Bergen von San Piero in Campo.

MITTELALTER: PISANER/GENUESEN/APPIANI

Seit geraumer Zeit lauerte die Stadtrepublik Genua auf eine Gelegenheit, sich der Insel Elba zu bemächtigen, um die Bodenschätze zu nutzen und um die Verteidigung des nördlichen Tyrrhenischen Meeres zu sichern; und es fehlte nicht an Eroberungszügen. Am 6. August 1284 entschied sich der Kampf um die Vormachtstellung im Mittelmeer in der Seeschlacht von Meloria (Klippe Meloria vor Livorno): Pisa verlor fast seine gesamte Flotte. Zwei Jahre, 1290–1292, beherrschten die Genuesen Elba trotz heftigen Widerstandes der Insulaner. Doch die Pisaner gaben sich nicht geschlagen und kehrten schon 1293 nach erbitterten Kämpfen, angeführt von Guido da Montefeltro, auf die Insel zurück. Unter starkem Druck waren die Pisaner jedoch bereit, für die Anerkennung der Insel als pisanisches Eigentum eine erhebliche Summe zu zahlen.

Die erneute Herrschaft Pisas bedeutete aber nicht, daß die relative Ruhe der vergangenen Jahrhunderte wiedergekehrt wäre; dazu hatte die Republik inzwischen zuviel Macht und Einfluß verloren. Die Rivalitäten zwischen Welfen und Ghibellinen in Italien führte dazu, daß sich auch die Pisaner Geschlechter aufs erbittertste bekämpften. 1392 wurde Pietro Gambacorti, seit 1369 an der Spitze der Republik Pisa stehend, von seinem Kanzler Jacopo d'Appiano ermordet, und aus der nunmehr zerfallenden Republik eignete sich der Pisaner ein eigenes Fürstentum an. Sechs Jahre später verkaufte sein Sohn Gherardo d'Appiano alles, was von dem ehemaligen Stadtstaat Pisa übriggeblieben war, an Galeazzo Visconti, den Herzog von Mailand, und behielt für sich selbst nur Piombino auf dem Festland, Elba, Pianosa und Montecristo. Über 200 Jahre lang waren seine Nachkommen auf den Fortbestand dieses Fürstentums bedacht, eine für die Inselbewohner nicht sehr glückliche Zeit, in der sich auch die wirtschaftlichen Verhältnisse der Insel zusehends verschlechterten. So hinterläßt die Herrschaft der Appiani (1399–1634) keine angenehmen Erinnerungen, da die Fürsten die Inselbewohner ausbeuteten, sie jedoch nicht gegen die häufigen Seeräuberüberfälle zu schützen wußten und noch viel weniger in der Lage waren, den wirtschaftlichen Lebensstandard der Bewohner zu heben. Häufig wurden die Landschaften verwüstet und die Ortschaften geplündert, und jedesmal rettete sich die Bevölkerung in die höher gelegenen Dörfer, wo sie sich besser verteidigen konnte (Farbt. 16, 38).

Während Italiens Einfluß auf seine eigenen Meere schwand, wuchs die Macht der Spanier unter Ferdinand von Aragonien, der auch die Appiani zu Beginn des 16. Jahrhunderts abhängig machen konnte. Giacomo Appiano wurde von Ferdinand zum Befehlshaber der Streitkräfte des Königreiches Neapel ernannt, was bedeutete, daß er zwar nominell Herrscher von Piombino und Elba blieb, daß aber die wirkliche Gewalt von spanischen Soldaten und Schiffen ausgeübt wurde. Diese verfügten über mehrere kleine Garnisonen auf Elba mit dem Hauptquartier in Longone, dem heutigen Porto Azzurro. Diese Stadt und ihr Hafen erhielten zwischen 1603 und 1605 auf Befehl des spanischen Königs Philipp III. eine wuchtige Festungsanlage, die Fortezza di San Giacomo (Farbt. 40), ein strenger Bau nach dem Muster der Zitadelle von Antwerpen, von dem spanischen Architekten Don Garcia von Toledo entworfen. Zusammen mit der jenseits der Bucht von Porto Azzurro gelegenen Festung Focardo diente sie ursprünglich dem Schutz der spanischen Besatzungstruppen. (Heute sind hier Strafgefangene untergebracht, eine Besichtigung ist nicht möglich.)

Im 16. Jahrhundert war Elba unter die Lehnsherrschaft von Kaiser Maximilian I. von Habsburg gekommen. Nach einigen Jahrzehnten der Ruhe wird die Insel – trotz der erklärten Neutralität – am Rande in den Krieg zwischen Frankreich und Spanien um die europäische Vorherrschaft verwickelt. Die Sarazenen, von Frankreich ermutigt, wüteten mehr denn je unter der elbanischen Bevölkerung. Den schrecklichsten Überfall muselmanischer Seeräuber erlebte Elba, als alle Küsten des westlichen Mittelmeeres von dem berüchtigten Piraten Chaireddin Barbarossa in Angst und Schrecken versetzt wurden, der mit seinen schnellen, von Sklaven geruderten Galeeren mehrfach die Insel heimsuchte. Dieser Barbarossa war der Sohn eines Malteser Renegaten. Von seinem Bruder hatte er die Herrschaft über Algier übernommen und wollte diese dadurch sichern, daß er sich unter den Schutz des Sultans von Konstantinopel, Süleymans II., begab. Dieser versetzte ihn in den Rang eines Großadmirals und übertrug ihm den Oberbefehl über einen Großteil der ottomanischen Flotte. Im Kampf gegen die Christen wurde Barbarossa zum Held der Moslems. Er war es auch, der die türkische Herrschaft in Nordafrika begründete, die bis zum italienisch-türkischen Krieg in den ersten Jahren unseres Jahrhunderts dauerte. 1534 landete ein Gefährte Barbarossas in der Gegend von Rio Marina und überraschte die sorglos schlafenden Einwohner. Die Schreie der Unglücklichen waren noch im benachbarten Grassera zu hören, und obwohl seine Bewohner dadurch vorgewarnt waren und erbitterten Widerstand leisteten, mußten sie eine Niederlage einstecken, von der sie sich nie wieder erholten: die Häuser wurden geplündert und niedergebrannt und die Überlebenden in die Sklaverei verschleppt.

Um diesem Treiben ein Ende zu bereiten, ließ Kaiser Karl V. im Jahre 1535 Tunis, den wichtigsten Hafen der sarazenischen Flotte im westlichen Mittelmeer, angreifen. Doch dieses Unternehmen konnte die Raubgier der Sarazenen kaum vermindern. Immerhin fiel die Stadt Tunis nach kurzer Belagerung, und 22 000 Gefangene, unter ihnen auch jene Sklaven von Rio und Grassera, konnten befreit werden und wieder in ihre Städte und Dörfer zurückkehren. Darunter soll sich auch eine Frau aus Grassera befunden haben, durch deren Sohn nur wenige Jahre später erneut viele Christen ins Verderben gestürzt werden sollten. Ein Waffengefährte Barbarossas, Sinaam Dalesman, soll bei dem Überfall auf die Orte Rio und Grassera von jener jungen Frau so bezaubert gewesen sein, daß er sie mit seinem eigenen Leibe vor Barbarossa schützte, als dieser sie töten wollte. Sie wurde in die Sklaverei verschleppt und gebar Sinaam einen Sohn, den sie nach seinem Vater nannte. Als Mutter und Sohn nach der Eroberung von Tunis wieder auf Elba eintrafen, wurde der junge Sinaam getauft und von dem appianischen Fürsten Giacomo V. an Sohnes Statt angenommen. Nicht gering erschraken die Elbaner, als die Piratenflotte Barbarossas erneut Kurs auf die Reede von Longone nahm. Doch ein Angriff blieb aus, weil Barbarossa den Auftrag hatte, nach Frankreich zu segeln; Franz I. von Frankreich hatte sich mit Süleyman II. gegen Habsburg verbündet. Trotzdem machte sich ein Teil der Flotte nach Piombino auf, um dort von Giacomo V. den türkischen Knaben Sinaam zu fordern, denn sein Vater Dalesman hatte noch vor seinem Tod Barbarossa beschworen, den Jungen zu holen, um ihn von seiner Familie in Konstantinopel erziehen zu lassen. Giacomo widersetzte sich diesem Wunsch, denn er wollte den getauften Knaben nicht an ungläubige Muselmanen ausliefern. Wütend befahl Barbarossa seinen Leuten, auf Elba zu landen. Capoliveri wurde geplündert und angezündet, die unschuldigen Einwohner niedergemetzelt. Auch die Festung Luceri am Golf von Ferraia konnte dem Ansturm nicht widerstehen und fiel. Einzig und allein die Festung Volterraio blieb uneinnehmbar. Giacomo, der inzwischen von dem Vergeltungsakt Barbarossas gehört hatte, änderte seine Meinung und versprach bei Einstellen der Freveltaten und Freilassung der vielen gefangenen Christen den jungen Sinaam ziehen zu lassen. So geschah es, und Sinaam reiste zu seiner türkischen Familie nach Konstantinopel.

Die Herrschaften der Medici, Spanier, Habsburger und Franzosen

Karl V., Kaiser des Heiligen Römischen Reiches, König von Spanien und Herr über Neapel, Sizilien und Sardinien, hatte sich von Cosimo de'Medici, dem Großherzog der Toskana, ein größeres Darlehen geben lassen und wollte dafür die Florentiner Handelsflotte auf dem piratenverseuchten Meer schützen. Obwohl er dieses Versprechen nicht einhalten konnte, gab er das Darlehen nicht zurück. Erst sein Sohn Philipp II. tilgte die Schuld, indem er statt der Geldsumme der Toskana Land übereignete, und zwar Elba und Siena, wobei er sich über die Ansprüche der Appiani hinwegsetzte und auch die Proteste Genuas und Pisas wegen der wachsenden Machtfülle von Florenz nicht ernst nahm. Cosimo I. (1519–1574) war der letzte Stern aus dem Geschlecht der Medici, welches Florenz geprägt hatte. Dieses erstaunliche Geschlecht brachte Männer hervor, die großartig, klug und weitblickend waren, Politiker, Philosophen und Dichter, die aber auch haltlos und unausgeglichen, Mörder und blutige Tyrannen waren. Cosimo war ein genialer und zwielichtiger Mann zugleich, mit brillanten Erfolgen und düsterer Tragik. Von Elba aus wollte Cosimo selbst den für die Sicherheit der Küsten wie für den Handel notwendigen Kampf gegen die gefährlichen Seeräuber aufnehmen. Dazu sollte ein neuer Ritterorden, die ›Ritter von St. Stephan‹, mit dem Sitz auf der Insel gegründet werden, welcher die Aufrechterhaltung des Friedens auf dem Meer zur Aufgabe haben sollte. Schon Karl V. hatte 1530 ähnlich gehandelt, als er den von Rhodos vertriebenen Johannitern die Insel Malta gegeben und dafür ihre Unterstützung im Kampf gegen die Seeräuber eingehandelt hatte. Doch Cosimos Ehrgeiz scheiterte an seinen zahlreichen Feinden. Diese verbündeten sich, um die Appiani wieder als Herrscher über Elba einzusetzen. Nur Portoferraio und zwei Meilen umliegendes Land verblieben Cosimo, und auch der Sitz des Ritterordens wurde nach Pisa verlegt.

Während der Appianer Jacopo VI., ein Freund der Spanier und von ihnen abhängig, nichts für die Verteidigung seines Territoriums auf Elba unternimmt, geht Cosimo daran, den alten Portus Argoos, der unter den Römern Fabricia und später im Mittelalter Ferraia hieß, wiederaufzubauen und zu befestigen. Die Stadt erhält den großartigen Namen Cosmopoli, die Stadt des Cosimo (vgl. S. 154 ff.), und wird Hauptstadt der Insel. Ein Fresko von Giorgio Vasari (1511–1574) im Palazzo Vecchio in Florenz zeigt Cosimo I., wie er von seinem Architekten Camerini die Pläne seiner Stadt Cosmopoli vorgelegt und erläutert

Cosimo I. de' Medici, Großherzog von Toskana, läßt sich von seinem Architekten Camerini die Pläne von Cosmopoli (Portoferraio) erläutern. Fresko von Vasari (1511–74) im Palazzo Vecchio in Florenz

bekommt. Die bis heute gut erhalten gebliebenen Bauwerke sind Meisterwerke der militärischen Bautechnik. Mächtige Schutzmauern durchziehen das gesamte Stadtbild bis zu den oberen beiden Festungen, Forte Stella – die Sternfeste, so genannt nach den fünf sternförmig angeordneten Bollwerken – und Forte Falcone (Falkenfeste). Gegenüber der Reede von Portoferraio, am Fuße des steilen Colle Reciso, steht die Casa del Duca, ein unauffälliges Gebäude (heute Telefonamt), von wo aus Cosimo und sein Architekt die Arbeiten überwachten. Als am 7. August 1553 wiederum eine französisch-türkische Flotte auf Elba landete, diesmal von dem Türken Dragut, dem früheren Stellvertreter Barbarossas, angeführt, zeigte sich sehr schnell die Wirksamkeit der neuen Befestigungsanlagen. Der Sturm auf Portoferraio blieb erfolglos, während die Ländereien der Appiani, Rio und Marciana, zerstört und besetzt wurden. Zwei Jahre später versuchte Dragut nochmals die Hauptstadt zu erobern, doch als er sah, daß diese während seiner Abwesenheit noch stärker befestigt worden war, gab er sein Vorhaben endgültig auf. Unauslöschlich haben sich die jahrhundertelangen Überfälle der Sarazenen auf Elba ausgewirkt; Elbas Küste blieb unerschlossen, und nur die schwerer zugänglichen Plätze wie Rio nell'Elba und Marciana Alta waren als Wohnplätze bevorzugt. Noch heute schrecken elbanische Mütter ihre Kinder mit der Drohung: Barbarossa kommt! Nach ihm ist nördlich von Porto Azzurro eine Bucht benannt worden.

MEDICI, SPANIER, HABSBURGER, FRANZOSEN

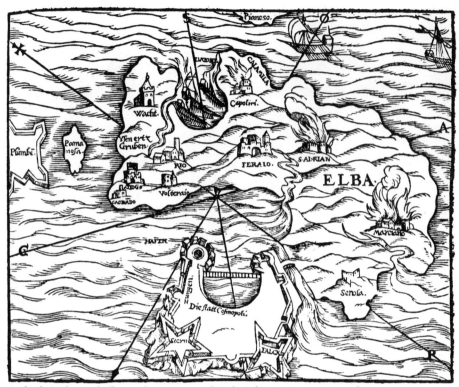

Holzschnitt der Insel Elba aus der ›Cosmographia‹ des Sebastian Münster, Ausgabe 1598

Cosimo I. sorgte nicht nur für die Verteidigung der Bevölkerung, er bemühte sich auch darum, Siedler anzulocken, indem er ihnen Zoll- und Steuervergünstigungen und lastenfreies Land anbot oder ihnen Straflosigkeit und Religionsfreiheit versprach. Auch erwarb er nach Draguts Pirateneinfall noch einige Besitzungen von den Appiani, u. a. auch den Pisanerturm in Marciana Marina. Als auch noch die Inseln Giglio und Giannutri an die Toskana fielen, fühlten sich die Spanier in ihrer Vormachtstellung in Italien bedroht und versuchten das Großherzogtum zu schwächen. Cosimos Sohn, Ferdinando I., suchte deshalb die Freundschaft Frankreichs, was den Argwohn und die Reaktion Philipps III. von Spanien auslöst, der sich nunmehr zum Herrn von Porto Longone macht und die Festung San Giacomo (1603–1605) bauen läßt (vgl. S. 114).

Die Insel Elba ist nun unter drei Herren aufgeteilt: die Spanier herrschen in Porto Longone, die Medici in Portoferraio und Volterraio – außerdem gehören ihnen die Erzgruben von Rio –, und die Appiani auf der restlichen Insel. Der Dreißigjährige Krieg und die Spanischen Erbfolgekriege zwischen Franzosen, Spaniern und Deutschen wirken sich auch in Auseinandersetzungen auf Elba aus. 1646 gelingt es den Franzosen für kurze Zeit,

Porto Longone zu erobern. Doch schon 1650 können die Spanier ihren Besitz wieder geltend machen und verbessern gleichzeitig noch ihren Einfluß im Südostteil der Insel. 1678 wird die Festung Focardo erbaut.

1634 endet die Herrschaft der Appiani auf Elba; das Fürstentum wird an Nicolò Ludovisi, den Ehegatten der Polissena Appiana, verkauft und geht ab 1701 in den Besitz der Boncompagni über. Mit Gian Gastone, dem Sohn des ebenso grausamen wie bigotten Psychopathen Cosimo III. sowie der einst so lebenslustigen Großherzogin Margarete Louise von Orléans, erlischt 1737 die männliche Linie des Geschlechts der Medici. Franz von Lothringen, der Gemahl Maria Theresias und spätere deutsche Kaiser Franz I., erhält infolge des Vertrages von Wien, der den Polnischen Erbfolgekrieg beschloß, das Großherzogtum Toskana. Damit gerät auch der Besitz der Medici auf Elba an die Habsburger. Die Hauptstadt Cosmopoli wird in Portoferraio umbenannt.

Als Korsika 1768 den Franzosen zufällt, versucht England den steigenden Einfluß Frankreichs im Tyrrhenischen Meer zu schwächen. Nachdem beide Länder Elba mehrmals besetzt hielten, kommt es 1802 im Frieden von Amiens zu einer Einigung: Elba wird französisch. Damit ist die Insel nach 250 Jahren wieder ungeteilt; sie untersteht einem ›Commissaire géneral‹ und einem ›Conseil d'Administration‹ und wird in 7 Gemeinden aufgeteilt: Portoferraio, Porto Longone, Marciana mit Poggio, Campo mit Sant'Ilario, Rio, Capoliveri (und Capraia).

Der seit Jahren stillgelegte Erztagebau wird wieder in Betrieb genommen. 1805 ernennt Napoleon I. seine älteste Schwester Elisa Marianna Bonaparte zur Fürstin von Piombino und überträgt ihrem Ehemann Felice Baciocchi, nunmehr Fürst von Piombino, auch die Verantwortung über Elba, wobei die Ausbeutung der Erzgruben im Hinblick auf die Kriege Napoleons verstärkt in Angriff genommen wurde. Mit der Leitung der Erzgruben war seit 1809 Pons de l'Hérault betraut, eine für die Geschichte Elbas bedeutende Persönlichkeit. Diesem tatkräftigen Mann vertraute der Kaiser auch nach 1814, dem Jahr seiner Verbannung auf Elba, die Leitung der Tagebaue von Rio Marina an. Seine Memoiren stellen die vielleicht wichtigste und verläßlichste Quelle hinsichtlich des Aufenthaltes Napoleons auf Elba dar.

300 Tage Napoleon auf Elba – Palazzo dei Mulini, Villa di San Martino, Madonna del Monte

Die Persönlichkeit Napoleon Bonapartes sollte in diesem Buch nur insoweit gestreift werden, als sich seine kurze Herrschaft und Verbannung auf Elba – vom 4. Mai 1814 bis zum 26. Februar 1815 – auf die Insel auswirkte. Dieses zehnmonatige Zwischenspiel bedeutet in der napoleonischen Geschichte eine Zwangspause, die die fünfzehn Jahre dauernde Herrschaft vom Reich der Hundert Tage trennte. Während man heute auf Elba sehr bemüht ist, Napoleons Wirken während seiner Verbannung im touristischen Sinne auszunutzen, kamen Ferdinand Gregorovius, dem berühmten deutschen Schriftsteller und Italienreisenden des 19. Jahrhunderts, als er auf den Spuren Napoleons auf Elba wandelte, ganz andere Gedanken:

»Aber gestehen wir es, das Bild Napoleons auf Elba erhebt uns nicht allzusehr. Die Heldenkraft eines einzelnen Menschen, welcher gegen die Welt kämpft und trotzig das Schicksal herausfordert, ist immer bewundernswert; aber sie läßt kalt, wenn sie nicht mehr den sittlichen Ideen und Zwecken der Geschichte, sondern nur dem eignen und kleinen Egoismus dient. Die Geschichte hatte Napoleon beseitigt; wie er sich von Elba erhob, erschien er als ein Mann, der in der Welt nichts mehr zu tun hatte und von ihren Interessen abgelöst war. Sein Kampf war titanisch, wie der des einzelnen gegen die Weltordnung sein mußte; sie zerbrach ihn wie ein Rohr, das ein rollendes Rad zerknickt. Dies ist der tragische Sinn von Elba und den Hundert Tagen.«[7]

Aufgrund des Vertrages von Fontainebleau vom 2. April 1814 wurde Napoleon nach Elba verbannt, wo er die Herrschaft über Elba, Pianosa und Palmairola antreten sollte. Er zog Elba den Inseln Korsika und Korfu vor, die man ihm ebenfalls als Exil angeboten hatte. Den Kaisertitel durfte er beibehalten, und für die militärischen Aufgaben seines Exilhofes bewilligte man ihm 700 Infanteristen und 150 Kavalleristen. Als Napoleon sich am 20. April von seiner Garde verabschiedet, klingen seine Worte theatralisch, sind gemischt aus Wahrheit und Unwahrheit, aus Politik und Sentimentalität:

»Seid treu dem neuen Könige, welchen Frankreich sich gewählt hat, verlaßt nicht unser treues, zu lange Zeit unglückliches Vaterland. Weint nicht um mein Los; ich werde immer glücklich sein, wenn ich weiß, daß ihr es seid. Ich hätte sterben können – nichts war leichter für mich; aber ich will ohne Aufhören dem Pfad der Ehre folgen. Noch habe ich zu schreiben, was wir getan haben. Ich kann euch nicht alle umarmen. Doch ich will euern General umarmen. Kommt General ... (er schließt den General Petit in die Arme). Man bringe mir den Adler ... (er küßt den Adler). Teurer Adler! Möchten diese Küsse alle Braven im Herzen fühlen ... Lebt wohl! meine Kinder ... meine Wünsche werden euch immer begleiten ... Bewahrt mein Andenken.«[8]

Am 27. April gelangte Napoleon mit seinen Generälen Drouot und Bertrand, aber auch begleitet von den Kommissaren der Alliierten, dem Österreicher Koller und dem Engländer Campbell, die ihn bewachen sollten, auf der letzten Etappe von Paris nach Fréjus, in elender Verkleidung den Mordanschlägen in der Provence entronnen. Im Hafen lag statt der versprochenen Korvette nur eine Brigg für ihn bereit, und die Eskorte war von der französischen Regierung auch vergessen worden. Kurzentschlossen entschied sich Napoleon für die englische Fregatte ›Undaunted‹, die Oberst Campbell auf des Kaisers Bitte hin befehligte. Am gleichen Tage, als Ludwig XVIII. als Nachfolger Napoleons triumphal in Paris einzog, stach das Schiff mit dem Verbannten mit Kurs auf Elba in See. Vier Tage später ankerte die ›Undaunted‹ in der Bucht von Portoferraio; Napoleon hielt sich aber noch zwölf Stunden an Bord auf, möglicherweise um Zeit für Vorbereitungen zu geben oder um die Stimmung der Inselbevölkerung zu erfahren. Abgesandte der zivilen, militärischen, gerichtlichen und kirchlichen Behörden kamen an Bord, um dem Kaiser zu huldigen. Freundlich empfing sie Napoleon und bat General Dalesme, den Kommandanten der Stadt, den Elbanern folgende Botschaft zu überbringen:

Ankunft Napoleons auf Elba, zeitgenössischer kolorierter Kupferstich

»Einwohner der Insel Elba, die Schicksalsschläge haben den Kaiser Napoleon in Eure Mitte geleitet und aus seinem eigenen Willen heraus wird er zu Eurem Herrscher. Vor Überschreiten der Mauern Eurer Stadt hat Euer neuer und erhabener Monarch an mich die folgenden Worte gerichtet: ich beeile mich, sie Euch wissen zu lassen, da diese das Pfand für Euer künftiges Glück sind: 'General, ich habe meine Rechte im Interesse des Vaterlandes geopfert und ich habe mir das Eigentum und die Herrschaft über die Insel Elba vorbehalten; damit waren alle Mächte einverstanden. Habt die Güte, den neuen Stand der Dinge den Einwohnern mitzuteilen und daß die Wahl für meinen neuen Aufenthalt aufgrund der Sanftheit ihrer Sitten und der Milde ihres Klimas auf ihre Insel gefallen ist. Sagt ihnen, daß sie der Gegenstand meines größten Interesses sein werden'.«[9] Das Manifest der Unterpräfekten lautete:

»Das erfreulichste Ereignis, das je die Geschichte der Insel Elba berühmt hätte machen können, ist heute Wirklichkeit geworden. Unser erhabener Herrscher, der Kaiser Napoleon, ist zu uns gekommen. Gebt ruhig der Freude ihren Lauf, die Eure Seele überschwemmen muß. Hört die ersten denkwürdigen Worte, die er an Euch alle gerichtet hat, während er mit den Beamten sprach, die Euch vertreten: 'Ich werde Euch ein guter Vater sein, seid mir gute Söhne'.«[10]

Am 4. Mai um 15.30 Uhr ging Napoleon an Land und wurde von einer jubelnden Bevölkerung empfangen, die aus allen Teilen der Insel herbeigeströmt war. Die neue Flagge

– ein weißes Feld mit rotem Diagonalstreifen und drei Bienen darauf – wurde gehißt. Pietro Traditi, der Bürgermeister Portoferraios, kam würdevoll dem Kaiser auf der Mole entgegen, um ihm die angeblichen Stadtschlüssel zu überreichen. Die echten hatte man in der kurzen Zeit nicht auftreiben können und deshalb schleunigst den Kellerschlüssel des Bürgermeisters vergolden lassen. Doch der Kaiser gab dem Elbaner die Schlüssel mit den Worten zurück: »Nehmen Sie sie wieder, Monsieur le Maire, ich vertraue sie Ihnen an und kann sie in keine besseren Hände legen.«[11]

Nur sehr mühsam gelang es dem Kaiser, sich einen Weg durch die erregte Menge zu bahnen. In der Kathedrale wurde als Höhepunkt der offiziellen Empfangsfeierlichkeiten ein Dankgottesdienst abgehalten.

Das Leben Napoleons auf Elba hat zumindest am Anfang den Anschein, als habe der Kaiser die Absicht, Herrscher der kleinen Insel zu sein. Der Verlust seines Reiches konnte seine Energien kaum schmälern. Er war wie immer fest entschlossen, das Bestmögliche aus diesem kleinen Reich zu machen. So mißfiel ihm gleich nach seiner Ankunft die Wohnung, die man ihm im Rathaus angeboten hatte. Sie war ihm viel zu laut; auch war er dort der ständigen Gefahr eines Attentats ausgesetzt. Schon bei seiner Ankunft entdeckte er einen ruhigen Platz mit außergewöhnlicher Lage am Hügel zwischen den beiden Forts Stella und Falcone mit weitreichendem Rundblick. Es war der **Palazzo dei Mulini** (Abb. 53), ein leicht zu verteidigender Posten, denn ein schwindelerregender Absturz schützte ihn vor einem

Forte Stella, Blick vom Garten des Palazzo dei Mulini, Lithographie 1861

Napoleons Sommerhaus in San Martino, Lithographie 1861

Angriff von See, und das gekreuzte Feuer der beiden höher liegenden Festungen konnte jeden Ansturm zu Lande verhindern. Er wählte jenes Gebäude, das 1724 unter dem letzten Großherzog der Medici, Gian Gastone, als Gerichtsgebäude mit Gefängniszellen erbaut worden war, zu seinem »Tuilerienschloß, dem Miniaturbild seiner Herrschaft«, wie es Gregorovius ironisch bezeichnete. Der Palast bestand aus zwei Seitenflügeln und einem eingeschossigen Hauptgebäude, auf das 1814 auf Napoleons Befehl ein zweites Stockwerk gesetzt wurde, in dem er einen großen Salon einrichten ließ. Die Mühlen, von denen der Palast seinen Namen hat, waren schon 1808 wegen Baufälligkeit abgerissen worden. Wenn auch in dem heutigen Museum nur ein kleiner Teil der Einrichtung noch aus der Zeit Napoleons stammt, vermittelt es doch einige interessante Gegenstände sowie einen großen Teil seiner persönlichen Bibliothek mit den Werken von Voltaire, Cervantes, Plutarch, Rousseau, La Fontaine und der kostbaren Zeitschrift ›Le Moniteur Universel‹ in 24 Bänden, eine bedeutende Geschichtsquelle für die Zeit zwischen 1789 und 1813. (Beschreibung des Museums s. S. 161 f.)

An die Nordseite des Palazzo schließt der kleine Belvedere-Garten an, der mit Palmen, Myrten, Zitronenbäumen, Aloeen und Blumen bewachsen ist. Eine wertvolle Minerva-Statue (Göttin der Weisheit) auf einem Granitsockel schmückt die Mitte des Gartens. In der Gartenmauer, die vor dem jähen Absturz zum Meer schützt, ist ein großes kaiserliches Wappen eingelassen, das seitlich von gemauerten Sitzbänken begrenzt wird. Dieser Platz ist beschattet von zwei rechts und links stehenden Zypressen, die einzigen, die von einer langen

Napoleons Sommerhaus und Demidoff-Palast, Lithographie 1856

Reihe übriggeblieben sein sollen, die Napoleon hat anpflanzen lassen. Hier war der Lieblingsaufenthalt des verbannten Kaisers (Abb. 54). »Und so mag man ihn hier in seinem kleinen Kanonengarten umherwandelnd denken, stillstehend an einer Haubitze, brütend, Entschlüsse abwägend, auf das Meer spähend, wo die Küste Italiens dem Blick greifbar ist, und hinüberforschend nach dem Kontinent, dem Schauplatz seines Ruhms, welcher ihm seine Taten zuruft, seine Tatenlosigkeit anklagt und seine Seele beständig anstachelt: Cäsar du schläfst!«[12]

In dem oberhalb liegenden Gärtchen steht eine Kopie der Galatea-Statue von Gino Guarducci. Das Original befindet sich im Demidoff-Palast in San Martino (vgl. S. 127).

Napoleon hatte von Anfang an mit großen Geldsorgen zu leben. Zwar war Ludwig XVIII. durch den Vertrag von Fontainebleau verpflichtet, jährlich zwei Millionen Franken an Napoleon zu zahlen, wobei eine Hälfte seine Ehefrau Marie-Louise erhalten sollte, doch niemals erreichte ihn von dem Bourbonenkönig auch nur ein einziger Centime. Trotzdem hielt er recht bald Ausschau nach einer ruhigen Sommerresidenz. Als er eines Tages durch das Tal von San Martino ritt, nur knapp 7 km von Portoferraio entfernt, beeindruckte ihn die Schönheit dieses Fleckchens mit seiner versteckten und dennoch nahe der Stadt befindlichen und bis zu ihr hin überschaubaren Lage, daß er seine Schwester Pauline, die ebenso wie seine Mutter nach Elba gekommen waren und das gesellschaftliche Leben in der Stadt sichtbar beeinflußten, um die Mitfinanzierung eines einfachen Häuschens und Grundstücks bat, für dessen Erwerb sie einige ihrer Brillanten verkaufen mußte. Das Haus wurde nach den Wünschen Napoleons umgestaltet und erweitert und in ein bescheidenes, ruhiges Wohnhaus verwandelt, das Gregorovius spöttisch als ›Versailles von Elba‹ bezeichnete. Die **Villa di San Martino** verfügt über zwei Geschosse. Während man das Erdgeschoß von der Terrasse aus betritt, erreicht man den ersten Stock vom Vorplatz her, wo auch die Kutsche halten konnte. Heute führt ein langer, stufenartig angelegter und von Taxushecken gesäumter Weg hinauf zur Villa und zum Demidoff-Palast (Abb. 61). Dieses letztere Gebäude mit einer pompösen neoklassizistischen Fassade, tempelartig im dorischen Stil, aus einer Längsgalerie, zwei Quergalerien aus gelblichem Elbagranit und einem Peristyl mit vier Säulen bestehend, stammt von dem berühmten Architekten Nicolò Matas, der auch die Fassade von Santa Croce in Florenz entwarf, und war von dem Prinzen Anatol Demidoff in Auftrag gegeben worden. Dieser war ein Abkömmling einer in Rußland schon zu Zeiten Peters des Großen bekannten Industriellenfamilie, ein kultivierter Mann, reiselustig, Mäzen, Sohn des russischen Botschafters in Florenz und verheiratet mit Mathilde, einer Nichte Napoleons. Demidoff hatte 1851 das historische Landgut erworben und ein Jahr später, zu Ehren Napoleons, einen Anbau als Museum ausführen lassen, wobei er die Wohnung des Kaisers intakt ließ und nur die Terrasse verlängerte. Hier bewahrte der russische Prinz alles auf, was an Napoleon erinnerte; für seine Sammelleidenschaft opferte er einen Teil seines Vermögens. Nach seinem Tod 1872 verkaufte sein Neffe und Erbe den gesamten Besitz, so daß teilweise wirklich schöne und wertvolle Werke und Erinnerungsstücke in alle Welt verstreut wurden. Das heute vom italienischen Staat als Nationaldenkmal unterhaltene Gebäude birgt im Demidoff-Museum eine Gemäldegalerie, die einen Teil der Sammlung beinhaltet, die Mario Foresi, ein berühmter Sohn Elbas, 1927 der Gemeinde Portoferraio vermachte. Neben Gemälden und Zeichnungen von Guido Reni, Castiglion Genovese, Pietro Senno, Telemaco Signorini, Elisabeth Virgée-Lebrun, Stefano della Belle u. a. befinden sich dort auch Terrakotten von Brustolon und Ximenez. In der Mitte der Halle steht das Original der Galatea-Skulptur von Antonio Canova (1757–1822), für die Napoleons Schwester Pauline Borghese Modell gestanden hat (Abb. 60). (Wegen Renovierungsarbeiten ist die Gemäldegalerie seit geraumer Zeit geschlossen, vgl. S. 164).

Die Villa Napoleons, zu der man von der linken Seite des Museums gelangt, überragt den Demidoff-Palast. Im Erdgeschoß, das nicht zur Besichtigung freigegeben ist, befinden sich Garderobe, Küche, Aufenthaltsraum für die Dienerschaft und das Badezimmer mit einem allegorischen Fresko: ein weiblicher Akt, die Wahrheit darstellend, die sich im Spiegel betrachtet. Es trägt die Inschrift: »Qui odit veritatem odit lucem.« (Wer die Wahrheit haßt, haßt das Licht.) Es handelt sich um ein mittelmäßiges Werk von Pietro Ravelli, von dessen Hand alle Wandgemälde im Hause stammen.

In das Obergeschoß (zur Besichtigung freigegeben) gelangt man auf der Rückseite der Villa. Es befindet sich hier ein kleines Vorzimmer mit der Napoleonbüste Pampolinis (Abb. 59), danach Zimmer und Salon des Marschalls Bertrand, das Ratszimmer, auf dessen Decke ein Himmel mit zwei Tauben abgebildet ist. Das Deckengemälde ist berühmt geworden wegen des Liebesknotens, den die Tiere im Schnabel halten und der sich um so fester zusammenzieht, je weiter sich die Tauben voneinander entfernen. Man vermutet dahinter eine Anspielung auf Marie-Louise von Österreich, die Gattin Napoleons. Es folgen Vorzimmer, Arbeitsraum und Schlafzimmer des kaiserlichen Appartements. Vom Ratszimmer aus konnte Napoleon bis Portoferraio blicken und alle Bewegungen im Hafen gut überwachen. Der mit Friesen geschmückte Ägyptische Saal (Abb. 62), der als Speisesaal diente, wurde nach seinem Wunsch in antiker Art mit ägyptischen Landschaften, Hieroglyphen und einem Angriff der Mameluken ausgemalt, denn die Erinnerung an den Ägyptenfeldzug, so meinte Napoleon selbst, war wohl die liebste seines Lebens. In Wirklichkeit war der Feldzug, abgesehen von der wissenschaftlichen Ausbeute, vom militärischen Gesichtspunkt aus ein Unglück für Frankreich. An einer Wandseite stehen, von Glas geschützt, die optimistischen von Napoleon eigenhändig geschriebenen Worte: »Ubicumque Felix Napoleon« (Überall ist Napoleon glücklich). Wir wissen nicht, aus welchen Gefühlen heraus er sich zu diesem Ausspruch hinreißen ließ; weder in der Villa von San Martino noch im Palazzo dei Mulini in Portoferraio findet er innere Zufriedenheit und Ruhe.

So entflieht er zuweilen nach Westelba, in die Einsamkeit und Wildnis der Bergwelt des Monte Giove, zur Einsiedelei der **Madonna del Monte,** dem bekanntesten Wallfahrtsort der Insel (Abb. 49). Diese Eremitage, zur Gemeinde Marciana Alta gehörend, liegt in einer Umgebung von erhabener Schönheit mit einem einmaligen Weitblick auf die lieblichen Meeresbuchten Elbas, hinüber nach Korsika, zu den Inseln Capraia und Gorgona, zur Landspitze von Piombino und zum toskanischen Festland (Farbt. 6). Die Kirche und das kleine Küsterhaus, umgeben von alten knorrigen, schattenspendenden Edelkastanien, sind

A SCENE in the ISLAND of ELBA or Boney and his old Friend
STUDYING MATHEMATICS

The Devil to Pay or Boney's return from ~~Hell bay~~ Elba

auf einem kleinen Plateau errichtet und werden von dem kahlen Granitmassiv des Monte Giove überragt. Der Bau der Wallfahrtskirche 1595 geht wahrscheinlich auf einen Eremiten zurück, der eine nahe der heutigen Kirche gelegene Höhle bewohnte. Angrenzend an das Gotteshaus folgt eine ausgewogene, nicht überdachte Exedra (ein halbrunder Anbau) mit drei ständig fließenden Wasserquellen aus Löwenmäulern. Im Kircheninnern befindet sich am Hochaltar ein von den Inselbewohnern hochverehrtes Madonnenbild aus dem 15./ 16. Jahrhundert, das alljährlich am 15. August zum Fest der Himmelfahrt Hunderte von Gläubigen herbeilockt. In der Vergangenheit kamen die Elbaner aus allen Teilen der Insel auf beschwerlichen Pfaden auf Eselsrücken oder zu Fuß angereist, nicht nur um Buße zu tun und der Jungfrau Maria zu huldigen, sondern auch mit der Absicht, hier oben Bekannte zu treffen, Nachrichten auszutauschen, Brautschau für die Jugend zu halten oder um einfach der sommerheißen Küste zu entfliehen. Hier gibt es klare Bergluft, Schatten unter

◁ *Englische Karikaturen aus den Jahren 1814 und 1815*

1 *Boney, der Philosoph*
Was ich war: ein grausamer Tyrann
Was ich bin: ein armer Teufel
Was mit mir geschehen sollte: aufgehängt werden wie ein Hanswurst
Auf dem Felsen der Insel Elba ist zu lesen: Kurze Geschichte meines Lebens, die ich veröffentlichen will. Karikatur von Rowlandson, 1. Mai 1814

2 *Boney und seine neuen Untertanen auf Elba*
»Meine Herren, meine Freunde verachten England, Rußland, Deutschland und Schweden; folgen Sie mir, und ich mache Sie alle zu Königen.«
(Karikatur, die sich auf die 400 Mann unter dem Kommando Cambronnes bezieht, die der Vertrag von Fontainebleau Napoleon bewilligt hatte, mit nach Elba zu nehmen.)
Karikatur von Lewis Marks, Juni 1814

3 *Eine Szene auf Elba oder Boney und sein alter Freund beim Studium der Mathematik*
Es sei darauf hingewiesen, daß auf vielen Karikaturen, die während seines Aufenthaltes auf Elba erschienen, Napoleon neben sich den

Galgen hat, an dem England ihn so gerne hätte hängen sehen.
Karikatur von William Heath, etwa Juli 1814

4 *Man muß den Teufel bezahlen oder Boneys Rückkehr von Elba*
Die englischen Karikaturisten liebten doppeldeutige Erläuterungen. So hat der Graveur ›Hell bay‹ (Höllenbucht) durchgestrichen, dennoch bleibt das Wortspiel erhalten. Napoleon überquert das Meer in einem großen Boot voll mit Soldaten, das der Teufel rudert und der Tod steuert. Er sieht die Friedenstaube auf sich zufliegen und tötet sie mit seiner Pistole, wobei er ausruft: »Aus meinen Augen, Friede, ich hasse dich!« Der Teufel sagt: »Wir werden über Meere von Blut fahren.« Der Tod schwenkt eine Trikolore und fügt hinzu: »Für meine Dienste gibt es keine erfahrenere Hand.« Die Bevölkerung stürzt zur Küste, um ihren Herrscher mit überschwenglicher Begeisterung zu empfangen, während der Bourbonenkönig Ludwig XVIII., von Gicht geplagt, von zwei Getreuen gestützt und weggeführt wird und dabei klagt: »Oh Hartwell (Landgut, auf dem er in England wohnte), ich sehne mich nach deinen friedlichen, schattigen Plätzen.«
Karikatur von Lewis Marks, 25. Februar 1815

breitästigen Kastanien, eine Quelle eiskalten Bergwassers, und das erfrischte nach einem beschwerlichen Wallfahrtsweg, vorbei an den Leidensstationen des Kalvarienberges.

»Schatten und Wasser, was braucht's mehr zum Glück?« soll Napoleon hier oben ausgerufen haben. Vom 23. August bis zum 5. September 1814 ließ er sein Feldzelt neben der Kirche aufbauen und verlegte hierhin sein Hauptquartier. Gerne folgte er auch dem rechts vom Santuario abzweigenden Pfad, der in eine regelrechte Wildnis von Granitblöcken (Felsburgen vgl. S. 27f.; Abb. 1, 2) führt, von denen einige versteinerten Tieren gleichen. Es handelt sich um typische auf Elba und Korsika vorkommende tafonierte Riesenhohlblöcke (vgl. S. 30). Hier oben soll Napoleon auf einem der Felsbrocken – im Volksmund als L'Aquila (Adler) bezeichnet – gesessen haben, umgeben von unendlicher Ruhe und mit einem herrlichen Ausblick bis hinüber zu seiner Heimatinsel Korsika.

Diese Ruhe wird jäh durch einen unerwarteten Besuch unterbrochen. Am 1. September nähert sich der elbanischen Küste eine von geblähten Segeln getriebene Brigg. Napoleon, schon am 27. August von dem bevorstehenden Besuch informiert, läßt die Besucher, eine junge verschleierte Dame und einen Knaben, an dem für geheimzuhaltende Ankünfte ausgesuchten Ort in San Giovanni gegenüber von Portoferraio landen. Dort steht für die beiden eine Kalesche bereit, in der sich Bertrand und Bernotti, ein Elbaner Offizier der kaiserlichen Ordonnanz befinden, um die kleine Gesellschaft in westlicher Richtung zu begleiten. In der Nähe von Marciana Marina trifft Napoleon, geleitet von vier Fackelträgern, auf das Gefährt und nimmt nun den Platz Bertrands ein. Liebevoll erkundigt er sich nach dem Verlauf der Reise und erfreut sich an der Anwesenheit des Knaben. Endlich kurz vor Anbruch des Morgens erreicht Napoleon mit seinen Gästen die Einsiedelei. Für wenige Stunden scheint Napoleons Glück vollkommen: denn seine Geliebte, die polnische Gräfin Maria Walewska, und mit ihr der gemeinsame Sohn Alexander waren zu ihm ins Exil gekommen.

Da Napoleon aber auch von einer geplanten Ankunft seiner Gattin Marie-Louise wußte, geriet er in eine schwierige Situation. Auch war ihm zu Ohren gekommen, daß man in Portoferraio große Festlichkeiten vorzubereiten begann, in der Überzeugung, daß die Kaiserin und der König von Rom angekommen wären. So begriff Napoleon, daß er sein Geheimnis nicht länger bewahren könnte und kam zu dem Ergebnis, daß man hier auf Elba eine derartige Liaison weniger tolerieren würde, als man es auf dem Festland tat. Er wollte auch keinesfalls seine Popularität in seinem Inselreich aufs Spiel setzen, und so ordnete er für die Gräfin eine überstürzte Rückkehr zum Festland an. Schon am 3. September begleitete er die kleine Gesellschaft hinunter nach Marciana Marina, wo die Geliebte das Schiff besteigen sollte. Stürmisches Wetter machte jedoch die Abfahrt des Schiffes unmöglich, und so blieb der Gräfin und ihren Begleitern nichts anderes übrig, als auf dem Landweg nach Porto Longone zu gelangen – Napoleon hatte verfügt, daß sie sich von Portoferraio fernhalten solle –, wo sie an Bord des Schiffes ging und bei schwerer See das Festland erreichte. Die kommenden Tage nach der Abreise der Geliebten soll Napoleon nervös und sorgenvoll verlebt haben, bis er endlich die Mitteilung erhielt, daß Mutter und Sohn heil das Festland erreicht hatten.

Mit der Abreise der Walewska hatte die Einsiedelei für Napoleon viel von ihrem Reiz verloren, und so entschied er sich, zur spanischen Zitadelle von Porto Longone überzusiedeln, die er in einen weiteren ›Palast‹ hatte umfunktionieren lassen. Seine Lage auf Elba wird zusehends schwieriger für ihn. Trotz einer Reihe sehr unbeliebter Steuern, die er den Elbanern auferlegt hat, und anderer Notlösungen gerät er mehr und mehr in finanzielle Schwierigkeiten, Verpflichtungen häufen sich, die französische Regierung umgibt ihn mit Spionen, ohne ausreichenden Sold werden seine Soldaten, ohne die er aber keine Hoffnung auf Verteidigung hat, aufsässig und undiszipliniert; außerdem hat er erfahren, daß der Wiener Kongreß seine Verschickung nach den Azoren, St. Lucia oder St. Helena erwägt; sein Schwiegervater, der Kaiser von Österreich, verbietet den Besuch seiner Gattin und seines Sohnes, und schließlich hat er ständig mit dem Gedanken eines Attentats zu rechnen.

Hätten alle diese Hindernisse und Schwierigkeiten für Napoleon nicht bestanden, dann hätte er sich zweifellos ruhig verhalten und die tragische Rückkehr in die Weltpolitik wäre Europa erspart geblieben. Die Uneinigkeit der Alliierten – Österreich, Frankreich und England verbünden sich in einem geheimen Vertrag gegen Rußland und Preußen –, die Forderung Frankreichs nach Wiedereinsetzung der Bourbonen in Neapel und die Möglichkeit für Napoleon, sich mit seinem Schwager, König Murat von Neapel, zu verbünden und Italien zu einer Union aufzurufen, schließlich aber die Angst vor einer erneuten Verbannung bestärkten Napoleons Willen, Europa allein gegenüberzutreten.

Am Abend des 26. Februar 1815, während der Abwesenheit seines englischen Bewachers, des Obersten Campbell, verläßt Napoleon, begleitet von 600 Mann der kaiserlichen Garde, 300 Mann vom korsischen Bataillon und einem polnischen Kavalleriekontingent und an die 70 Zivilisten die Insel Elba und sticht an Bord des Flaggschiffs ›L'Inconstant‹ mit Kurs auf Frankreich in See. Die ›Hundert Tage‹ seiner Herrschaft beginnen. Nach der verlorenen Schlacht gegen die alliierten Truppen bei Waterloo muß Napoleon endgültig von der politischen Weltbühne abtreten. Auf St. Helena stirbt er am 5. 5. 1821. »Jedes Ding auf der Welt ist relativ«, schrieb Napoleon während seiner zweiten Verbannung. »Die Insel Elba, über die ich vor einem Jahr so schlecht geurteilt habe, ist geradezu ein Ort des Entzückens im Vergleich zu St. Helena. Was St. Helena betrifft, so kann sie allen künftigen Kummer herausfordern.«[13]

Napoleons Leistungen für die Insel und ihre Bewohner müssen abschließend gewürdigt werden. Er war kein Mann, der die Hände in den Schoß legte, er riß die Insel aus ihrer Lethargie und führte Neuerungen ein, die sich bis zum heutigen Tag auswirken. So war eines seiner wichtigsten Anliegen, die vorhandenen Wege zu befahrbaren Straßen auszubauen, denn ohne Straßen, so behauptete er, gebe es keine Kultur noch eine wirksame Verteidigung der Insel. So eröffnete er die Straße nach Porto Longone und begann mit dem Bau einer weiteren nach Lacona. Außerdem ordnete er die Verwaltung, widmete alle Sorgfalt der Schlagkraft seiner kleinen Truppe und seiner Flotte und setzte ein strenges Hofprotokoll fest. Die Verbesserung des Gesundheitswesens, der Bau sanitärer Anlagen und das Anlegen neuer bzw. Renovieren alter Brunnen waren weitere Projekte. Mit dem Eintreffen seiner Schwester Pauline änderte sich auch das gesellschaftliche Leben am Hofe: Versammlungen,

Aufbruch Napoleons von Elba am 26. Februar 1815. Gemälde von Beaume, gestochen von Hust

Tanzabende, Konzerte, Theateraufführungen, Hofempfänge und Zusammenkünfte der Elbaner Bürger wurden organisiert. Das ›Theater der Glücklichen‹ (Teatro dei Fortunati, später ›Theater der Wachen‹, Teatro dei Vigilanti genannt) entstand in der Carmine-Straße. Hier befand sich die großherzogliche Kirche von 1617, die der Virgine del Carmen geweiht war; dieses Gotteshaus diente seit 1801 als Militärlager und wurde durch Napoleon in ein Theater umgebaut. Zur Finanzierung des Projekts erfolgte eine Besteuerung der Bürger; dadurch kamen sie in den Besitz einer Loge. Im Januar 1815 wurde das Theater eröffnet. Es besaß eine vierfache Logenordnung mit einer besonders prächtig ausgestatteten kaiserlichen Loge in der zweiten Reihe. Besonderes Ansehen verdiente auch der von Paolo Ravelli gemalte Vorhang. Das Gebäude wird z. Z. restauriert.

Die Steuerlast verursachte vor allem bei der Landbevölkerung starken Unwillen, schließlich konnte sie nicht an dem mondänen Leben der Pauline in Portoferraio teilhaben. Die Bevölkerung von Capoliveri, die schon immer von einem unbändigen Freiheitsdrang besessen war, war am wenigsten gewillt, Gelder für den kostspieligen Hofstaat beizusteuern und widersetzte sich, als einziger Ort der Insel, dem Imperator. Napoleon, dem Verweigerung des Gehorsams fremd war, schickte als Antwort einige hundert Soldaten, ließ den Geistlichen als vermutlichen Rädelsführer, den Bürgermeister und einige angesehene Bürger festnehmen und als Geiseln in die Hauptstadt bringen, wo sie so lange festgehalten wurden, bis sich die Bürger von Capoliveri wohl oder übel fügten und die Steuern bezahlten.

Besonders hohe zusätzliche Einkünfte versprach sich Napoleon von den Meeressalinen bei San Giovanni in der Bucht von Portoferraio und kleineren Anlagen in Porto Longone,

ELBA IM 19. UND 20. JAHRHUNDERT

Rio Marina, Lithographie 1861

die mit der Inselherrschaft in seinen Besitz übergegangen waren. Die ergiebigste Einnahmequelle sah er jedoch in dem von Pons de l'Hérault verwalteten Eisenerztagebau. Er erkundigte sich genau nach der Möglichkeit der Erstellung einer Verhüttungsanlage und befaßte sich mit den damit zusammenhängenden technischen Problemen. Er veranlaßte die Ausdehnung der Thunfischindustrie, die zur Zeit der Medici eine Menge Geld eingebracht hatte. Schließlich ließ er Pflanzen und Bäume aus dem Ausland kommen und versuchte die Elbaner zu größerer landwirtschaftlicher Produktion anzuspornen.

Elba im 19. und 20. Jahrhundert – Wirtschaftliche Entwicklung

Nach Napoleons Niederlage bei Waterloo kam die Insel Elba 1815 an die Großherzöge der Toskana zurück. Obwohl der Kaiser seinen elbanischen Besitz der Inselbevölkerung vermacht hatte, betrachtete Ferdinand III. den Nachlaß Napoleons als sein Eigentum und ließ den größten Teil abtransportieren, auch suchte er durch Ausbeutung der Bevölkerung seinen Staat zu sanieren. Er setzte einen Generalgouverneur ein, der die rund 13 000 Einwohner zählende Insel zu verwalten hatte und zugleich Befehlshaber einer 1300 Mann starken Besatzung war. Die von Napoleon begonnenen Neuerungen wurden nicht fortgeführt. Leopold II., der Nachfolger auf dem Fürstenthron, leitete das Großherzogtum zwei Jahrzehnte lang recht geschickt, mußte aber 1859 sein Land verlassen, weil die einsetzenden nationalfreiheitlichen Bestrebungen ihn dazu zwangen. 1860 schließt sich Elba mit der

Toskana dem neuen Königreich Italien unter Victor Emanuel II. an, wodurch die nationale Zugehörigkeit der Insel zu Italien bis zum heutigen Tage festgelegt wird.

Aus der Erkenntnis heraus, daß ein wirtschaftlicher Fortschritt auf der Insel nur erreichbar sei, wenn man eine stärkere Verbindung zum Festland anknüpfe, führte man einen regelmäßigen Postverkehr mit dem Dampfschiff zwischen Livorno und den Inseln des Toskanischen Archipels ein. Ein Elektrokabel wurde 1863 zwischen Elba und dem Festland verlegt und eine Kreditanstalt, die ›Società di Mutuo Soccorso‹ gegründet. Gegen Ende des 19. Jahrhunderts werden in Portoferraio die Hochöfen des großen Eisenwerkes ILVA auf dem Gelände der alten Salinen von San Giovanni erstellt. Damit verwirklicht sich Napoleons Absicht, auf der Insel selbst Eisenerze zu verhütten. Die Hochöfen von Portoferraio, das nun tatsächlich zu einem ›Eisenhafen‹ wird, sind gemeinsam mit den Anlagen von Piombino, Bagnoli (Neapel) und Servola (Triest), die alle elbanisches Erz verarbeiten, der Beginn einer italienischen Eisenindustrie, die sich in den ersten beiden Jahrzehnten des 20. Jahrhunderts entwickelt. Die drei Hochöfen von Portoferraio produzierten in den Jahren seit 1902 vor allem Gußeisen. Zwischen 1912 und 1918 stellte man in zwei Konvertern zusätzlich Stahl nach dem Bessemer-Verfahren her. Die größte Menge an Roheisen wird 1910 erzeugt (200 000 t). Besonders tragisch wirkte sich für Elbas Industrie der Zweite Weltkrieg aus. Bombenangriffe sowohl der Deutschen als auch der Alliierten in den

Hochofenanlage in Portoferraio (Aufnahme vor der Zerstörung im Zweiten Weltkrieg)

ELBA IM 19. UND 20. JAHRHUNDERT

Jahren 1943/44 zerstörten einen großen Teil der Wohnhäuser Portoferraios, die Eisenwerke, Hochöfen und die Zementfabrik. 1947 fiel die Entscheidung, daß die Hochöfen nicht mehr aufgebaut werden sollten. Damit verloren die Bewohner ihre wichtigste Einnahmequelle, doch aus der Insel, für die über fünf Jahrzehnte hinweg Hochöfen das Wahrzeichen waren, konnte sich bis heute eine der beliebtesten Ferieninseln des Mittelmeeres entwickeln. So hat sich die lokale Wirtschaft, die sich bis zum Zweiten Weltkrieg auf die Bergwerksindustrie stützte, einem vollkommen neuen Wirtschaftszweig, nämlich dem Fremdenverkehr und seinen damit verbundenen Branchen (Hotelgewerbe, Bauwirtschaft, Handel und Fährverkehr) zugewandt. Schon in den fünfziger Jahren hatten reichere Italiener und Ausländer ihren Urlaub in Marina di Campo oder Cavo verbracht, aber erst in den sechziger Jahren wurde die Basis für die Entwicklung des Massentourismus gelegt. Triebfeder dieser Entwicklung waren vorausschauende und dynamische Verfechter der Schönheiten dieser Insel und ihrer besonderen Eignung für den Fremdenverkehr. Besondere Verdienste hat sich seit 1952 die E.V.E. = ›Ente per la Valorizzazione dell'Isola d'Elba‹ (Amt zur Förderung der Insel Elba) erworben. Was den Reisenden immer wieder überrascht und erfreut, ist die Tatsache, daß die schönen Buchten und Landstriche nicht mit den sonst üblichen Hochbauten zerstört worden sind. Die meist niedrig gehaltene Architektur schmiegt sich wohltuend in das Landschaftsbild ein, und es bleibt zu wünschen, daß die Verantwortung gegenüber der Natur nicht zugunsten eines materiellen Profits eines Tages Schaden erleidet. Weitere Anregungen gaben die Einbeziehung Elbas in die Cassa del Mezzogiorno (eine Finanzierungskasse für unterstützungsberechtigte Räume), außerdem der Ausbau der Verbindungsstraßen, ein regelmäßiger Schiffsverkehr mit Autofähren von Piombino und Livorno aus (Farbt. 25), die Verbesserung der Wasserversorgung und hygienischer Anlagen u. v. m. Mittlerweile verfügt die Insel über etwa 200 Hotels und Pensionen und über eine größere Anzahl guter Campingplätze (vgl. S. 224f.).

In den siebziger Jahren nahm die Beliebtheit Elbas als Ferieninsel enorm zu. In zehn Jahren verdoppelte sich die Zahl der Übernachtungen von 1,2 Mill. (1972) auf 2,4 Mill. (1982) pro Jahr. Etwa 40 % der Übernachtungen entfielen auf ausländische Touristen – an der Spitze Deutsche. Heute liegt die Übernachtungsquote bei knapp 3 Mill. (ca. 1 500 000 in Hotels und Pensionen sowie ca. 1 400 000 in Privatquartieren und auf Campingplätzen).

Als weitere wichtige Erwerbsquelle der Elbaner folgt der Ackerbau, an dessen Spitze der Weinbau steht. Die größten zusammenhängenden Rebflächen erstrecken sich in den Schwemmlandebenen von Campo, Mola, Lacona und Portoferraio, doch die Elbaner Winzer rodeten auch die Macchienhänge und legten Wingerte unterhalb von Marciana Alta, bei Marciana Marina, Pomonte, Seccheto und Cavoli an (Farbt. 7, 14). Der Ertrag von ca. 120 000 hl pro Jahr geht bei weitem über den Eigenbedarf hinaus (vgl. S. 234f.).

Das übrige nicht dem Weinanbau dienende Ackerland wird gegenwärtig nur unzureichend genutzt, und die Erträge sind gering, ca. 2000 ha Oliven- und Obstkulturen, 1000 ha Getreide, vorwiegend Weizen, ca. 300 ha Gemüse (Bohnen, Tomaten, Kartoffeln). Mit zunehmendem Fremdenverkehr ist die Beschäftigung in der Landwirtschaft zurückgegangen, vor allem in den Gemeinden Portoferraio, Marciana Marina und Campo nell'Elba,

, 2 Felsburgen und Riesenhohlblöcke (Tafonibildung) aus Granit. L'Aquila am Nordhang des Monte Giove, Westelba (vgl. Farbt. 6)

3, 4 Steilküste bei Sant'Andrea. ›Wollsackblöcke‹ aus Granit mit herausgewitterten mehrere Zentimeter großen Alkalifeldspäten; Fremdgesteinseinschluß mit scharfem Kontakt zum Granit

Granitplatten am Südhang des Monte Capanne (Macinelle), im Hintergrund der Fosso dell'Inferno

Kleintafoni an den Granitklippen des alten Fischerhafens von Marciana Marina

7   Granitsteinbruch im Fosso di Vallebuia, nördlich Seccheto. Die Leitlinien der Verwitterung (Desquamation) erleichtern den Abbau

8, 9   Der gebrochene Granit wird an Ort und Stelle von Hand behauen

10 Sonntagnachmittag in San Piero in Campo

11 Kontaktmetamorphe Hüllengesteine. Aufschluß an der Straße zwischen Pomonte und Fetovaia; helle Aplitgänge

12 Oberflächenparallele Abschuppung im Granit. Aufschluß an der Straße 200 m westlich von Chiessi

13 Gebankte Radiolarite von Volterraio

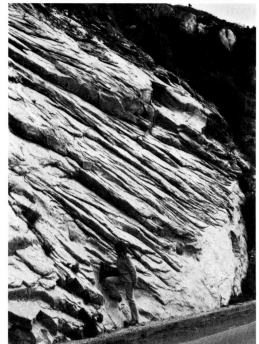

4 Ausbildung submariner Laven (Pillow-Laven) an der Punta della Crocetta östlich von Marciana Marina
5 Liegende Großfalte in den Flyschsedimenten Mittelelbas. Steilküste östlich von Marina di Campo

◁ 16 Golfo della Biodola (Aufnahme von 1968)

17–19 Archäologische Grabungen im Sommer 1979 am Monte Castiglione di San Martino. Fundamente und Mauern einer etruskischen Siedlung

20, 21 Die Ziegenhirten an den Südhängen des Monte Capanne (Macinelle) leben wie ihre steinzeitlichen Vorfahren in Hütten, die mörtellos aus flachen Steinen zu einer falschen Kuppel aufgeschichtet sind.

22–24   Keramik aus der Kupferzeit (Rinaldone-Kultur), 2000 v. Chr., Grotte San Giuseppe bei Rio Marina

22–26, 29, 30   Archäologisches Museum, Marciana Alta

25, 26   Schwarzer Teller mit Gravur (Zahlenwerte) und Salbölflasche; Grabbeigaben von Caubbio, 3. Jh. v. Chr.

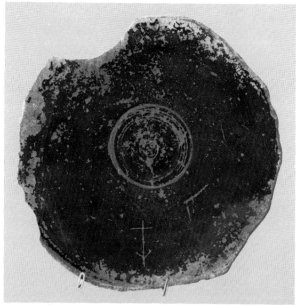

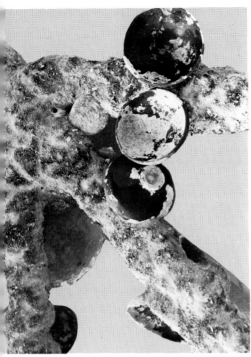

7   Anker und etruskische Trinkschalen, 3. Jh. v. Chr.

28 Römisches Schiff von Procchio, Detail des Hinterschiffs, 2. Jh. n. Chr. (Unterwasserfoto)

9   Massalia-Amphore aus der archaischen Epoche, 6. oder 5. Jh. v. Chr., Bucht von Barbarossa bei Porto Azzurro

30 Römische Amphoren von Chiessi und Naregno

31 Römischer Altar aus Monte-Capanne-Granit, gefunden bei Seccheto; Archäologisches Museum, Portoferraio

32 Villa romana delle Grotte, 2. Jh. n. Chr.; Mauern a Serpentinit und Kalkstein (vgl. Farbt. 4,5)

33 Unvollendete, über 8 Meter lange Granitsäule im Fosso di Vallebuia, von den Pisanern zurückgelassen (?)

4   Unvollendetes Wasserbecken ›La Nave‹ oberhalb von Cavoli
5   Schirmpinie östlich von Cavoli. Hier zweigt ein schmaler Fahrweg bergauf zum Wasserbecken ›La Nave‹ ab

36 Casa degli Appiani in Marciana Alta, 16. Jh.

außerdem ist die Jugend heute nicht mehr daran interessiert, die mühsame Arbeit ihrer Väter auszuüben und sucht sich eine leichtere Tätigkeit mit höherem Verdienst in der Industrie auf dem Festland.

Die Fischgründe des Toskanischen Archipels galten seit jeher als besonders ertragreich, weshalb die Fischerei bis heute ihre Bedeutung nicht verloren hat (Farbt. 22–24, Abb. 63). Nur der Thunfischfang, der früher bei Portoferraio, Enfola und Bagno verbreitet war, ist schließlich doch aufgegeben worden.

Wie zu Zeiten der Römer und Pisaner werden auch heute noch die ergiebigen Granit-Steinbrüche in der Nähe von Seccheto und Cavoli genutzt. Der gebrochene Granit wird an Ort und Stelle mit Hilfe von Preßluftbohrern und Keilen in einzelne Stücke zerlegt und durch die Scalpellini von Hand behauen, anschließend von Marina di Campo aus verschifft (Abb. 7–9).

Unter den kleineren Handwerksbetrieben sind zu erwähnen: die Lederverarbeitung, Holzverarbeitung, Fliesenherstellung, Bootsbau, Granitbearbeitung und die Schmuckindustrie, die vor allem die elbanischen Mineralien verarbeitet.

Im Jahr 1982 ging die mit Unterbrechungen zweieinhalb Jahrtausende dauernde Epoche des Eisenerzbergbaus auf Elba zu Ende. War man in den siebziger Jahren noch optimistisch, daß die neu entdeckten und erschlossenen Erzvorkommen unter dem Meeresspiegel (z. B. in Ginevro, vgl. S. 25) das Auskommen der Bergleute in Capoliveri, Porto Azzurro, Rio Marina, Rio nell' Elba und Cavo noch für längere Zeit garantieren könnten, so sah sich die Firma Italsider aufgrund der weltweiten Absatzkrise auf dem Stahlmarkt schließlich doch gezwungen, den Erzabbau auf Elba einzustellen. Die Bergleute wurden entlassen oder vorzeitig pensioniert, einige werden noch beim Abbau von Olivin (Mineral zur Herabsetzung der Schmelztemperatur) beschäftigt, andere zur Erhaltung und Wartung der bergbaulichen Anlagen bzw. zur Überwachung der Gruben. Es ist vorgesehen, die Landschaft der ehemaligen Tagebaue zu rekultivieren. Verschiedene Pläne werden z. Z. diskutiert: So denkt man beispielsweise an die Anlage eines Naturparks mit Fremdenverkehrseinrichtungen, Freilichtmuseum mit bergbautechnischen Objekten u. ä. In diesem Zusammenhang ist es zu begrüßen, daß es auch den Mineraliensammlern auf Elba wieder offiziell erlaubt ist, in dem aufgelassenen Tagebau von Rio Marina nach Pyrit und Hämatit zu klopfen – jene lobenswerte Attraktion für den Fremdenverkehr (Farbt. 46), die sich regen Zuspruchs erfreute, die aber nach einem Unfall für einige Jahre untersagt war.

Die Hauptstadt Portoferraio – Cosmopoli der Medici

»*Zur Rechten wird der Golf von einer Halbinsel umzogen, deren Isthmus sehr schmal ist, und auf dieser liegt in imposanter Haltung Stadt und Hafen Porto Ferrajo, das alte Argons und das spätere Cosmopolis, ein schönes Denkmal des glücklichen Cosmus I. aus dem Hause Medici, und das Gefängnis Napoleons.*
Ich betrat die Stadt mit dem Gefühl, in eine historische Idylle einzutreten. Die großen und ernsten Linien des schönen Golfs haben etwas Feierliches von majestätischer Ruhe, die Stadt auf der Halbinsel, so graziös toskanisch, so lieblich und so klein, hat alles von ländlicher Einsamkeit und weltabgeschiedenem Wohlbehagen.
Die Straßen sind zusammengedrängt, doch überschaulich; die kleinen Plätze und grünen Orangengärten, die sich frei und luftig den Berg hinaufziehen, laden zum Bleiben ein. Die ganze Stadt schimmert in einer hellen gelben Grundfarbe, welche zu dem frischen Grün der Bäume und dem tiefen Blau des Meeres heiter stimmt. Ein herrlicher Aufenthalt für entthronte Könige, ihre Memoiren zu schreiben!
Auch die Türme und Basteien dreier Forts, Stella, Falcone und Castell Inglese, sehen nicht düster aus. Zu ihren Füßen liegt der Hafen, ein sicherer und schöner Zirkel, mit guten Kais eingefaßt, ein Werk des Cosmus von Medici. Durch die Tromba, das prächtige Tor in der Mitte des Zirkels, tritt man in die Stadt, nachdem man mit Befriedigung die vielverheißende Inschrift gelesen hat:

Templa Moenia Domos
Arces Portum Cosmus Med. Florentinorum Dux II
A Fundamentis Erexit A. D. MDXLIII.

Alles hat demnach jener glückliche Cosmus hier erbaut, Tempel, Mauern, Häuser, Burgen und Hafen – und Napoleon zu bauen nichts übriggelassen als die Luftschlösser seines erneuten Kaiserreichs.
Das Schiff landet an der Treppe, von welcher er sich einst mit seinen Garden nach Frankreich einschiffte; eine Szene, die sich die Einbildungskraft sofort wiederherstellt, und wie oft, und wo nicht in aller Welt, haben wir jenes Gemälde betrachtet: Napoleons Einschiffung auf Elba. Aber das Auge blickt immer zu der zierlichen Stadt empor und sucht ihre einzige Merkwürdigkeit, die Wohnung des verbannten Kaisers.« Ferdinand Gregorovius, 1852[15]

Nur noch der Name ›Portoferraio‹ (= Eisenhafen) erinnert heute daran, daß hier bis in die jüngste Zeit Eisenerz verschifft, ja bis 1943 sogar in Hochöfen verhüttet wurde (vgl. Fig. S. 135). In der Mitte des 16. Jahrhunderts wurde Portoferraio von Cosimo I. de' Medici auf einem Gelände gegründet, das er den Appiani von Piombino abgekauft hatte. Er dachte sich seine Stadt, die er Cosmopoli nannte, als befestigten Hafen und Flottenstützpunkt der Ritter vom Stephansorden, deren Aufgabe es war, die Piraten im Mittelmeer zu bekämpfen. Vermutlich hat schon die erste namentlich bekannt gewordene griechische Siedlung Argoos an dieser Stelle gelegen, später das aus dieser Siedlung hervorgegangene römische Dorf Fabricia oder Ferricia (vgl. S. 61), die beide den geschützten Naturhafen nutzen konnten, so

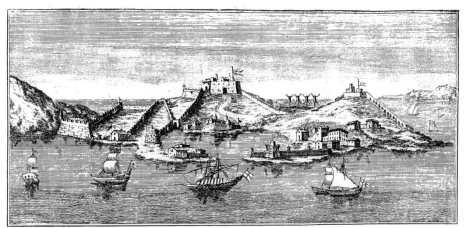

Cosmopoli um 1550. Nach Sebastiano Lambardi, 1791

daß sich dort ein wichtiges Handels- und Gewerbezentrum entwickeln konnte. Um die Stadt rasch zu bevölkern, gewährte Cosimo I. allen Asylrecht, auch wenig vertrauenerweckenden Elementen, die im übrigen von der immer sehr starken Garnison gut überwacht wurden.

Der erste Entwurf der Befestigungswerke von Cosmopoli stammt von dem Architekten Bellucci; später führte G. B. Camerini die Arbeiten fort und gestaltete die Stadt zu einem wahren Musterstück der militärischen Architektur im späten 16. Jahrhundert. Wiederholten Anstürmen der moslemischen Piraten konnte die Stadt schadlos widerstehen. Die weitere Geschichte ist gekennzeichnet von Belagerungen und Besetzungen durch Franzosen, Engländer, Neapolitaner aus der Zeit der spanischen Herrschaft bis zur französischen Eroberung im Jahre 1799 und der Ankunft Napoleons I. am 4. Mai 1814. In den Jahren 1943/44 wird das Industriegebiet Portoferraios, drei Hochöfen und eine Zementfabrik, bombardiert. Als 1947 die Entscheidung fällt, die zerstörte Industrie nicht wieder aufzubauen, ist der Weg frei zur Entwicklung der Ferieninsel Elba.

G. Battaglini ist der Herkunft und Entwicklung der Namensgebung für die Stadt nachgegangen und hat wirtschaftsgeographische Zusammenhänge deutlich gemacht. Aus dem mittelalterlichen Namen ›Ferraia‹ oder ›Ferrajo‹ entwickelte sich ›porto ferraio‹ – so unterschrieb Cosimo I. seine Briefe –, später mit großen Anfangsbuchstaben ›Porto Ferraio‹ bis zum heutigen ›Portoferraio‹. Der zweite Teil des Wortes ist also älter und wurde im Hinblick auf die Eisenerzvorkommen Ostelbas gebraucht. Warum aber wurde das Eisenerz nach Portoferraio transportiert, wo doch das Erzgebiet des Ostens dem Festland, auf dem der größte Teil des Erzes verarbeitet wurde (Baratti-Populonia), sehr viel näher lag? Bedenkt man allerdings die ungünstige Lage der Ostküste und ihre Küstenform (fehlende Buchten für die Segel-Ruderboote, starke Strömungen im Kanal von Piombino), so wird die Wahl

DIE HAUPTSTADT PORTOFERRAIO

Portoferraios als Verschiffungsplatz verständlich, hat dieser Ort doch einen einmalig geschützten Naturhafen. Battaglini bezieht in seine Überlegungen auch gleichzeitig die strategische und wirtschaftliche Bedeutung der Fluchtburg Volterraio (s. S. 107f.) ein. Bis heute kennt man noch nicht genau die Umstände, wann, von wem und weshalb sie gebaut wurde. Bei der Analyse des Gemäuers konnte man drei Bauphasen feststellen: zwei alte und eine neuere, die in das 17. Jahrhundert fällt; letztere ist auch im Archiv dokumentiert. Volterraio besaß anfangs nur einen Wach- und Beobachtungsturm, dem bei der Erweiterung zur Burg noch ein Mauerring angeschlossen wurde. Burg und Mauerring hatten bis in das 18. Jahrhundert große Bedeutung als Kontroll- und Sichtungsstätte von oben und zur Verteidigung der Stadt. Die Schlucht unterhalb der Burg war der Verbindungsweg zwischen der Erzzone von Riese und der flacheren windgeschützten Nordküste mit ihren vielen kleinen Buchten, von denen die größte der Golf von Portoferraio ist. Volterraio war auch Knotenpunkt vieler Maultierpfade, die das Erz hinunter in die Orte Magazzini (Stapelplatz), Ottone, Nisporto und Nisportino zur Verschiffung brachten.

Damit ist zwar die wirtschaftliche Bedeutung des Golfes von Portoferraio erklärt, nicht aber die der mittelalterlichen Stadt im Gebiet des alten Hafenbeckens von Portoferraio, Darsena. Battaglini nimmt deshalb an, daß das Eisenerz von den kleinen Orten in Booten nach dem wettersicheren Hafen Portoferraio gebracht wurde, um dort in größere Schiffe verladen zu werden, die für Populonia bestimmt waren. Möglicherweise wurde aber auch ein Teil des Eisenerzes in Portoferraio selbst verhüttet. Beweisen könnte diese Tatsache eine Zählung von 1574 aus dem Archiv der Medici, wo einige Häuser in Portoferraio genannt werden, die eine eigene Gießerei besaßen.

Portoferraio hatte aber ehemals noch einen anderen Namen, der sehr kultiviert und höfisch klingt: ›Cosmopoli‹, der sich allerdings nicht durchgesetzt hat. Cosimo I. de' Medici demonstrierte die besondere Funktion dieses Namens dadurch, daß er in seinen Briefen, in offiziellen Akten und Statuten immer den Namen ›porto ferraio‹ verwendete, dagegen ›Cosmopoli‹ für Propagandazwecke politischer Art und zur persönlichen Verherrlichung benutzte, wie man es z. B. auf dem Fresko von Vasari und auf Gedenkmünzen von der Gründung erkennen kann. Battaglini möchte aber den Namen noch tiefgründiger interpretiert wissen, da er seine Bedeutung für problematischer und reicher hält, als man bisher dachte. Cosmopoli wurde bisher immer nur übersetzt als Stadt des Cosimo. Diese Deutung soll nicht rückgängig gemacht werden, doch die Übereinstimmung mit dem griechischen ›Kosmos‹ ist eindrucksvoll. Historische Forschungen beweisen, daß sich Cosimo I., nachdem Kriege und Überfälle vorbei waren, einem neuen Kulturprogramm (›neolaurenziana‹) verpflichtete, in dem viel Wert auf bildende Künste sowie literarische und humanistische Studien gelegt wurde. In dieses Kulturprogramm wurde der Name ›Cosmopoli‹ als ›Stadt des Kosmos‹ (Stadt der Ordnung und Vernunft) eingefügt. Die Wertigkeit des griechischen Namens schließt aber nicht den lateinischen Namen ›Cosimus‹ ein. Somit finden wir hier die glückliche Koexistenz von zwei Wörtern mit zwei Bedeutungen, also ›Stadt des Cosimo‹ und ›Stadt der Vernunft, Ordnung und Harmonie‹ oder möglicherweise sogar die Mischform ›Stadt der Ordnung von Cosimo‹. Sicherlich stammt der bedeutungsvolle Name dieser Stadt (aus dem griechischen ›Kosmos‹) nach Battaglinis Meinung weder von Cosimo selbst, noch von den Architekten Camerini oder Bellucci, die keine griechische Bildung besaßen. Mit der Aufnahme der ›neo-laurenziana‹ gehörten dem Hofe der Medici wieder griechische und lateinische Humanisten an, wie z. B. Giambullari oder Varchi, welche diese Arbeit fortsetzten und die auch für die Entstehung dieses Namens in Frage kommen könnten.

Es gab nicht nur für Portoferraio, sondern auch für andere militärische Stadtanlagen die Verbindung mit dem Begriff ›Kosmos‹; es war die klassische Benennung besonders zwischen 1400 und 1500. Die militärische Stadt wurde als eine harmonische Verkleinerung des Universal-Kosmos angesehen, ungefähr wie die Auffassung vom neo-platonischen Menschen, der sich wie ein Mikro-Kosmos gibt. Der Mikro-Kosmos als harmonisches Konzept der Ordnung, die wiederum ihre Ordnung aus der universalen Ordnung der Natur bezieht, verbindet den Menschen und die Stadtfestung.

Portoferraio ist mit ca. 12 000 Einwohnern die Hauptstadt der Insel. So befinden sich hier auch die wichtigsten Verwaltungsgebäude: der Sitz eines Unterpräfekten, der der Präfektur von Livorno untersteht, das Fremdenverkehrsamt A. A. S. T. (ehemals Amt zur Förderung der Insel Elba E. V. E.), die Stadtverwaltung, das Hafen- und Zollamt und das Amtsgericht. Der windgeschützte Naturhafen ist einer der sichersten des Mittelmeeres; hier

Portoferraio mit Forte Stella, Lithographie 1861

DIE HAUPTSTADT PORTOFERRAIO

Portoferraio mit Altem Hafen, Lithographie 1861

ist das Endziel der Schiffahrtslinien, die Elba mit Piombino, Livorno und den Inseln des Toskanischen Archipels verbinden. Portoferraio ist außerdem Ausgangspunkt des Straßennetzes, das die Hauptstadt mit allen anderen Orten der Insel verbindet. Als Touristenzentrum verfügt die Stadt über mehrere Hotels, Pensionen, Restaurants, eine Badeanstalt, Tennisplätze und zwei Kiesstrände.

Auf einer felsigen Halbinsel, einem etwa 1,5 km westöstlich verlaufenden Sporn, der aus Graniten, Kalken, Radiolariten und basischen Gesteinen aufgebaut ist und damit der marinen Erosion mehr Widerstand entgegensetzen konnte als die leichter abtragbaren Flyschsedimente am Hals der Halbinsel, dehnt sich der Altstadtkern aus, auf dessen beiden höchsten Punkten die Festungen Falcone und Stella thronen. Die beiden Forts und auch der achteckige Torre del Martello, der auf dem flach auslaufenden Halbinselchen steht, welches im Südosten den Bogen des alten Hafenbeckens (Farbt. 44) abschließt, waren mit mächtigen Festungsmauern mit Wehrgängen verbunden. Obwohl die Anlage vom Verfall bedroht ist, ist sie in ihren wesentlichen Gebäuden noch gut erhalten (Farbt. 45). Ursprünglich lag der heutige Altstadtkern auf einer Insel, die durch einen Wassergraben abgetrennt war, der 1919 unterhalb der Befestigungsmauern aufgeschüttet wurde. Heute verläuft dort eine Straße über die Länge des Isthmus vom Hafen auf der einen bis zur Ghiaie-Bucht auf der anderen Seite. In Erinnerung an die ehemalige Zugbrücke, die als Übergang zwischen Altstadt und übriger Insel diente, wird das Gebiet von der Bevölkerung immer noch ›Ponticello‹ (= kleine Brücke) genannt.

Ganz wie zur damaligen Zeit stellen auch heute noch zwei Tore die Verbindung der Altstadt mit der Neustadt und den Vororten Portoferraios her. Gegenüber der Molo Mediceo im alten Hafenbecken öffnet sich die Porta a Mare für Fahrzeuge und Fußgänger (Abb. 51), während die Porta a Terra, ein Fußgängertunnel, unter der Befestigungsmauer angelegt ist.

Vor allem im Sommer ist die Altstadt Portoferraios ein beliebter Treffpunkt für Einheimische und Touristen. Dann herrscht auf den beiden Plätzen, der Piazza Cavour (früher: Piazza del Canto oder Piazza della Granguardia) und der Piazza della Repubblica (früher : Piazza d'Armi) ein reges städtisches Treiben. An Freitagen wird unter den schattenspendenden Platanen ein bunter Markt abgehalten, dem der Besucher von einer der umliegenden Trattorien zusehen sollte. Steigt man die Treppen und Gassen bergauf, wird es schnell ruhiger. Die Querstraßen ähneln Terrassen, die parallel zum Halbrund des Hafenbeckens verlaufen. Blumen in Töpfen beleben die sonst recht einheitlich wirkenden hohen Hausfassaden. An der Calata Mazzini, der besonders in den Morgen- und Abendstunden stark belebten Uferpromenade, locken in den Kellergewölben der meist viergeschossigen Häuser kleine Kunstgewerbeläden und Boutiquen, Trattorien und Restaurants den Fremden zum Verweilen. An der Hafenseite der Promenade liegen die Luxusjachten der High Society vertäut und ziehen bewundernde Blicke auf sich. Hier treffen sich die stolzen Freizeitkapitäne aus aller Herren Länder, begleitet von charmanten Reisegefährtinnen, außerdem Jungen und Mädchen zum Korso, aber auch Wanderer und Naturburschen, schließlich Familienväter mit großem Anhang und viele junge Paare. – Ganz anders verläuft das Leben in den Monaten außerhalb der Saison: viele Geschäfte, Restaurants und Hotels bleiben geschlossen, und der Reiz der Stadt, aber auch der gesamten Insel, liegt im ursprünglichen Lebensrhythmus der Inselbevölkerung.

Alle größeren Schiffe – Passagierschiffe, Autofähren und Frachtschiffe – laufen den modernen Hafen im Südwesten der Altstadt an. Auch die Fischereiflotte hat hier festgemacht; einige Schiffsneubauten liegen im Werfthafen auf der Helling. Im Hintergrund dehnt sich das moderne Portoferraio aus. Schiffahrts-Agenturen, Reisebüros, die Hafenverwaltung und das Fremdenverkehrsamt (A.A.S.T.), Wechselstuben und Banken, aber auch Grundstücksmakler sind in moderner Zweckarchitektur direkt gegenüber der Ankunftsmole der Fährschiffe an der Calata Italia untergebracht. Unter modernen Arkaden haben sich Cafés, Eisdielen, Bars und Andenkenläden etabliert. Fast stündlich wiederholt sich das gleiche Schauspiel: weiße oder weiß-blaue Fähren legen an, erwartungsvoll betreten die Fremden elbanischen Boden, während die sonnengebräunten Gäste auf ihre Einschiffung zum Festland warten (Farbt. 25).

DIE HAUPTSTADT PORTOFERRAIO

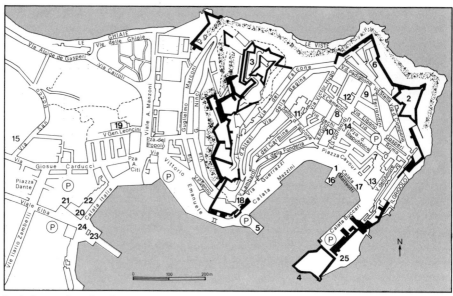

Stadtplan von Portoferraio

1 Porta a Mare (Abb. 51)
Gegenüber der Molo Mediceo, einziger Zugang zur Altstadt (1549). Über dem Torbogen Marmortafel mit Inschrift (vgl. S. 154); eine zweite lateinische Inschrift besagt, daß das Tor in seiner heutigen Form Ergebnis einer baulichen Veränderung ist; 1637 wurde unter Ferdinando II. de' Medici ein Vorbau angefügt.

2 Forte Stella (Farbt. 45, Abb. 50)
Sternenfeste. Erbaut 1548 unter Cosimo I. de' Medici nach Plänen des Architekten Camerini. Sehr schöne Aussicht von den kleinen Bastionen und Festungsmauern auf die Altstadt und den Hafen. In den Gebäuden innerhalb des Forts lebten zu Napoleons Zeiten die Grenadiere der kaiserlichen Garde; heute Privatwohnungen. Am Toreingang eine Marmortafel mit lateinischer Inschrift (Gründung von Cosmopoli, Gründer und Gründungsjahr 1548). Eine ehemalige Bronzebüste von Cosimo I. (hergestellt von Benvenuto Cellini, 1500–1571), wurde 1768 von Großherzog Peter Leopold I. (später deutscher Kaiser) bei seinem Elba-Besuch mit nach Florenz genommen (heute im Nationalmuseum des Barghello). In den Jahren 1783–1833 vorübergehend Gefängnis. An der Nordostecke der Festung ein Leuchtturm von Leopold I. mit Inschrift in lat. Sprache (»Peter Leopold, Erzherzog von Österreich und Großherzog von Toskana, auf das Heil der nach Portoferraio strebenden Seefahrer bedacht, ordnete an, daß ein Leuchtturm auf seine Kosten gebaut wurde, um den Hafen während der Nacht erkenntlich zu machen.«

3 Forte Falcone (Farbt. 45)
Falkenfeste, 79 m ü. N. N. Erbaut 1548 unter Cosimo I. durch die Architekten Bellucci und Camerini. Selbst nach 400 Jahren sind die Mauern noch sehr solide, aus feingeschnittenen Steinen mit einem sehr harten Mörtel miteinander verbunden. Heute ist im Fort die Militärmarine

untergebracht, deshalb für die Öffentlichkeit nicht zugänglich. Besichtigung der Wehrmauern und Gänge vom Hafen aus möglich.

4 Torre del Martello (Abb. 52)
Hammerturm; auch Torre di Passanante (benannt nach dem Mörder, der versucht hatte, König Umberto I. zu töten und deshalb einen Teil seiner Strafe hier verbüßte) oder Torre della Linguella (benannt nach der kleinen Landzunge). Oktogonaler, 5 m hoher festungsartiger Turm, 1548 unter Cosimo I. von den Architekten Bellucci und Camerini errichtet, mit der Funktion, die Hafeneinfahrt zu überwachen und zu verteidigen, war mit weiteren Befestigungsanlagen verbunden (östlich des Turmes z. T. noch sichtbar); 1757 unter Franz I. von Lothringen restauriert und in der Folgezeit als Gefängnis genutzt. Durch Bombenangriffe im 2. Weltkrieg stark beschädigt, in den letzten Jahren wieder nach dem alten Plan restauriert. Wanderausstellungen im Sommer.

5 Torre del Gallo (Abb. 52)
Rechtwinkliger 6,5 m hoher, gedrungen wirkender Turm aus dem Jahr 1733. Wiederaufgebaut 1934

6 Palazzo dei Mulini (Abb. 53–55, 58)
Stadtpalast von Napoleon I. (vgl. S. 122f.)
(Öffnungszeiten des Museums: 9–17 Uhr, sonntags 9–12.30 Uhr, montags geschlossen). Die Eintrittskarte gilt auch für den Besuch der Villa Napoleone di San Martino, allerdings nur am selben Tag (s. S. 176).
Nach der kleinen Eingangsvorhalle rechts die *Galerie*. In der Mitte auf einem runden Tisch eine kleine Skulptur ›Napoleon auf dem Pferd‹ aus der Zeit Napoleons III. Auf der rechten Wandseite die Reproduktion von Jacques Louis Davids populär gewordenem Gemälde ›Napoleon auf dem Pferd, beim Überqueren der Alpen am St. Bernhardspaß‹. Das folgende Zimmer ist das *Arbeitszimmer des Kaisers* (Gabinetto dell' Imperatore),

Leuchtturm von Forte Stella, Lithographie 1861

DIE HAUPTSTADT PORTOFERRAIO

altes Mobiliar, zwei alte Stiche von Portoferraio, auf einem gut sichtbar die alten Salinen (1814). Es folgt der *Salon des Kaisers* (Salone dell' Imperatore) (Abb. 55). Eine Tür führt in das dahinter liegende Schlafzimmer. Alte Vitrine, vergoldete Tische und Stühle. Ölgemälde ›Napoleon in Rußland‹ von dem polnischen Künstler Morgen; an der Fensterseite alter Stich mit der Geburt des Kindes von Napoleon und Marie-Louise. Anschließend das *Kammerdienerzimmer* (Camera dei Valetti). In einem Schrank altes englisches Porzellan; viele alte Stiche mit verschiedenen Sichten auf Portoferraio und von historischen Ereignissen; zeitgenössische Karikaturen; Briefe von Napoleon III. und Kaiserin Eugenie. Der nächste Raum ist die *Garderobe*, wo ehemals Napoleons Kleidung aufbewahrt wurde. In einer Vitrine Fotografien, Kupferstiche (Marschall Bertrand, General Cambronne, ein polnischer Offizier, Colonel Germanowski, der einer der drei alliierten Kommissare, die Napoleon nach Elba begleiteten, war, sowie ein Porträt von M. Pons de l'Herault, dem Manager der Eisenminen. An der Wand eine alte Flagge, von Napoleon für sein kleines Reich entworfen: weißes Feld mit diagonalem rotem Streifen, mit drei aufgestickten Bienen, die Städte Portoferraio, Rio Marina und Marciana Marina symbolisierend; alte Kupferstiche von Ankunft und Abfahrt Napoleons auf Elba. Eine Treppe führt hinauf in das Obergeschoß mit dem *Großen Saal*. Hier fand das gesellschaftliche Leben von Napoleons Schwester Pauline Borghese statt (vgl. S. 132f.); originale Deckenmalerei, Büsten von Pauline (evtl. von A. Canova) und Napoleon (Francesco Rude). Weiter im Erdgeschoß folgt ein *Vorzimmer* mit originalen Handschriften von Napoleon, Signaturen und alten Kupferstichen sowie einem alten Stadtplan von Portoferraio. Anschließend das *Schlafzimmer Napoleons* mit einem vergoldeten Bett mit Baldachin in der Mitte des Gemachs (Abb. 58). Interessant die anschließende *Bibliothek Napoleons* mit unterschiedlichsten Werken zur Medizin, Botanik, außerdem Erzählungen u. a. (vgl. S. 123).

»Ich versuchte, hinter seine geheimen Gedanken zu kommen, indem ich mich genauer in seiner Bibliothek umsah, in deren Regalen noch viele seiner Bücher von damals stehen. Aber ihre Vielfalt verwirrt. Man ist nicht überrascht, dort Bücher über Medizin und Botanik zu finden. Aber wozu eines über die Kunst, Baumwolle rot zu färben, eine Geschichte der Filibustier, eine umfangreiche Sammlung von Erzählungen: ›Le Cabinet des Fées‹ oder gar Marmontels ›Contes moraux‹ oder ›Le Plutarque des Jeunes Demoiselles‹. Man würde erwarten, dort den Werken Boccaccios zu begegnen und vielleicht ›Fêtes et Courtisanes de la Grèce‹, aber Youngs ›Nachtgedanken‹ in Französisch und den Werken Frances Burneys?

Napoleon äußerte einmal den Wunsch, englisch zu lernen, und Campbell gab ihm dazu eine englische Grammatik. Die meisten Seiten sind nicht aufgeschnitten. Andererseits verbrachte er offensichtlich eine ganze Menge Zeit mit dem Studium eines Buches in französisch auf einer Seite und englisch auf der anderen. Sein Titel? ›Die hundert Gedanken einer jungen Dame‹!«[16]

7 Dom

Der denkwürdigste Tag in der Geschichte dieses Domes war wohl der 4. Mai 1814, als Napoleon auf Elba eintraf und ihm zu Ehren das Tedeum gesungen wurde. Die bescheidene einschiffige Pfarrkirche wurde unter Cosimo I. erbaut und später mehrfach umgestaltet.

8 Chiesa del S. S. Sacramento

Auch als ›Kapelle der Weißen‹ bekannt. Die Einwohner von Portoferraio gehören einer der beiden Brüderschaften an, der ›weißen‹ oder der ›schwarzen‹. Sie erfüllen wohltätige Zwecke unter ihren Mitgliedern, vor allem aber eskortieren sie die Leichenbegräbnisse zum Friedhof. Die Renaissancekirche stammt aus der Zeit der Medici (1551) und wurde nach Zerstörungen im 2. Weltkrieg renoviert. In ihrem Innern viele Sakralgegenstände aus dem 13. und 14. Jahrhundert; marmorner Hochaltar; Deckengemälde aus dem

Chiesa della Misericordia, Portoferraio, Lithographie 1861

17. Jahrhundert von Giovanni Camillo Sacrestani: die in den Himmel aufgenommene Jungfrau erscheint dem heiligen Thomas.

9 Chiesa della Misericordia

Kirche der ›ehrwürdigen Barmherzigkeit‹. Die 1661 dem Barmherzigkeits-Verband durch Alexander VII. übergebenen Gebeine des Märtyrers Christinus werden seit der Entstehung dieser Kirche 1677 hier aufbewahrt. Sie ist unauffällig in die Häuserreihe der zur Villa dei Mulini hinaufführenden Treppengasse eingereiht. Zugang zur Kirche auch von der Via Fernandini; im Innern anmutige Marmorskulptur der Madonna mit dem Kind von Tino Camaino (1285–1337).

Gleich neben dem Haupteingangstor der Kirche ein weiterer Eingang, der zu Erinnerungsstücken an Napoleon führt, die z. T. dem Barmherzigkeits-Verband von dem russischen Fürsten Demidoff (vgl. S. 126) vermacht wurden: bronzener Abguß der Totenmaske des Kaisers (Abb. 56), die ihm von Doktor Antonmarchi auf seinem Sterbebett auf St. Helena abgenommen wurde; Nachbildung des im Invalidendom in Paris ausgestellten Sarkophags; Bronzehand Napoleons, eine Nachbildung des im Musée de l'Armée in Paris aufbewahrten Abgusses (Abb. 57), eine Napoleon-Statue aus Bronze, ein Banner u. a. Demidoff hinterließ dem Barmherzigkeits-Verband eine Stiftung, damit seit 1852 alljährlich am 5. Mai, am Todestag Napoleons, eine Seelenmesse für ihn abgehalten wird.

10 Municipio

Palazzo Municipale, Gemeindepalast. Im Patio eine Tafel, die daran erinnert, daß Victor Hugo, der französische Novellist und Poet, als Kind hier gespielt hat, als sein Vater, Major Hugo, als Gouverneur nach der Annexion der Insel durch die Franzosen hierher geschickt wurde. Der Palast

DIE HAUPTSTADT PORTOFERRAIO

beherbergt u. a. die Gemeindebibliothek ›Foresiana‹, die aus dem Nachlaß des elbanischen Gelehrten, Humanisten und Sprachwissenschaftlers Mario Foresi stammt: ca. 27 000 Bände. Die Bibliothek ist geöffnet von 9–12 Uhr, im Sommer auch nachmittags an drei Tagen (mo., mi., fr.) von 17–20 Uhr.

11 Teatro dei Vigilanti (vgl. S. 133)
Das Theater mit 400 Sitzplätzen im ehemaligen Karmeliterkloster wird augenblicklich restauriert. Demnächst sollen hier wieder Veranstaltungen stattfinden.

12 Kirche San Salvatore, Franziskanerkirche
Im 2. Weltkrieg zerstört, z. Z. wieder aufgebaut, in Zukunft als Kulturzentrum vorgesehen. Der erste Bauabschnitt ist für die Pinakothek ›Foresiana‹ (über 500 Gemälde und Skulpturen) vorgesehen. Hier sollen auch die Kunstwerke aus dem Demidoff-Palast ausgestellt werden (vgl. S. 127). Im 2. Stock des Gebäudes wird später die neue Bibliothek untergebracht.

13 Galeazze – Markthalle
Das von den toskanischen Großherzögen erbaute Marinearsenal, Stapelhaus für die Galeeren der toskanischen Flotte, die ihren Stützpunkt auf Elba hatte. Heute in einen überdachten Markt umgewandelt.

14 Postamt

15 Krankenhaus

16 Molo Mediceo

17 Autobus-Station

18 Porta a Terra

19 Telefonamt

20 A. A. S. T. (Fremdenverkehrsamt)
Azienda Autonoma di Cura Soggiorno e Turismo dell' Isola d'Elba (ex E. V. E.)

21 Autobus-Büro

22 Schiffahrtsagenturen

23 Autofähre (Farbt. 25)

24 Taxi

25 Salzmagazin
In dem restaurierten Gebäude wurde 1988 das neue *Archäologische Museum* von Portoferraio eingerichtet. (Öffnungszeiten: 9.30–12.30 und 16–19 Uhr, mittwochs und sonntags geschlossen. ⌀ 91 73 88.)

Routenvorschläge mit Ortsbeschreibungen und Sehenswürdigkeiten

Route Westelba I

Marina di Campo – Cavoli – Seccheto – (Vallebuia) – Fetovia – Pomonte – Chiessi – (Sant' Andrea) – Marciana Alta – Marciana Marina – Procchio (41,3 km, ohne Abstecher)

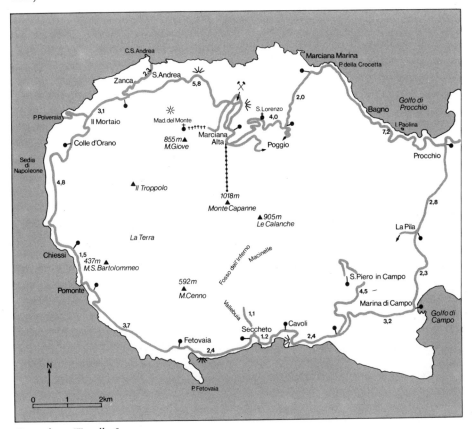

Routenkarte Westelba I

ROUTE WESTELBA I

Besondere Sehenswürdigkeiten:
Monte Capanne (1018 m), Granitmassiv mit Felsburgen und Riesenhohlblöcken, Bergwanderungen, Granitabbau, Sandbuchten und Felsstrände, Küstenstraße mit schönen Ausblicken, Weinanbau und Weinkellereien, Archäologisches Museum in Marciana Alta, Bergdörfer und Fischerhäfen

Abbildungen:
Farbt. 6, 12, 14, 16, 19, 20, 22, 26, 27, 41, 42, Umschlagrückseite; Abb. 1–9, 11, 12, 14, 20, 21, 22–26, 29, 30, 33–36, 43, 44, 46, 47, 49, 63

Von **Marina di Campo** (vgl. S. 178f.) in Richtung Seccheto. Nach 3,2 km an der Abzweigung nach San Piero in Campo Stapelplatz für behauenen Monte-Capanne-Granit; rechts oben an den Gebirgshängen glatte Granitflächen mit Abschuppung, darüber Macchia, Opuntien; Weinanbau auf Terrassen. Nach 400 m an der rechten Straßenseite Serpentinit aufgeschlossen. Küste fällt steil zum Meer ab. Nach 1,1 km schöne Aussicht

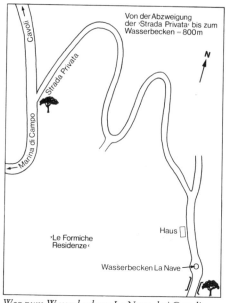

Weg zum Wasserbecken ›La Nave‹ bei Cavoli

auf **Cavoli** mit seiner zum Baden gut geeigneten Sandbucht; die lange Reihe parkender Autos ist ein Zeichen wachsender Beliebtheit dieses Örtchens. (In der Nähe von

›Blaue Grotte‹ bei Cavoli

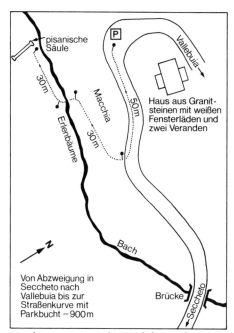

Wegskizze zur pisanischen Säule bei Seccheto

Cavoli befindet sich die ›Blaue Grotte‹). Nach 400 m rechts eine große einzelne Schirmpinie (Abb. 35). Hier zweigt ein schmaler befahrbarer Weg zu dem von den Pisanern zurückgelassenen, unvollendeten Wasserbecken ›La Nave‹ (1 m hoch, 2 m Durchmesser) ab (Abb. 34) (s. Fig. S. 166).

500 m weiter links Abfahrt zum Strand von Cavoli. Zwischen Cavoli und Seccheto sehr schöne Ginsterbestände. Nach 1,2 km **Seccheto** (Abb. 64), Zentrum des über 2000 Jahre alten Granitabbaus (S. 29, 153), Eukalyptusbäume, Palmen, Weingärten. In der Ortsmitte Abzweigung nach Vallebuia.

※

Abstecher nach Vallebuia 1,1 km
Im Fosso di Vallebuia zahlreiche Granitbrüche (Abb. 7–9) und eine unvollendete, über 8 m lange Granitsäule, die vermutlich von den Pisanern zurückgelassen wurde (Abb. 33) (s. Wegskizze).

Vallebuia ist Ausgangspunkt für Bergwanderungen zu den Südhängen (Macinelle mit Desquamation, vgl. S. 28 f.) und Gipfeln von Monte Capanne und Le Calanche. Erkundigungen beim Besitzer der Pension ›Locanda dell' Amicizia‹.

Dieser freundliche Mann, der die Hilfsbereitschaft der Elbaner in liebenswürdiger Weise verkörpert, wußte nichts von unseren Erkundigungen und Aufgaben auf Elba. Nach eigenen vergeblichen Versuchen, die Macchia oberhalb von Vallebuia zu durchdringen, bot er sich uns für mehrere Stunden als Führer an, fuhr uns zunächst mit seinem Geländewagen ein Stück bergauf und übernahm dann die Führung quer durch verlassene Weingärten und abgebrannte Baumheidemacchia. Er erzählte von seinen Vorfahren, die von der Landwirtschaft gelebt hatten, Kartoffeln, Getreide und Gemüse angebaut, Weingärten gepflegt und eine Ziegenherde besessen hatten. Er hatte noch erlebt, wie die Bauern von Marciana frühmorgens über den Kamm des Monte Capanne wandern mußten, um ihre Weingärten am Südhang oberhalb von Vallebuia aufzusuchen. Mitunter war auch eine Frau mit ihrem Säugling dabei, den sie im Gebirge in der Obhut einer Mutterziege zurückließ. Diese stillte den Säugling bereitwillig, sobald er mit seinem Schreien danach verlangte, und so konnten die Eltern unterhalb in Ruhe ihrer Arbeit nachgehen. Auch von giftigen Vipern in der Macchia wußte er zu erzählen, vor allem von einem Erlebnis, das er als Kind hatte, als ihn ein solches Tier in den nackten Fuß gebissen hatte. Der Vater hatte sogleich die Bißwunde mit dem Messer herausgeschnitten und den Sohn auf einem beschwerlichen Hirtenpfad nach San Piero getragen, wo ein Arzt wohnte. Dieses Erlebnis muß ihn sehr mitgenommen haben; wir beobachteten ihn, wie er mit einem langen Stock den Weg durch das Gestrüpp abklopfte, und obwohl im April die Schlangen noch in Schlupflöchern verkrochen ihren Winterschlaf halten, folgten wir seinem Beispiel. Das Gespräch kam auch auf seinen 78 Jahre alten Onkel, der noch ein rechter Bauer ist, sich täglich abrackern muß und doch zu nichts kommt. Dieser lebt mit seiner Frau in Pomonte in einem kleinen Häuschen, das nur aus einem einzigen Raum besteht. Dieser ist Wohn- und Schlafraum zugleich, spartanisch eingerichtet mit einem Bett, einer Waschschüssel, denn fließendes Wasser gibt es nicht, und nur ein Vorhang trennt diesen Teil von seiner Winzerei mit den zwei großen Weinfässern, und der Geruch von Rebensaft erfüllt ständig den gesamten kleinen Raum. Wie dieser Onkel und sein Vater und Großvater möchte unser Begleiter nicht mehr leben. Er besitzt noch seine Weingärten, aber die liegen zum größten Teil brach; er betreibt keine Landwirtschaft mehr, statt dessen hat er auf seinen Ländereien ein Gasthaus und Appartements gebaut. Hier sorgt er jetzt für seine Gäste vom Frühjahr bis zum Herbst. Nach einigen waghalsigen Kletterpartien erreichten wir endlich die großen Granitplatten von Macinelle, hoch über der Höllenschlucht (Fosso dell' Inferno) (Abb. 5). Die große Überraschung in dieser archaischen Landschaft sind die Hütten der Ziegenhirten, die aus granitenen Steinplatten ohne Mörtel in Form eines falschen Gewölbes aufgeschichtet sind (Abb. 20, 21). Hier übernachten die Hirten in der Sommerzeit und schützen sich vor Unwettern. Dicht daneben finden die Hirtenhunde ihren Unterschlupf unter locker aufgestellten Steinplatten, während die Ziegen in einem kreisrunden Steingehege zusammengetrieben und gemolken werden. Die Konstruktion der Steinhütten und die Wirtschaftsweise der Hirten gehen viele Jahrtausende zurück.

*

Hinter Seccheto ist die Macchia zur Garigue degradiert. Nach 2 km schöne Aussicht auf die Bucht von **Fetovaia** (Farbt. 42), flacher Sandstrand, natürlicher Hafen für ankernde Jachten, Paradies für Unterwasserjäger. Die Halbinsel Fetovaia besteht aus Gabbro mit Basaltgängen. Zwischen Fetovaia und Pomonte ist eine Serie von kontaktmetamorphen Hüllengesteinen des Granit-Plutons sehr gut aufgeschlossen (Amphibolithe und Peridotite, Kalksilikatfelse, Marmore, Quarzite, Kalke), erkenntlich an der Schieferung (Abb. 11). Bei guter Sicht am Horizont die Inseln Montecristo, Pianosa und Korsika. Nach 4,1 km **Pomonte,** gegründet von den Römern (Post Montem), 1533 von den Türken unter Barbarossa zerstört. Unter- und oberhalb terrassenartig angelegte Weingärten; Berge oberhalb mit glatten Abschuppungen. Vor der Kirche eine moderne säulenartige Granitskulptur.

Wanderung über Madonna del Monte nach Marciana (vgl. S. 207)

Nach 1,5 km **Chiessi,** kleines Örtchen auf Granituntergrund, umgeben von schroff abfallenden Gebirgsmassiven; Weingärten, Feigen- und Mandelbäume. Vor einigen Jahren entdeckte man in 50 m Meerestiefe Amphoren und Tonkrüge eines römischen

Lastschiffes (1. Jh. v. Chr.), die Wein und Überreste von Lebensmitteln enthielten (Farbt. 43). Ideales Gewässer für Unterwassersport. Landeinwärts, etwa 1 km im Fosso della Gneccarina bronzezeitlicher Fund von Streitäxten (heute im Archäologischen Museum von Marciana Alta). Etruskische Funde im Fosso dell' Infernetto. Zwischen Chiessi und Colle d'Orano die Punta Nera, der westlichste Punkt Elbas, und der ›Napoleon-Stuhl‹ (Sedia di Napoleone), ein Felsen, von dem der verbannte Kaiser angeblich sehnsuchtsvoll zur Insel Korsika geblickt haben soll, sicher eine Legende, die der italienischen Sentimentalität zuzuschreiben ist.

Nach 4,8 km **Colle d'Orano** mit den zugehörigen Weilern Il Mortaio und La Guardia, 6,6 km. Von hier führt eine steile Straße zum Leuchtturm von Punta Polveraia mit kleinem Strand Patresi Mare. Nach 1,3 km Abzweigung links nach Zanca und Sant' Andrea.

*

Abstecher nach Sant' Andrea
Auf kurvenreicher Straße abwärts bis Sant' Andrea (2,3 km) (Farbt. 14). Viele Ferienhäuser, ideal für Unterwassersport. Der Ort Capo Sant' Andrea wurde durch Kapitän Hugo, den Vater des großen Dichters Victor Hugo, bekannt, als dieser 1802 mit einer einzigen Kanone mit zwei gut gezielten Ladungen ein großes Piratenschiff in die Flucht schlug (vgl. S. 163). Vorbei an Tamariskenbäumen, Restaurants und einer kleinen Hafenmole zum Felsstrand (Wollsackverwitterung, Abb. 3, Monte-Capanne-Granit mit großen Feldspäten, vgl. S. 19 und runden Gesteinseinschlüssen, vgl. S. 19 f., Abb. 4, Kleintafoni-Bildungen). Zurück steil bergan bis zur Abzweigung nach Marciana.

*

Etwa nach 1,5 km Beginn der Edelkastanienwälder in Tallagen, die Berghänge hinaufreichend; unterhalb der Straße terrassierte Weingärten (Farbt. 14). 4,7 km nach der Abzweigung Sant' Andrea in einer Rechtskurve großer Steinbruch mit weißem Aplit, der für keramische Zwecke abgebaut wird (vgl. S. 19). Großartige Aussicht auf Poggio (Farbt. 34) und Marciana Alta mit dem Monte Capanne (Farbt. 16). 1,1 km bis **Marciana Alta**, Bergnest in 375 m Höhe, 2148 Einwohner (zur Gemeinde gehören noch die Ortschaften Poggio, Procchio, Pomonte, Chiessi, Sant' Andrea, Patresi), der älteste Ort der Insel, schon in prähistorischer Zeit bewohnt. Herrliche Aussicht auf Teile der Insel, auf Capraia, Gorgona und Korsika vom Punkt Belvedere. *Fortezza Pisana* (Abb. 46) am oberen Ortsrand (Zufahrt mit dem Auto möglich, Parkplatz für Wanderungen zum Santuario della Madonna del Monte). Die Fluchtburg, erbaut gegen die Sarazenen, ist heute verfallen, diente als Steinbruch. Außenmauern aus Quadersteinen ohne Mörtel (vgl. S. 113). *Archäologisches Museum* (Museo Archeologico) (Öffnungszeiten: 9–12 Uhr, vom 1.6.–30.9. auch 16–19 Uhr); wertvolle Sammlung aus der prähistorischen und der antiken Vergangenheit: Saal 1 und 2: Prähistorie; Saal 3: Funde der Etrusker; Saal 4: Römische Zeit (Abb. 22–26, 29, 30). Empfehlenswert sind Spaziergänge durch die Gassen; Balkons, Stuckarbeiten, Rundbögen und Wandmalereien im Innern der Häuser zeugen von einer wohlhabenden Vergangenheit (Farbt. 19, 20). Marciana soll schon 35 v. Chr. von einem gewissen Marcius als römische Kolonie gegründet worden sein. Im 12. Jahrhundert befestigten die Pisaner die Stadt und bauten das Kastell. Im 13. Jahrhundert wurden eigene Münzen geprägt. Nach dem Fall der Republik Pisa übernahm die Familie Appiani die Herrschaft (vgl. S. 114) und machte Marciana zur Residenz. Das Wohnhaus der Appiani (Casa degli Appiani, Abb. 36) aus dem 16. Jahrhundert ist dem Besucher nicht zugänglich. Die Bevölkerung lebt vor allem von der Landwirtschaft (Weinbau).

Wanderung zum Gipfel des Monte Capanne (vgl. S. 207)

Wanderung zur Wallfahrtskirche Madonna del Monte (vgl. S. 127, 130 f., 208)

Wanderung über Madonna del Monte nach Chiessi oder Pomonte (vgl. S. 208)

Von Marciana Alta in Richtung Poggio. Kurz vor der Abzweigung Marciana Marina bzw. Poggio oberhalb der Straße ein von Edelkastanien umgebener Parkplatz; Talstation der zum Gipfel des **Monte Capanne** führenden Seilbahn ›Cabinova‹ (Höhenunterschied 660 m), Körbe für 3–4 stehende Personen, einfache Fahrtdauer: 20 min., in Betrieb vom 1.5.–30.9. (10–12 und 14.30–18 Uhr). Oberhalb der Baumgrenze spärliche Vegetation; Granitverwitterung mit großen hangabwärts rutschenden Granitplatten und Felsburgen (vgl. S. 27 f.). Vom Gipfel großartiger Panoramablick über die ganze Insel, zu den kleinen Inseln des Archipels und zur toskanischen Festlandküste; beste Sicht am frühen Vormittag oder späten Nachmittag. Empfehlenswert ist die Auffahrt zum Gipfel mit der Seilbahn und der Abstieg zu Fuß nach Poggio (vgl. S. 172).

Von Marciana Alta in Richtung Poggio, nach 0,8 km Abzweigung nach Marciana Marina, hinunter in das von Quartärsedimenten aufgefüllte Tal; zunächst auf kurvenreicher Straße durch Kastanienwälder; nach ca. 2 km links ein Fußpfad (schlechte Parkmöglichkeit) zur pisanischen Kirchenruine San Lorenzo (Abb. 43, 44) (Beschreibung S. 113). Weiter bis zur Abzweigung (rechts nach Poggio), links hinunter nach Marciana Marina. Nach enger Linkskurve eine Weinbrennerei, ›Degustazione Gratuita‹ (hier kann man den Weinschnaps ›Grappa del Elba‹ probieren und kaufen). Rechts und links der Straße Weingärten, häufig in Form von ›Cultura mista‹.

Nach knapp 2 km **Marciana Marina,** Ort am gleichnamigen Golf. Die etwa 700 m lange Uferpromenade beginnt im Osten mit der malerischen Fischersiedlung Cotone, deren Häuser, mit Außenstiegen versehen, stufenweise auf den ins Meer vorspringenden Felsen angeordnet sind; schöne Kleintafoni an den Granitklippen (Abb. 6); von den Felsen herrliche Aussicht auf den Ort vor dem Hintergrund des Monte Capanne und Monte Giove mit ihren waldbedeckten Rücken und den eingebetteten Ortschaften Marciana Alta und Poggio. Nach Westen schließt ein Kieselstrand an, der von Ulmen, Oleander und Tamarisken parkähnlich begrenzt wird. Anschließend der durch eine Mole befestigte Hafen mit Jachten und der Fischereiflotte (Abb. 63). Wahrzeichen des Ortes ist der Torre Pisana, den die Pisaner im 12. Jahrhundert gegen die Einfälle der Sarazenen errichten ließen (Farbt. 26, 41, Abb. 47). Hier wohnte während der Sommermo-

Marciana Marina mit Fischerhafenviertel Cotone

nate der elbanische Schriftsteller Raffaelo Brignetti. Porphyrischer Mittelelbagranit im Hafen mit Klüftung des Gesteins und Kleintafoni-Bildung (vgl. S. 31).

Der Ort ist verhältnismäßig jung, da er erst nach Abklingen der Sarazenenüberfälle gebaut wurde. In der Vergangenheit war er Hafen für Marciana Alta; auf der Werft wurden Schiffe mit dem Holz der nahen Kastanienwälder gebaut oder repariert. Heute ist die Fischerei, vor allem der Anchovis- und Sardinenfang, sehr ergiebig, außerdem der Weinbau (Aleatico, Moscato), Probierkeller am Ort. Insgesamt ein angenehmer Ausflugsort mit Trattorien, Boutiquen, Cafés, Weinkellern.

0,7 km hinter Marciana Marina links die Punta della Crocetta. Hier ist die ursprüngliche Pillow-Ausbildung der basischen Laven noch gut erhalten (Abb. 14). Bis Bagno thermometamorph überprägte basische Gesteine, anschließend Cornubianitgesteine und Marmore. Nach 7,2 km **Procchio** (vgl. S. 178).

Route Westelba II

Poggio – Marciana Alta – Monte Perone – (San Piero in Campo) – Sant'Ilario in Campo – La Pila (23,5 km)

Besondere Sehenswürdigkeiten:
Besteigung des Monte Capanne, alte Bergdörfer, Panoramastraße, romanisch-pisanische Kirchen, Bergwanderungen und botanische Erkundungen

Abbildungen:
Farbt. 9, 10, 28, 30, 34, 35, 37; Abb. 10, 37, 40–42, 45

Poggio (Farbt. 34), malerisches Bergdorf, terrassenartig angelegt, ähnelt mit seinen verwinkelten Gäßchen Marciana Alta, unterscheidet sich aber vor allem durch seine Atmosphäre: die Bevölkerung ist zugänglicher, mehrere Restaurants; schöne Aussicht zum Meer. In der Umgebung Wein- und Obstgärten, jahrhundertealte Kastanien- und Steineichenwälder.

Wanderung zum Gipfel des Monte Capanne (vgl. S. 207)

Wanderung zur Einsiedelei San Cerbone (vgl. S. 208)

Wanderung zum Monte Perone und nach Sant'Ilario (vgl. S. 207)

In der Nähe die bedeutendste Mineralquelle Elbas, die ›Fonte Napoleone‹. Das Sickerwasser hat auf seinem Weg durch den Granit Bestandteile des Gesteins gelöst. Die Quelle hat eine Mindestschüttung von 35 l/min im Sommer und eine Höchstschüttung von 230 l/min im Winter. Das Wasser wird in Flaschen abgefüllt und kommt als ›Acqua Minerale Naturale Antiurica‹ in den Handel. Mit Kohlensäure versetzt ist es ›Acqua Minerale Antiurica‹. 3 km westlich von Poggio das Bergdorf **Marciana Alta** (S. 169 f.).

Von Poggio bis zur Abzweigung nach Marciana Marina. Rechts führt eine schmale, aber gut ausgebaute Straße zunächst durch Kastanienwälder und Kiefernwälder, im Unterholz viel Farnkraut (Farbt. 37). Etwas höher Mimosen, im Frühjahr gelb blühend (Farbt. 76), an den Wegrändern immer wieder Zittergras, Samtgras, Zistrosen und verborgene Orchideen. Schöne Spaziergänge durch die Wälder. Während die Fahrt zunächst über Monte-Capanne-Granit verläuft, geht es später über metamorphisierte basische Gesteine. Nach ca. 4 km erreicht die Straße ihren höchsten Punkt (Parkplatz und Bänke zum Picknick). Links führt ein kurzer Weg zum 630 m hohen Monte Perone. Großartiger Panoramablick auf Mittelelba mit seinen Golfen von Procchio und Biodola, zur Halbinsel Enfola, auf Ostelba und die toskanische Küste (Farbt. 9) sowie auf die Ebene und den Golf von Marina di Campo mit den auf Bergspornen sitzenden Örtchen Sant' Ilario und San Piero (Farbt. 10). Vorbei an Kiefernaufforstungen (Farbt. 30) (Schwarzkiefern, Schirmpinien) geht es in Kurven abwärts mit schönen Ausblicken, am Fuße des schroffen Calanche (906 m). Nach 3,5 km rechts der Straße, versteckt unter Bäumen die Ruine

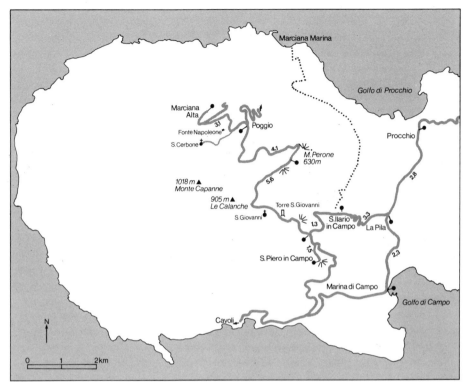

Routenkarte Westelba II

der pisanischen Kirche San Giovanni (Farbt. 28, Abb. 45) (Beschreibung siehe S. 109f.).

500 m weiter erhebt sich links der Straße auf einem riesigen Granitblock (Abschuppungen) der Torre di San Giovanni (302 m) (Abb. 37). Der Turm hat einen quadratischen Grundriß, auf seiner Nordseite ein Eingangstor, darüber ein kleines Fenster. Wegen seiner geringen Größe wird er kaum als Fluchtburg gedient haben; die Pisaner bauten ihn wohl als militärische Anlage im 11. oder 12. Jh. zur Sicherung eines strategisch wichtigen Übergangs. Für Pflanzenliebhaber ist die Macchia interessant: weiße Zistrosen mit Zistrosenschmarotzer (Farbt. 68), Gräser, Orchideen (Farbt. 80), Stechginster (Farbt. 63) (Blütezeit im Frühjahr). Schöne Aussicht auf das Bergnest Sant' Ilario (Farbt. 35). An der Abzweigung rechts nach San Piero (1,5 km).

*

Abstecher nach San Piero in Campo

Romantisches Bergdorf. Man vermutet hier eine römische Kolonie zur Zeit Octavians, der 27 v. Chr. zum Kaiser Augustus ernannt wurde. Sehenswert die Kirche dei Santi Pie-

Poggio, Bergdorf in Westelba

tro e Paolo (auch San Nicolò genannt) (Abb. 40–42) (Beschreibung S. 111 f.). Hinter der Kirche die pinienbestandene Piazza Belvedere mit Ausblick auf Marina di Campo und seinen Golf. Ursprüngliches Leben der Bevölkerung (Abb. 10). Der Ort war früher wegen seiner ausgezeichneten Mineralien bekannt. Südlich von San Piero, an der Straße nach Marina di Campo, ein größerer Granitbruch, unterhalb ein aufgelasener Bruch, in dem früher Magnesit abgebaut wurde.

*

Zurück bis zur Abzweigung zum Monte Perone, rechts 0,9 km weiter zum Bergdorf **Sant' Ilario in Campo**, vermutlich eine langobardische Gründung aus dem 6. Jh. von Pisanern oder den Appiani befestigt, 1553 vollständig vom Korsaren Dragut zerstört, im 18. Jh. wurden die Befestigungsanlagen von dem spanischen Gouverneur von Porto Longone zerstört. Keilförmiger Grundriß, am Ende die Kirche. Winklige Gassen mit freundlichen, blumengeschmückten Häusern. (Berühmt sind die Karfreitagsprozessionen, die frühmorgens von San Piero und Sant' Ilario ausgehen.)

Wanderung zum Monte Perone und nach Poggio oder nach Marciana Alta (vgl. S. 207)

Wanderung nach Marciana Marina (vgl. S. 208)

3,3 km bergab in die fruchtbare Ebene von Campo nell' Elba nach **La Pila.**

Route Mittelelba

Portoferraio – (Enfola) – (Villa San Martino) – (Biodola) – Procchio – Marina di Campo – Lacona – Portoferraio (38,4 km, ohne Abstecher)

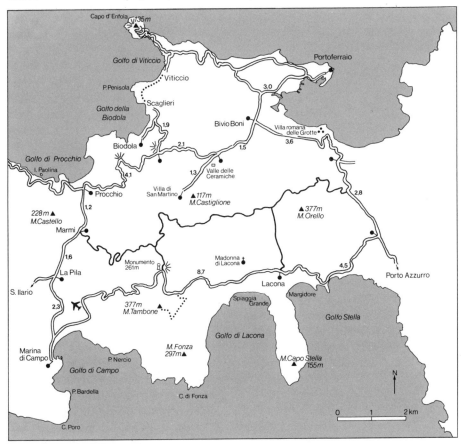

Routenkarte Mittelelba

Besondere Sehenswürdigkeiten:
Lieblicher Landschaftsteil mit den größten und schönsten Sandbuchten Elbas, Erkundungen in der Macchia, etruskische Höhensiedlungen, römisches Landhaus, Napoleons Sommerresidenz, Freilichtmuseum Valle delle Ceramiche von Italo Bolano

Abbildungen:
Umschlagvorderseite, Farbt. 4, 5, 9–13, 15, 24, 27, 32, 33, 36, 45; Abb. 15–19, 32, 59–62, 67, 68

Portoferraio (Beschreibung siehe Seite 154 ff.)

ROUTE MITTELELBA

Abstecher nach Enfola

Von Portoferraio entweder Piazza del Ponticello – Viale A. Manzoni – vor dem Stadtpark links in die Via Cairoli – Viale Alcide de Gasperi oder Fährhafen – Hauptstraße in Richtung Bivio Boni – rechts abbiegen bis Monte Bello. Kurvenreiche Stichstraße in westlicher Richtung, hoch über der Steilküste. Nach ca. 3 km Straßengabelung. Links zum kleinen Fischerort Viticcio am gleichnamigen Golf (von hier aus Wanderung auf schmalem Pfad durch die Macchia zur Punta Penisola, nach Forno, Scaglieri und Biodola entlang der Küste mit schönen Ausblicken). Rechts auf kehrenreicher Straße hinunter zum Isthmus von Enfola. Der berühmte Thunfischfang am Isthmus wurde Mitte der fünfziger Jahre wegen zu kleiner Fangmengen eingestellt. Bereits in römischer Epoche wurde hier Thunfischfang betrieben (Strabo weiß davon zu berichten). Das verfallene Gebäude für die Fischverarbeitung wird z. Z. restauriert. Der kegelförmige 135 m hohe Monte Enfola besteht aus porphyrischem Mittelelbagranit; ein Fußweg führt durch die Macchia zum Gipfel (Ginster, Lavendel, Myrte, Zistrosen, Orchideen u.a. (Farbt. 79). Großartige Aussicht auf die Nordküste Elbas (Sonnenuntergänge!)

*

Von Portoferraio 3 km bis zum Kreisverkehr von Bivio Boni, weiter in Richtung Procchio, dem Fosso della Madonnina folgend. Nach 1,5 km (Wasserstelle) Abzweigung links nach San Martino.

*

Abstecher nach San Martino, Monte Castiglione und Valle delle Ceramiche

Nach 1,3 km links ein großer Parkplatz. Zu Fuß durch eine Allee mit altem Baumbestand zum Demidoff-Palast (Abb. 61) und zur **Villa Napoleone di San Martino** (Fig. S. 123, 124), im Park Libanonzedern, Zypressen, Magnolienbäume; Beschreibung s. S. 126f. Öffnungszeiten der Napoleonvilla: 9–17 Uhr, sonntags 9–12.30 Uhr, montags geschlossen.

Vom Parkplatz führt ein Weg zum **Monte Castiglione di San Martino** (117 m), auf dessen Spitze eine etruskische Höhensiedlung liegt. In Ausgrabungen wurden bislang eine hohe Stadtmauer auf der nördlichen Seite sowie die Fundamente der ehemaligen Häuser, Datierung (C_{14}-Methode): Ende 4. – Anfang 3. Jh. v. Chr. freigelegt (Abb. 17–19) (Plan s. S. 55). Schöne Aussicht auf San Martino.

Auf der Straße zurück; kurz vor der Abzweigung nach Procchio rechts ein schmaler Weg zum ›**Valle delle Ceramiche**‹ (beschildert), zum Tal der Keramiken, einem Freilichtmuseum des elbanischen Künstlers Italo Bolano (Ft. 36, Abb. 67, 68) (Öffnungszeiten: Juli–August 10–12.30 und 16–19.30 Uhr).

Der Künstler lädt in seinem weitläufigen Gelände die an abstrakter Kunst interessierten Besucher zur zwanglosen Besichtigung ein. Die 15 Monumentalwerke aus Keramik sind stark von den Farben und Formen ihrer Umgebung, des Meeres, der Gesteine und Pflanzen bestimmt. Diese Umwelt inspirierte den Künstler bei seinem Schaffen, und so wünscht er auch seine im Garten aufgestellten Keramikplatten im Zusammenhang mit den Pflanzen betrachtet zu sehen, mit dem Grün der Opuntien oder dem sommerlich-herbstlichen Gelb der hohen Gräser. Zwei geradegewachsene Zypressen dienen als Fensterrahmen, die den Ausblick auf ein in Blau umrissenes Gesicht freigeben. Man sollte die Keramiken zu verschiedenen Tageszeiten aufsuchen, um den Wandel des Lichts mit veränderten Schattenwirkungen oder gar eine überraschende Verfärbung durch einen ungewöhnlichen Sonnenuntergang erleben zu können. Der von ländlicher Ruhe umgebene Platz mit den schattenspendenden Bäumen – die Masse der Touristen strömt vorbei zur Sommerresidenz Napoleons – ist eine Oase der Harmonie von Kunst und Natur. Das Besondere dieses ›International Art Centers‹, das Italo Bolano mit Unterstützung der Gemeinde Portoferraio und der ›Ente Valorizzazione Elba‹ im Jahre 1967 gründete, ist jedoch das Angebot an alle Besucher und Künstler, sich in dieser Atmosphäre zu Studienzwecken, zur Kommunikation und Arbeit zu treffen. Das Zentrum bietet eine Freilichtbühne für kulturelle Veranstaltungen und Übernachtungsmöglichkeiten in einfachen Strohhütten.

Kurzbiographie von Prof. Italo Bolano: 1936 auf Elba geboren. Humanistische Studien und Besuch der Kunsthochschule in Florenz. Er unterrichtete architektonisches Zeichnen und Kunstgeschichte an Gymnasien und ist heute Ordinarius für Kunsterziehung in der ›Calamandrei-Schule‹ von Florenz. Er schafft Dekorationen von Kirchen, Theatern und öffentlichen Monumenten. Verschiedene Ausstellungen in Italien und im Ausland mit zahlreichen Preisen. 1. Preis für abstrakte Malerei bei der italienischen Ausstellung in Paris 1965. Privatwohnung: Viale L. Gori 34, Firenze, ⌀ 37 32 25.

*

Von der Abzweigung nach San Martino in zahlreichen Kehren bergan, durch die Flyschsedimente (Erosionsformen ›Regenspülrinnen‹ nach 1 km links unterhalb der Straße); im Granitgrus am Straßenrand bis zu 1 cm lange, doppelendig ausgebildete Quarzkristalle. Terrassenartig angelegte kleine Äcker, mit Gemüse (Artischocken); Feigenbäume, Olivenbäume, Agaven und Opuntien; oberhalb der Nutzfläche vereinzelt Schirmpinien und Macchia. Nach 2,1 km ist die Paßhöhe und Abzweigung nach La Biodola erreicht.

*

Abstecher zum Golfo della Biodola
Auf windungsreicher Straße 1,9 km durch dichte Macchia bergab bis zum Ende der Straße (Telefonhäuschen). Herrliche Aussicht (Sonnenuntergänge!) auf die gesamte Bucht und auf die Bergkulissen des Capanne-Massivs (Umschlagvorderseite, Farbt. 11, Abb. 16). Ein Felsvorsprung aus Mittelelbagranit (mit herausgewitterten riesigen Feldspatkristallen, Kleintafoni-Bildungen) trennt die Bucht von Biodola (Farbt. 13) von der kleinen Bucht von Scaglieri (Farbt. 15). In der ersten Bucht Sommerhäuser und das komfortabelste Hotel Elbas, ›Hermitage‹ mit Tennisfeldern und Golfplatz; in der zweiten malerische Fischerhäuschen, bewachsen mit Bougainvillea, neuere Sommerhäuser und gemütliche Strandlokale, oberhalb der in Terrassen angelegte Campingplatz Scaglieri (der schönste auf Elba). Neben dem Eingang zum Campingplatz führt eine schmale Straße abwärts bis Forno, Fischerort und Sommerfrische; schöner Blick auf den Golf von Biodola bis nach Marciana Marina mit dem Torre Pisana; Macchia, Mittelelbagranit; Spaziergänge; zurück zur Straße nach Procchio.

*

ROUTE MITTELELBA

Nach 1,7 km herrliche Aussicht auf den Golfo di Procchio (Farbt. 12) (Parkbucht). Im Hinterland von Procchio terrassenartig angelegte Weinfelder, häufig ›Cultura mista‹ (mit Artischocken, Zwiebeln, dicken Bohnen). 2,4 km weiter bis zur Abzweigung nach Marciana Marina.

Procchio am halbrunden Golf mit etwa 1 km Sandstrand. Die Bewohner lebten in früheren Zeiten vom Fischfang und Ackerbau des fruchtbaren Hinterlandes, heute in steigendem Maße vom Tourismus. Luxuriöse Bungalows, Villen und ländliche Häuser der Einheimischen und Fremden, versteckt in üppigem Grün; Bars und Privatclubs (›high life‹). Im Westen liegt im Meer eine Felseninsel (Paolina-Felsen): etruskische Funde und römischer Handelsplatz. In diesen Gewässern fand man 1966 ein gesunkenes römisches Lastschiff in optimalem Zustand mit Krügen für Öl und Wein und verschiedenen Manufakturen (Abb. 28, Fig. S. 63).

Fortsetzung der Route nach Marina di Campo. Rechts der Straße Korkeichen, links Olivenhaine. Abfahrt in die Ebene von **Campo nell'Elba,** seit 1894 eine selbständige Gemeinde mit den Ortschaften Marina di Campo, San Piero in Campo, Sant'Ilario in Campo, La Pila, Seccheto, Cavoli und der Insel Pianosa. Rechts der Straße nach 1,2 km der Weiler Marmi (Marmor in aufgelassenen Brüchen, entstanden aus metamorphisiertem Kalk am Rande des Monte-Capanne-Granit-Plutons).

Fußwanderung zur etruskischen Höhensiedlung **Monte Castello** (227 m). Die Ausgrabungen sind mittlerweile stark von Macchia überwuchert (Beschreibung und Plan s. S. 55 f.). Links der Straße der kleine Flugplatz von Elba für Turbopropellermaschi-

Weg zur etruskischen Siedlung Monte Castello

nen, nach 2,8 km die Ortschaft **La Pila** (hier Abzweigung zu den Bergdörfern Sant'Ilario und San Piero (vgl. Route Westelba II, S. 173 f.). Der Name des Ortes (= Erntestapel) weist auf die sehr fruchtbare Talung: Weinanbau, Gemüse, Obstbäume. Nach 1,2 km Abzweigung links nach Lacona. Geradeaus nach **Marina di Campo** (Farbt. 10, 24, 27).

Der im Südwesten einer geschützten Bucht mit 2 km langem herrlichem Sandstrand gelegene ehemalige Fischerort ist heute ein beliebtes Touristenzentrum. Schattenspendender Pinienwald säumt im Hintergrund den Badestrand, Jacht- und Tauchschule (ideale Voraussetzungen für Anfänger), Hotels, Pensionen, Bungalows, Appartements, Cafés, Restaurants und Bars, geschmackvolle Boutiquen; nach Portoferraio und Porto Azzurro drittgrößter Hafen mit Hafenmole für Fischerboote und kleinerer Segel- und Motorjachten. Der 25 m hohe zylindrische Wachtturm stammt aus der pisanischen Zeit.

Geologisch interessant ist der Golfo di Campo, der im Westen und Osten durch Flyschsedimente begrenzt wird, in die der Mittelelbagranit eingedrungen ist. Der gangförmige Granitkörper ist zwischen der Punta Bardella und dem Capo di Poro sehr gut aufgeschlossen (sichtbar nur durch eine Bootsfahrt bei ruhiger See). Auf der östlichen Seite des Golfes bis zum Capo di Fonza großartige Faltenbilder im Flysch unterschiedlicher Größe, bis zu 200 m Wellenlänge messende Großfalten (Abb. 15) (vgl. Fig. S. 15) (sichtbar vom Hafen Marina di Campo, besser vom Boot bei ruhiger See).

Von Marina di Campo zurück bis zur Abzweigung nach Lacona. Von hier dem Valle di Filetto mit seinen quartären Aufschüttungen folgend (Regenspülrinnen), bergauf in Kurven durch stark verwitterten Mittelelbagranit und Flysch und dichte Macchia, lange ohne Aussicht auf das Meer. Auf der Paßhöhe (Monumento, 261 m) Blick bis zu den Halbinseln Stella und Calamita.

Wanderung zum Monte Tambone und nach Marina di Campo (vgl. S. 209)

Rechts vom Monumento führt eine Piste nordwärts ins Landesinnere, sie gabelt sich nach 1 km, führt links nach Marmi, rechts zum Monte Orello (377 m) (Vorkommen von gediegenem Kupfer) und Colle Reciso, wo man auf Kupferschlacken und Reste alter Schmelzöfen gestoßen ist.

Nach etwa 9 km die Streusiedlung **Lacona** mit schöner Aussicht auf den Golfo della Lacona und die 2,5 km lange Halbinsel Stella (submarine basische Laven).

Der 1,2 km lange Sandstrand ›Spiaggia Grande‹ wird zu beiden Seiten von malerischen Felsen begrenzt, bewachsen mit Macchia (Monte Fonza im Westen und Monte Capo Stella im Osten). Der Ort mit alter Geschichte (Funde von Steinwerkzeugen, Eisenerzschlacken, Reste alter Schmelzöfen) ist seit längerem für Touristen entdeckt: Villen, Hotels und Campingplätze säumen den Strand. Ausflug von 1 km zur Wallfahrtskirche Madonna della Neve (Madonna di Lacona) aus dem 16. Jh. mit quadratischem Glockenturm (Mauern aus Flyschkalken). Wanderung von Lacona zum Capo di Fonza oder Capo della Stella (jeweils 2 Std. hin und zurück).

Hinter Lacona öffnet sich der Golfo Stella (Farbt. 8) (kurze Stichstraße zum Strand von Margidore, vgl. Schmetterlinge S. 48), oberhalb der Straße gute Aufschlüsse von dunkelgrünem, blättrigem Serpentinit (Farbt. 62 b). Nach 4,5 km Abzweigung nach Portoferraio, durch den Fosso di Valdana (Kalkphyllite, Kalkschiefer, Marmore), Golfplatz beiderseits der Straße, Obstplantagen (Farbt. 32). Nach 3 km ›Hotel Garden‹ mit malerischen Schirmpinien und prächtiger Aussicht auf Portoferraio. 1 km weiter, nach einer scharfen Linkskurve, rechts Einfahrt zum Parkplatz und zum römischen Landhaus **Villa romana delle Grotte** (Farbt. 4, 5, Abb. 32) (Beschreibung s. S. 62 ff.). Zufahrt zur DHH-Yachtschule. Im Untergrund der nördlichste Teil der mittelelbanischen basischen Eruptivgesteine.

In Kehren führt die Straße von der Anhöhe bergab und verläuft in der fruchtbaren Ebene (Farbt. 33) bis Bivio Boni schnurgerade. 400 m vorher die Therme San Giovanni (Einfahrt rechts). Nach 3 km **Portoferraio**.

Route Ostelba

Portoferraio – Porto Azzurro – (Monserrato) – (Terranera) – (Ortano) – Rio Marina – Cavo – (Santa Caterina) – Rio nell'Elba – Volterraio – (Bagnaia) – Portoferraio (61,5 km, ohne Abstecher)

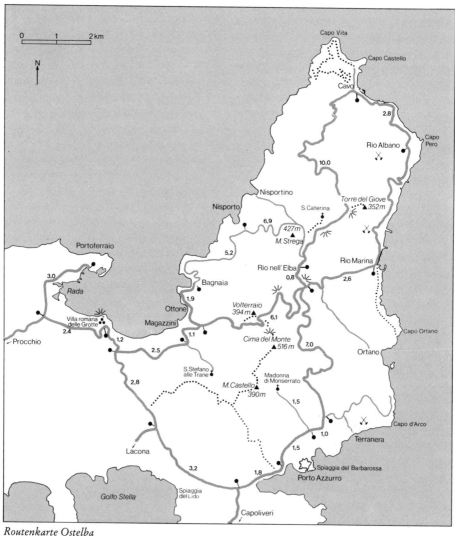

Routenkarte Ostelba

Besondere Sehenswürdigkeiten
Ehemaliger Eisenerztagebau an der Ostküste, Mineralienfundorte, Bergdörfer, Fluchtburg Volterraio, Wallfahrtskirchen (römisches Landhaus)

Abbildungen:
Farbt. 1–5, 17, 18, 29, 38–40, 46–49, 50–52, 56, 57, 62a, b, d, e, f, k, l; Abb. 13, 32, 38, 39, 65, 66

Portoferraio, 3 km bis Bivio Boni, Abzweigung nach Porto Azzurro (vgl. Route Mittelelba in umgekehrter Richtung, S. 179). Nach 2,4 km links **Villa romana delle Grotte** (Farbt. 4, 5, Abb. 32) (Beschreibung S. 62 ff.). Nach 4 km Abzweigung rechts nach Lacona und Marina di Campo (s. Route Mittelelba S. 178 f.), kurz danach rechts Abzweigung zur Badebucht ›Spiaggia del Lido‹, weiter durch die fruchtbare Ebene von Mola (Weinbau, Olivenhaine, Obstbäume, Getreidefelder). Nach 3,2 km rechts Abzweigung nach Capoliveri. 500 m hinter der Abzweigung erster Blick auf Porto Azzurro mit seiner schönen Bucht, rechts und links der Straße vor dem Ortseingang blühende amerikanische Agaven.

Porto Azzurro (Farbt. 40), bis 1947 Porto Longone genannt, erlitt zwischen 1646 und 1801 häufige Belagerungen. Später lange Zeit unter der Fremdherrschaft der Franzosen, Engländer und Deutschen. Die Spanier unter Philipp III. ließen 1603–05 auf einem felsigen Vorsprung (metamorpher Schiefer) die Festung San Giacomo bauen (vgl. S. 114); heute Strafanstalt (Besichtigung nicht möglich!). Der spanische Ursprung des Ortes hat sich im Typus der Einwohner und in Familiennamen erhalten. Der neue Ortsname soll an die ›blaue Farbe‹ des Meerwassers in der Bucht erinnern; idealer Naturhafen, der von Ostern bis Spätsommer gerne von Jachten angelaufen wird; allerdings nicht so windgeschützt wie Portoferraio (Schirokko!). Hinter dem Strand ein großer Platz mit Cafés, Bars, Restaurants, Boutiquen u. a., reges Treiben durch Fremde und Einheimische, Porträtmaler (Abb. 65, 66). Die Atmosphäre scheint leichter, südländischer als in den Orten an der Nordküste, die Natur üppiger: Oleander, Gummibäume, Zypressen, Palmen, Mandel-, Orangen- und Zitronenbäume. Terrassenrestaurants über der Bucht auf Holzpfählen. Porto Azzurros Bevölkerung verdient sich in den letzten Jahren mehr und mehr ihren Lebensunterhalt im Touristengewerbe, viele Bewohner gehen aber auch noch der Landwirtschaft und dem Fischfang nach.

Im Ort Abzweigung in Richtung Rio nell'Elba, rechts der Straße gute Mineraliengeschäfte. ›La Piccola Miniera‹ ist die naturgetreue Nachbildung eines 250 m langen Streckenabschnittes eines elbanesischen Bergwerks mit originalen Objekten. 1,5 km weiter links nach Monserrato.

∗

Abstecher zur Wallfahrtskapelle Madonna di Monserrato (Farbt. 29) 1,5 km.
Die Kapelle, flankiert von zwei Zypressen, steht in einer wildromantischen Landschaft, auf einer Plattform (121 m) von Radiolaritfelsen inmitten eines schroff aufsteigenden Gebirgsmassivs aus demselben Gestein, im Hintergrund der Monte Castello (390 m) und die Cima del Monte (516 m). Die Kapelle wurde im 17. Jh. auf Anordnung des spanischen Gouverneurs von Porto Longone Pons y Leon zur Verehrung der Mutter-

gottes im spanischen Bergkloster Monserrat gebaut. Im Innern eine Kopie der Schwarzen Madonna von Monserrat. Nach Madonna del Monte in Westelba der zweite Wallfahrtsort der Insel. Wallfahrten zwischen dem 8. und 15. September. Zurück zur Straße nach Rio nell'Elba.

*

Abstecher nach Terranera
Nach 1 km rechts Abzweigung nach Capo d'Arco, Fahrt hinunter zum Meer (Richtung: Spiaggia di Reale). Von hier zu Fuß an der Küste entlang in nördlicher Richtung bis zum aufgelassenen Tagebau Terranera (Farbt. 47, 62 d, f) (empfehlenswert für Mineraliensammler: Pyrit, Hämatit) (vgl. S. 25f.). Der durchweg blättrig entwickelte Eisenglanz verleiht dem Küstensand die schwarze Farbe, deshalb der Name ›Terranera‹ = schwarze Erde. Die grüne Farbe des Süßwassersees entsteht durch die im Wasser lebenden Algen. Zurück zur Hauptstraße.

*

Fortsetzung der Fahrt nach Rio nell'Elba; 1,4 km weiter in der Talung links Aufforstung mit Aleppokiefern, an den Straßenaufschlüssen wiederholt Serpentinit. Nach 7 km unterhalb von Rio nell'Elba Abzweigungen links nach Portoferraio über Volterraio bzw. in den Ort (s. S. 184). Straße führt weiter in Richtung Rio Marina, durch Radiolarite, Serpentinite und Tonschiefer.

*

Abstecher nach Ortano
Nach 700 m rechts durch das Tal des Rio di Ortano (Serpentinite, Kalkphyllite) zum aufgelassenen Tagebau Ortano an der Spiaggia d'Ortano (vgl. S. 26). Neues Ferienzentrum mit Hotel und Swimmingpool. Zurück zur Straße.

*

Nach 1,9 km **Rio Marina** (Farbt. 39)
»Schon verriet der rote Boden, auf dem wir gingen, daß wir uns auf der eisernen Erde befanden – überall nichts als dieser eiserne Staub, die Hügel ringsum schwärzlichbraun oder rötlich, mit unzähligen Aloestauden überdeckt, welche mit ihren straffen, stahlbläulichen Blättern, die in lange Dornspitzen auslaufen, ebensoviel Bündel von Dolchen oder Schwertern zu sein scheinen.

Torre degli Appiani, Rio Marina, 1534

Alles, was uns begegnete, trug diese Eisenfarben, die Arbeiter von Rio, rot gefärbt an Kleid, Gesicht und Händen, selbst die Hunde, die uns entgegenliefen. Auch der Hafen, zu dem wir hinabstiegen, ist rot von Eisenstaub, und am Ufer liegen Haufen von Eisenerde, welche dort in die Schiffe verladen wird.«[17] (Ferdinand Gregorovius, 1852)

Die Stadt des Eisens – die alten Erzgruben wurden Ende 1982 stillgelegt – lieferte das Erz an die Hüttenwerke von Piombino. Der Ort besteht aus mehrgeschossigen Wohnhäusern der Bergarbeiter, die z. T. sehr renovierungsbedürftig sind. Niederlassung der ›Societa Italsider‹ (Hauptsitz in Genua). Befestigter Hafen zur Verschiffung des Erzes, kleine gut eingerichtete Werft, aktiver Segelclub. Mineralienmuseum im 3. Stock des Municipio-Gebäudes (Öffnungszeiten: 9–12 und 15–18 Uhr, sonntags 9–12 Uhr. Auskunft über die Besichtigung der Erzminen von Rio Marina, die im Hochsommer samstags um 8 Uhr stattfindet: Anmeldung bei Italsider, ✆ 96 20 01, 96 20 09 oder 96 22 82). Privates Mineralienmuseum (Ermildo Ricci) in der Via Nuova 26 (Öffnungszeiten: April–September von 9–12 Uhr und 15–18 Uhr, sonn- und feiertags 9–12 Uhr). Im August Liederfestival ›Festival della Canzone Elbana‹. Oberhalb des Hafens der Torre di Rio (Torre degli Appiani), 1534 von Giacomo V. Appiano erbaut, oktogonal. Der quadratische Uhrturm ist jüngeren Datums.

Etwa 1 km hinter Rio Marina in Richtung Cavo links Zugang zum **Tagebau Rio Marina** (Farbt. 46, 49) (vgl. S. 26).

Wer nach schönen Mineralien sucht, braucht nur einen Blick in die an der Straße stehenden Arbeiterhütten zu werfen. Hier blinkt es von Pyriten und Hämatiten mit winzigen aufgesetzten Quarzbüscheln, die man nur in den seltensten Fällen selbst findet (Farbt. 62 e, f). Man sollte nicht den erstbesten Preis akzeptieren, sondern zu handeln versuchen. In jedem Falle sind die Stücke preiswerter als in den Geschäften.

Entlang der Ostküste, vorbei an aufgelassenen Erzgruben, die von Macchia überwuchert sind (Limonit) (Sammeln von Mineralien sehr beschwerlich). 5,1 km hinter Rio Marina biegt rechts ein Weg zum Capo Pero und zur Punta del Fiammingo ab. Hier die Reste zweier gemauerter Schmelzöfen aus römischer oder etruskischer Zeit und braunschwarze beim Schmelzen der Erze entstandene Schlacken (Privatgrundstück!). Kurz vor Cavo links ein großer Kalksteinbruch.

In **Cavo** endet die Hauptstraße. Alter Wohnplatz, der sich entlang der ostwärts gerichteten Seefront erstreckt. In den Villen der Jahrhundertwende wohnten die Direktoren der Erzminen. Hafenmole (Station des Tragflügelbootes von Piombino nach Portoferraio). Wegen seiner günstigen Lage zum Festland (10 km) war Cavo früher Verladehafen für Eisenerz.

Der Ort lebt vom Fremdenverkehr, wenn auch die Attraktivität nachgelassen hat. Am nördlichen Ende der Sandbucht die Halbinsel Capo Castello, hier einst die römische Stadt Valeria (Überreste einer römischen Villa – Grundmauern und Mosaiken – auf einem Privatgrundstück, für die Öffentlichkeit nicht zugänglich). Am Abhang des Monte Lentisco eine römische Zisterne, die vermutlich den Wasserbedarf der Villa deckte.

Zwischen Capo Castello und Capo Vita ein Kiesstrand in einer großen Bucht.

Von Cavo landeinwärts auf einer einsamen Straße (z. T. Erdstraße) in Richtung

Rio nell'Elba. Die Hänge sind mit dichter Macchia bewachsen, die Gegend ist kaum bewohnt, hin und wieder ein vereinzeltes armseliges Haus. An der Straße abwechselnd Aufschlüsse von graubraunem Tonschiefer, Serpentinit, gebanktem Kalk und Radiolarit. Etwa nach 5 km links das Tal des Rio Albano, im Hintergrund die dem Meer zugewandte Mine Rio Albano. Nach etwa 2 km links der Straße ein freier Platz mit einer Hausruine; von hier führt ein schmaler Pfad durch Macchiengestrüpp hinauf zur Fortezza del Giogo (Torre del Giove) (Ruine) auf dem Monte Giove (352 m) (etwa 40 min). Die Fluchtburg wurde 1459 von Giacomo III. Appiano zum Schutz gegen Piraten erbaut. Sehr schönes Panorama auf die Ostseite Elbas.

Auf der Straße etwas weiter sehr schöner Blick hinab zu den Minen von Rio Marina. Rechts und links der Straße verlassene Gehöfte; die Bewohner sind zur Küste abgewandert. Nach 8 km schöner Blick auf Rio nell'Elba und seinen Friedhof. Kurz vor Einfahrt in den Ort rechts eine Erdstraße nach Nisportino.

*

Abstecher nach Santa Caterina
Nach etwa 1 km rechts ein Weg zum Santuario di Santa Caterina (15. und 17. Jahrhundert), ein einschiffiger Bau mit quadratischer Apsis und angebautem Glockenturm. Die Säulen am Hochaltar sind aus Serpentit. (Das wertvolle Altarbild der hl. Caterina von Alexandrien [17. Jh.] hängt heute in der Pfarrkirche von Rio nell'Elba). Der Ostermontag wird im Kloster traditionell gefeiert.

Auf Initiative des Schriftstellers, Photographen und Theatermannes Hans Georg Berger wurden die Klosterräume restauriert und dienen im Sommer als Kulturzentrum. Es entstand ein Ort zur Begegnung von Künstlern und Raum für wissenschaftliche Studien. (Informationen: Hans Georg Berger, Via Magenta 17, 57039 Rio nell'Elba).

Unterhalb des Monte Strega (427 m) (Radiolarite und graue oder rötliche Kalke) rechts Abzweigung nach Nisportino (schöner Strand, Campingplatz und sehr einsame Bucht), links auf nur langsam befahrbarer Erdstraße Weiterfahrt über Nisporte und Bagnaia nach Portoferraio möglich (sehr schöne Ausblicke auf die Küste).

*

Rio nell'Elba (Farbt. 17, 18, 38)
Ehemaliges Zentrum des Erzabbaus und eine der ältesten Siedlungen der Insel. Der Ort beherrscht das Tal hinunter nach Rio Marina. Schmale winklige Gassen. Die ersten Häuser wurden schon im 10. Jh. erbaut, die Pisaner befestigten den Ort im

Elbanischer Bauer

37 Torre di San Giovanni, Wachtturm auf einem riesigen Granitblock, 11. oder 12. Jh.

38, 39　Romanische Kirche Santo Stefano alle Trane, 12. Jh.; Ansicht von Osten und Fenster in der Südwand

40–42 Zweischiffige romanische Kirche dei Santi Pietro e Paolo in San Piero in Campo, Ende 12. Jh. Heiliger Sebastian, Fresko an der Nordwand 2. Hälfte des 15. Jh.; Bastionen aus dem 14. Jh.

43, 44 Kirche San Lorenzo bei Marciana Alta, 12. Jh., 1553 zerstört; Ansicht von Südwesten und Apsis

45 Romanische Kirche San Giovanni, 12. Jh. Schiff nach Osten

46 Fortezza Pisana oberhalb von Marciana Alta, 12. Jh. (vgl. Farbt. 16)

47 Pisanischer Wachtturm, 12. Jh. und Hafen von Marciana Marina (vgl. Farbt. 41); im Vordergrund Leitlinien der Verwitterung im Granit

8 Wallfahrtskirche Madonna delle Grazie bei Capoliveri, 16. Jh.

9 Wallfahrtskirche Madonna del Monte am Nordhang des Monte Giove, 16. und 17. Jh.

50 Portoferraio, Schanze von Forte Stella, 1548/49 unter Cosimo I. de' Medici erbaut

51 Portoferraio, Porta a Mare, Tor zur Altstadt, 1549 und 1637
52 Portoferraio, Einfahrt zum alten Hafen mit dem Torre del Gallo, 1733 (links) und dem oktogonalen Torre del Martello (auch Torre della Linguella), 1548 bzw. 1737

53–55, 58 Palazzo dei Mulini in Portoferraio, Residenz Napoleons I., 1814
Blick vom Belvedere-Garten auf den Palast (53) und auf den Lieblingsplatz des Verbannten (54), Saal des Kaisers (55), Schlafzimmer (58)

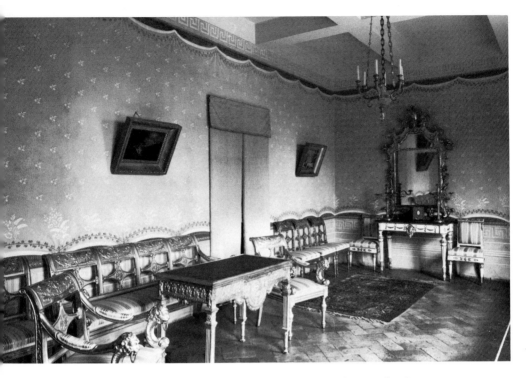

6, 57 Totenmaske und Bronzehand Napoleons in der Chiesa della Misericordia, Portoferraio

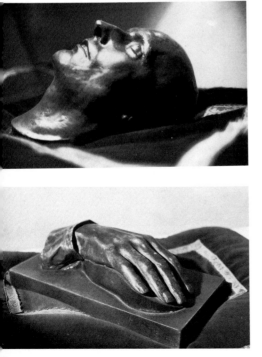

59 Napoleonbüste von Pampolini, Villa San Martino

60 ›Galatea‹ von Antonio Canova, für die Napoleon-Schwester Pauline Borghese Modell gestanden ha Demidoff-Palast San Martino

61 Demidoff-Palast in San Martino, 1852

62 Wandgemälde im ägyptischen Saal, Villa Napoleone di San Martino

63 Fischerhafen von Marciana Marina

64 Sonntag in Seccheto

65, 66   Touristen und Porträtmaler in Porto Azzurro

67, 68 Valle delle Ceramiche bei San Martino. Der elbanische Maler und Keramiker Prof. Italo Bolano in seinem Freilichtmuseum und bei der Arbeit (vgl. Farbt. 36)

11. Jh. 1534 von dem Piraten Barbarossa erobert und verwüstet, von den Appiani anschließend wieder befestigt. Im 18. Jh. wurde der Ort zusehends ärmer, da sich Rio Marina zum Bergwerkszentrum entwickelte. »Die Rivalität zwischen den Bewohnern des Berglandes und denen am Meer, deren Vorfahren vor ankommenden Piraten in den Schutz der Bergstadt flohen, ist hier schärfer als irgendwo, und bis vor kurzem waren Heiraten zwischen den Familien der beiden Städte selten.«[18] Mit zunehmender Mechanisierung des Erzabbaus Zunahme der Arbeitslosigkeit, Abwanderung nach Rio Marina oder in andere Orte. Heute viele alte Leute in Rio nell'Elba. Entwicklung der Einwohnerzahl: im 18. Jh.: 5000, 1921: 2039, 1983: 825, seitdem wieder leicht ansteigend auf z. Z. 960. Archäologisch interessante Gegend: Überreste aller Kulturen Elbas zwischen Rio nell'Elba und Rio Marina.

Mittelpunkt des Ortes ist der Marktplatz (Piazza del Popolo); die Kirche, vermutlich von den Pisanern im 11. Jh. erbaut, wurde im Laufe der Jahrhunderte weitgehend erneuert, im 16. Jh. von den Appiani mit Verteidigungsbastionen ausgestattet (z. T. noch sichtbar). Auf der gegenüberliegenden Seite kleine Andenkengeschäfte.

Nach Verlassen des Ortes 600 m weiter sehr schöne Sicht auf Rio nell'Elba in Bergspornlage (Farbt. 38). Dann die Abzweigung in Richtung Volterraio. (An der Kreuzung die Chiesa del Padre Eterno, Altargemälde aus dem 17. Jh., Altarsäulen aus Serpentinit, fälschlich als Marmor bezeichnet.)

Mandelbäume, Kastanienbäume, Berghänge mit Garigue bewachsen (Montpellier-Zistrose, Heidekrautbüschel, Ginster). Nach 2,3 km rechts Blick auf die große

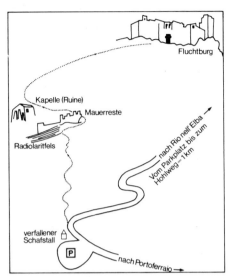

Wegskizze zur Fluchtburg Volterraio

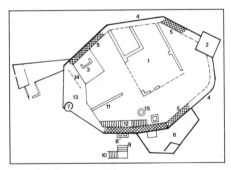

Grundrißskizze von Volterraio

1 Grundmauern des ehemaligen zweigeschossigen Palas 2 Bergfried 3 Kapelle 4 Ringmauer 5 Wehrgang mit Brustwehr und Zinnen 6 Mauerturm zur flankierenden Bekämpfung des Angreifers 7 Scharwachttürmchen 8 Pechnasen 9 Graben unter der ehemaligen Zugbrücke 10 Treppenaufgang zum Eingang 11 Aufgang zum Burghof 12 Treppenaufgang zum Wehrgang 13 Plattform an der Angriffsseite 14 Durchgang zum seitlichen Anbau 15 Zisterne

Bucht von Portoferraio, links die Fluchtburg Volterraio auf dem Bergkegel (Farbt. 3). Links oberhalb der Straße Garigue, rechts unterhalb Macchia mit Oleaster, Steineiche, Pistazie u. a. 900 m weiter rechts kleiner Parkplatz. (Von hier aus ist die Besteigung des Bergkegels von Volterraio sehr gefährlich und nicht zu empfehlen!). Straße führt durch einen Hohlweg (links sehr schön ausgebildete submarine Pillow-Lava). Vom Hohlweg führt die Straße steil bergab, nach 1 km rechts ein kleiner Parkplatz mit einem verfallenen Schafstall.

Wanderung zur Cima del Monte und nach Porto Azzurro (vgl. S. 209)

Von hier aus führt ein steiler, z. T. beschwerlicher Weg hinauf zur **Ruine Volterraio** (Farbt. 2) in 30–40 min (Beschreibung s. S. 107 ff., 156). Gebankter Radiolaritfels (Abb. 13), unten Macchia, oben Garigue (Pistazie, Affodil u. a.). Von oben prächtige Aussicht. In das Innere gelangt man durch eine seitliche kleine Maueröffnung (Taschenlampe notwendig) oder besser durch Hochklettern am Haupteingang mit Hilfestellung (Gefährlich! Steinschlag! Vipern!). Die Straße weiter abwärts (Ölbäume, Weinbau) bis zur Abzweigung nach Bagnaia.

*

Abstecher nach Bagnaia
Nach 250 m links die Villa Ottone (Hotel). Rechts auf dem Gelände des Campingplatzes ›Rasselba Le Palme‹, ein Botanischer Palmengarten mit seltenen Exemplaren. Nach 1,9 km Bagnaia, ehemaliges Fischerdorf, beginnender Tourismus, deutsche Segeljachtschule (Segel-Zentrum-Elba).

*

Von der Abzweigung in Richtung Portoferraio, nach 0,6 km rechts Abfahrt nach **Magazzini** (Farbt. 1) (Segel-Club-Elba), nach 1,1 km links Fahrstraße zur romanisch-pisanischen Kirche Santo Stefano alle Trane (Abb. 38, 39 (Beschreibung s. S. 112 f.). Zurück zur Hauptstraße. Rechts Tor zum Weingut ›La Chiusa‹ mit Herrschaftsvilla und Häusern der Weinbauern, z. T. aus dem 18. Jh. Nach 2,5 km stößt man auf die Hauptstraße Porto Azzurro–Portoferraio. Weiter wie Route Mittelelba (s. S. 179) bis **Portoferraio.**

Schirmpinien

Route Halbinsel Calamita

(Spiaggia di Naregno – Forte Focardo) – (Madonna delle Grazie) – Capoliveri – Ehemaliger Eisenerztagebau Calamita (27 km, ohne Abstecher)

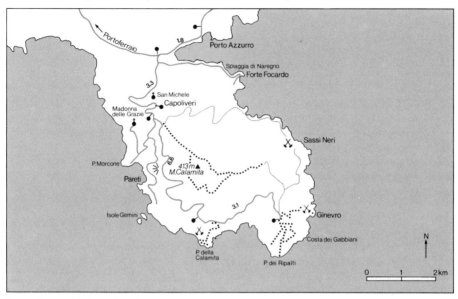

Routenkarte Halbinsel Calamita

Besondere Sehenswürdigkeiten: altes Bergdorf, Eisenerzlagerstätten, Kirchen und Kapellen

Abbildungen:
Farbt. 7, 8, 21, 48, 53, 54, 59, 61, 62 c, i, m,;
Abb. 48

Die Halbinsel Calamita bleibt an Höhe mit 413 m (Monte Calamita) hinter den übrigen Landschaften Elbas zurück. Wichtig sind die Vorkommen von Magnetiteisenerz, das die Kompasse vorbeifahrender Schiffe irritieren soll. Die Legende erzählt, daß Schiffe, die in die Nähe der Punta Calamita gerieten, an den Felsen zerschellten, nachdem der Magnetberg die Eisennägel aus den Schiffsplanken gezogen hatte. Aber auch ohne die Legende ist das Gebiet wegen der ungezählten Schiffsbrüche durch die Jahrhunderte hindurch bekannt.

Beginn der Route an der Abzweigung von der Straße Portoferraio – Porto Azzurro, 1,8 km vom letzteren Ort entfernt, in Richtung Capoliveri.

*

Abstecher zur Spiaggia di Naregno und zum Forte Focardo

Nach 200 m links Abzweigung zur Spiaggia di Naregno (Gneise und Glimmerschiefer). Herrlicher Sandstrand, Hotels und Villen.

Schöner Ausblick auf die Bucht von Porto Azzurro. Am Ende der Bucht gelangt man auf einem Pfad von ca. 10 min. zum Forte Focardo, das auf einem Felsenvorsprung liegt. Die Festung wurde 1678 von dem spanischen Gouverneur Ferdinando Gioacchino Foscardo di Roquentes y Zuniga erbaut als Hilfsposten zur Verteidigung und Sicherung des Hafens; heute von der italienischen Küstenwache genutzt (keine Besichtigungsmöglichkeit).

*

Zurück zur Straße hinauf nach Capoliveri; kurz vor Ortsbeginn, unterhalb des Ortes, die Reste der romanischen Kapelle San Michele (Beschreibung s. S. 110).

*

Abstecher zur Kapelle Madonna delle Grazie
Gleich am Eingang von Capoliveri führt rechts eine Straße um den Ort herum, dann in Richtung Punta Morcone, Pareti (Badestrand). Nach 1 km zweigt rechts der Weg zur Punta Morcone und nach weiteren 800 m zur Wallfahrtskapelle Madonna delle Grazie ab (Abb. 48). Die Kirche aus dem 16. Jh. hat ein lateinisches Kreuz als Grundriß, einen viereckigen Glockenturm mit einer ziegelgedeckten Kuppel. Im Innern Deckenmalerei, und über dem Altar ein Gemälde der Madonna mit dem Kind von einem unbekannten Künstler, der der Schule Raffaels zugeschrieben wird. Die Legende erzählt von dem Gemälde, daß die Türken es zusammen mit anderen Bildern über Bord warfen, als sie das Schiff, auf dem die Bilder transportiert wurden, gekapert hatten. Während die anderen Gemälde vom Salzwasser zerstört wurden, blieb das Bild der Jungfrau unversehrt. Elbaner Fischer bargen es und wollten es mit nach Mola nahe Porto Azzurro nehmen. Doch ein stürmischer Wind zwang sie in einer kleinen Bucht an Land zu gehen. Sie wollten das Bild nach Capoliveri bringen, ließen es aber dann am Orte der Wallfahrtskirche.

*

Zurück zum Ortseingang von **Capoliveri** (167 m), einer der reizvollsten Orte der Insel mit alten Häusern, verwinkelten Gassen, Wohnort der früheren Bergarbeiter der nahegelegenen Erzgruben, mit kleinen Trattorien, Restaurants und Boutiquen (Handarbeitsware). Sehr schöner Blick vom Marktplatz über die Dächer des Ortes (Farbt. 21). Die römische Gründung (Caput liberum – Freiheitsberg, freier Gipfel) bedeutete wohl damals ein Verbannungsort für diejenigen, die sich nicht an das Gesetz hielten und sich innerhalb der Stadtmauern frei bewegen durften. Geschichtlich hat Capoliveri das gleiche Schicksal mit den übrigen Inselorten geteilt: Belagerungen, Plünderungen, Herrschaftswechsel. In jedem Jahrhundert lauerten die Mächtigen auf die ergiebigen Erzgruben. Einziger Ort, der sich Napoleons Anweisungen widersetzte (vgl. S. 133). Bis in die jüngste Zeit wurden hier alljährlich Feiern begangen, die unter dem Namen ›Riunione dei Battenti‹ (= Schlägertreffen) bekannt waren. In ihrem Verlauf ritzten sich die jungen Männer ihre Rücken mit einem Rasiermesser, zogen anschließend ein weißes Hemd und eine Jacke ihrer Frauen oder Geliebten an, aber umgekehrt mit dem Rücken nach vorne, und machten dann die Runde durch sieben Kirchen, wobei sie sich ihre Wunden schlugen. Zum Schluß wuschen die Frauen die blutigen Hemden ihrer

Männer in aller Öffentlichkeit und trumpften mit deren Mut und Stärke auf, während die Männer den Tag mit Trinken, oft auch mit Schlägereien beendeten. Die Feiern arteten derart aus, daß die Behörden diesem seltsamen christlich-heidnischen Brauch ein Ende bereiteten und ihn verboten. Auch die Blutrache (vendetta) war in Capoliveri verbreitet.

Vom Ortseingang rechts um Capoliveri herumfahren; prächtige Oleanderbäume am Straßenrand, schöne Ausblicke zum Golfo Stella und in die Ebene von Mola. Am Ende des Ortes eine Abzweigung (Beginn der Kilometerzählung), die man links einschlägt, dann erneute Abzweigung rechts mit der Beschilderung ›Calamita Miniere‹.

Wanderung zum Monte Calamita
(vgl. S. 210)

Rechts unten kleine Sandbucht von Pareti, Weingärten und Piniengruppen (Farbt. 7), anschließend Bucht von Palazzo und im Hintergrund die beiden Gemini-Inseln. Bei guter Sicht sind der Monte Capanne (Farbt. 8), Montecristo und Pianosa zu erkennen. Die Straße, eine gut befahrbare Erdpiste, führt durch Glimmerschiefer. Sie war für den Werksverkehr der Minen gedacht, bietet dem Reisenden aber auch herrliche Landschaftsausblicke. An vielen Stellen geglückte Aufforstung. In der Macchia (prächtig blühender Ginster im Frühjahr) Holzkästen für Bienenvölker. An trockenen, steinigen und öden Plätzen wachsen vor allem Asphodelus-Arten, ein Zeichen von stark überweideten Böden, da die Pflanze vom Vieh nicht gefressen wird. Nach 4,6 km erster Blick auf die Minen. Das Landschaftsbild ändert sich: Kiefernaufforstungen, wilde Müllkippe. 6,6 km der aufgelassene **Eisenerztagebau Calamita** (vgl. S. 25), terrassenförmige Anlage bis hinunter zum Meer. (Offiziell ist der Besuch dieser Mine wie auch jener von Ginevro verboten. Dennoch klopfen hier zahlreiche Mineraliensammer ›ohne Genehmigung‹, die teilweise auch mit dem Boot die Minen von See her ansteuern.) 6,8 km, günstige Parkstelle, um von hier aus durch den Tagebau hinunter zu den Mineralienvorkommen zu gelangen (Farbt. 48, 62 c, i, m).

Auf der Erdstraße weiter in nordöstlicher Richtung, 8,7 km schöne Kiefernaufforstungen, 9,3 km Abzweigung rechts hinunter zum **Abbau Ginevro** (vgl. S. 25), 9,7 km Schranke zur Mine.

Anfang der achtziger Jahre ist an der **Costa dei Gabbiani** (= Möwenküste) eine neue Ferienlandschaft entstanden (4000 ha). Die *Fattoria delle Ripalte*, ein großer Gutshof aus dem 19. Jh., wurde zu einem Hotel umgebaut. Mit Genehmigung der Direktion des Feriendorfes kann man zu den Privatstränden gelangen.

Wandern auf Elba

Wie man auf Elba *nicht* wandern sollte, das zeigt ein Erlebnis des Autors im Frühjahr 1983. Ich hatte auf der ›Kompaßkarte‹ den Weg Fetovaia – Monte Cenno – Valle dei Mori – Pomonte ausgesucht, der von Fetovaia bis unterhalb des Monte Capanne nur als unterbrochene rote Linie eingezeichnet ist. Nachdem Einheimische mir den genauen Einstieg in die Macchia gezeigt hatten, machte ich mich erwartungsvoll auf die Wanderung. Doch schon nach 50 m war dieser Hirtenpfad stark zugewachsen; Zistrosensträucher und borniges Gestrüpp versperrten mir den Weg bergauf. Immer wieder mußte ich stehenbleiben, um die Spur eines Pfades unter den Sträuchern zu suchen. Häufig endete er im Dickicht, und ich mußte ein Stück umkehren, bis ich ihn an anderer Stelle wiederentdeckte.

Als ich schließlich nach einer Stunde erst einen Kilometer zurückgelegt hatte – allerdings mit schönen Ausblicken auf die Küste von Fetovaia –, kamen mir doch Bedenken, ob die geplante Wanderung zeitlich überhaupt zu schaffen sei. Endgültig ernüchtert wurde ich dann aber erst durch das Zischen einer aufgeschreckten Schlange dicht neben mir. Die Gefahr eines Unfalls – eines verstauchten Fußes oder gar eines Schlangenbisses – und der Gedanke an diesen kläglichen Zustand allein in der Macchia zwangen mich dann doch zur Rückkehr, die mir zeitweise nochmals panikartige Gefühle bereitete, weil ich den richtigen Pfad durch das Buschdickicht zur Küste hinunter erst nach mühseligen Suchen fand.

*

Der Leser sollte sich von einem solchen Erlebnis keinesfalls von Wanderungen auf Elba abschrecken lassen; er sollte nur einige Regeln beherzigen, um gefahrlos die Schönheiten der Insel kennenzulernen (vgl. auch Tips S. 223). Wichtig ist vor allem, daß man stets mindestens zu zweit wandern sollte, damit evtl. Hilfe geleistet oder herbeigeholt werden kann.

Die beschriebenen Wanderungen sind Tourenvorschläge, die den Schwierigkeitsgrad ›leicht‹ oder ›mäßig schwierig‹ nicht überschreiten. Da die Wanderungen meist nicht am Ausgangspunkt enden, sollte man sich über die Fahrzeiten der Busse informieren (vgl. S. 218 f.), ein Taxi bestellen oder sich von Freunden abholen lassen. Wir haben meist bei Gruppenwanderungen Autos an den Ausgangspunkt bzw. Endpunkt geparkt. Abhängig von der landschaftlichen Schönheit sind die einzelnen detailliert beschriebenen Wanderungen mit Sternchen bewertet.

Der ›Club Alpino Italiano, Sezione di Livorno‹ hat im Jahre 1982 mehrere Wanderwege auf Westelba neu markiert. In Zusammenarbeit mit der ›Comunità Montana dell' Elba e Capraia‹ in Portoferraio werden in den kommenden Jahren noch weitere Wanderwege im Bereich des Capanne-Massivs angelegt. ›Wandern auf Elba‹ wird damit in Zukunft eine weitere Attraktion für diese Ferieninsel sein, die damit dem guten Beispiel anderer Mittelmeerinseln – Korsika, Kreta und Mallorca – folgt.

Hinweistafeln mit den entsprechenden Wanderwegen sind in den einzelnen Ortschaften angebracht worden, in Marciana Alta, Poggio, Sant'Ilario, Chiessi und Pomonte.

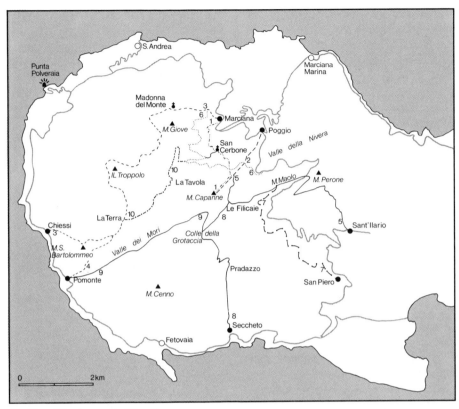

Markierte Wanderwege in Westelba

Nr. 1 Marciana – San Cerbone (Kreuzung mit dem Wanderweg Nr. 6 nach Madonna del Monte) – Gipfel des Monte Capanne: 2¼ Std.

Nr. 2 Poggio – Gipfel des Monte Capanne: 2½ Std. Kreuzung mit dem Wanderweg Nr. 5 nach Monte Perone – Sant'Ilario: 3 Std.

Nr. 3 Marciana – Madonna del Monte – Cresta San Bartolòmmeo – Chiessi: 3½ Std. In der Kreuzung mit Wanderweg Nr. 2 nach Poggio: 3 Std.

Nr. 4 Pomonte – Kreuzung mit Wanderweg Nr. 3 nach Chiessi: 1¼ Std. Oder nach Madonna del Monte – Marciana: 4 Std.

Nr. 5 Sant'Ilario – Monte Perone – Kreuzung mit Wanderweg Nr. 2 zum Gipfel des Monte Capanne: 3½ Std. Sant'Ilario – Monte Perone – Nähe von Cresta S. Bartolòmmeo Kreuzung mit dem Wanderweg Nr. 4 nach Pomonte: 3½ Std.

Nr. 6 Marciana (Abzweigung von Nr. 3, 15 Min. hinter Marciana) – Via Crucis (Kreuzung mit den Wanderwegen Nr. 1 und 2) – Ponte Valle della Nivera (1,6 km von Poggio entfernt, auf der Straße zum Monte Perone): 2¼ Std.

Nr. 7 San Piero – Monte Maolo (Kreuzung mit Wanderweg Nr. 5): 3½ Std.

Nr. 8 Seccheto – Le Filicaie (Kreuzung mit Wanderweg Nr. 5): 4¾ Std.

Nr. 9 Pomonte – Colle della Grotaccia (Kreuzung mit Wanderweg Nr. 8): 2¾ Std.

Nr. 10 La Terra (Abzweigung von Wanderweg Nr. 3) – La Tavola – Valle di Pedalta (Kreuzung mit Wanderweg Nr. 6): 2¼ Std.

Marciana Alta – Wallfahrtskirche Madonna del Monte * * *
(vgl. S. 127, 130f.)
2 km, 30 min., leicht, Karte S. 207 (Markierter Weg Nr. 3)

Der Weg beginnt etwa 100 m vom Parkplatz der *Fortezza Pisana* entfernt (beschildert); er steigt teilweise steil bergan, auf einem treppenartigen Weg an den Leidensstationen Christi vorbei. Zunächst Edelkastanien, später Pinien (durch Brände flächenweise vernichtet), Zistrosen, kleinwüchsiger Stechginster, Heidesträucher. Herrliche Ausblicke zur Küste und nach Marciana Marina. Nach 30 min. ist die *Wallfahrtskirche* erreicht (Abb. 49). Ein schmaler Fußweg führt zwischen Kirche und Eremitage hindurch nordwärts in ca. 10 min. zu einer großartigen Landschaft mit Felsburgen (Abb. 1), Riesenhohlblöcken u. a. (Abb. 2, Farbt. 6) (vgl. S. 27ff.).

Madonna del Monte – Pomonte (oder Chiessi) * * *
9 km, 3 Std., leicht, Karte S. 207 (Markierter Weg Nr. 3 und 4)

Dieser Höhenweg (etwa 600 m ü. NN) war einst die einzige Verbindung zwischen Marciana und Pomonte, bevor die Westküste in den frühen sechziger Jahren durch eine Küstenstraße erschlossen wurde.

Von der Kirche *Madonna del Monte* führt der Weg um den Monte Giove herum; Ausblick auf Sant'Andrea und den Leuchtturm an der Punta Polveraia, bei guter Fernsicht bis Korsika. 30 min.: schattiger Kastanienhain mit Bacheinschnitt und erfrischendem Quellwasser (Fosso del Castagnola). Von hier in großer Rechtskurve über die oberen Taleinschnitte des unterhalb markant ausgebildeten Kerbtales Uviale del Patresi, vorbei an einem Helm-(Glocken-)berg mit Schutthalde (s. S. 29). Nach 40 min.: Il Troppolo. Von hier in südlicher Richtung bis La Terra, einem Bergrücken oberhalb des weithin sichtbaren Monte San Bartolòmmeo, bis zu einer Piniengruppe in 35 min. Schöner Blick meerwärts bis Chiessi und hinüber zur Insel Pianosa und Montecristo; Taleinschnitte: Fosso di Vignale und Fosso della Gneccarina. Nach 10 min. Piniengruppe unterhalb des Weges. Hier (ca. 10 m abseits vom Weg) liegt ein einzelner Granitblock mit sehr gut ausgebildetem ›Opferkessel‹ mit Abflußrinnen (vgl. S. 29). Nach weiteren 7 min. Weggabelung: links Wanderweg Nr. 4 nach Pomonte (rechts Nr. 3 nach Chiessi). Nach 30 min. kleine Granitfläche mit ›Opferkessel‹; Beginn des Weinanbaus auf Terrassenflächen, z. T. in Mischkultur mit Bohnen; verlassene Felder. Abstieg im Zickzackweg, nach 30 min. *Pomonte.*

Poggio – Einsiedelei San Cerbone * *
(vgl. S. 106)
2 km, 40 min., leicht, Karten S. 173, 207)

Von *Poggio* auf der Straße ca. 400 m in Richtung Marciana Alta. Kurz vor der Abfüllstation ›Fonte Napoleone‹ links gepflasterten Forstweg hochgehen, nach 2 min. Wegschranke. Etwas später Lärchenwälder, und nach 10 min. beginnt ein bewirtschafteter Niederwald mit Kastanienbäumen. 6 min. später rechts die Wasserversorgung von Poggio. Nach 6 min. links ein Bach, der über Wasserfälle in ein kleines Naturbecken fließt. 12 min. später Ankunft an der Kirche *San Cerbone.* Die von den Appiani im 15. Jh. erbaute kleine Kirche ist in einem renovierungsbedürftigen Zustand. Von den älteren Gebäuden aus der Zeit St. Cerbones ist nichts mehr erhalten.

Von der Kirche zurück auf demselben Weg oder auf dem markierten Wanderweg Nr. 1 weiter nach Marciana bzw. zum Monte Capanne oder Nr. 6 nach Madonna del Monte.

Sant'Ilario – Colle Reciso – I Pini Campobagnolo – Marciana Marina * *
8 km, 2¼ Std., leicht, Karte S. 173
Der Weg beginnt am Parkplatz von *Sant' Ilario* (Telefonhäuschen), links vom Sportplatz. Nach 4 min. über eine Brücke, Sicht zurück auf Sant'Ilario. 25 min. später Weggabelung: man hält sich rechts, Blick auf eine Piniengruppe, dahinter in der Ferne die Halbinsel Enfola. Nach 7 min. rechts Einmündung des Wanderweges von La Pila. Links halten, nach 7 min. prächtige Schirmpinie neben einem Wohnhaus. Nach 4 min. Queren des Fosso Redinoce (Bach mit Wasserfall links). 2 min. später (ca. 50 m vor einer Wegschranke) zweigt links ein schmaler Weg ab, der sehr romantisch durch hohe Macchia führt. (Man kann aber auch dem breiten Weg bergab folgen und muß später wieder nach links hochsteigen.) Nach 9 min. kleine Lichtung (Telefonleitung), links halten; 9 min. später endet der schmale Macchienweg auf einem breiten Fahrweg, den man links bergan steigt. Blick auf die Bucht von Procchio, auf die Halbinsel Enfola und hinüber zum Festland. Nach 22 min. trifft man auf einen noch breiteren Fahrweg. (Dieser führt links nach Poggio.) Rechts folgt man ihm ca. 45 min. bis hinunter nach Marciana Marina. Großartige Aussicht auf den Monte Capanne, die Ortschaften Poggio, Marciana Alta und Marciana Marina, bei Fernsicht bis zur Insel Capraia.

Monte Tambone – Marina di Campo * *
9 km, 2½ Std., leicht, Karte S. 175

Die Wanderung beginnt am Monumento an der Straße zwischen Marina di Campo und Lacona (Parkplatz). Vom Monumento in Richtung Lacona 1,5 km der Straße folgen. Dann zweigt rechts ein Weg bergauf ab; nach 7 min. rechts halten. Nach weiteren 7 min. sehr steiler Anstieg. Blick zurück auf Volterraio, Cima del Monte, Capoliveri, Lacona und Halbinsel Calamita. 35 min. von der Straße aus erreicht man den *Monte Tambone* (377 m). Großartiger Panoramablick bis zum Monte Capanne.

Vom Monte Tambone zurück nach Südosten in Richtung Monte Fonza, nach 20 min. rechts eine Ziegenhütte (vgl. Abb. 21). Weg rechts abzweigen und bergab, nach 5 min. (unterhalb einer Felsburg aus Mittelelbagranit, vgl. S. 27 f.) Blick auf den Golfo di Campo; 5 min. später rechts am Weg ein gespaltener Granitblock. Nach 20 min. Abzweigung zum Meer möglich. Dem Fahrweg 40 min. folgen bis zur Brücke des Fosso Galeo. Schöne Aussicht auf den Monte Capanne und Marina di Campo.

Volterraio – Cima del Monte – Porto Azzurro * * *
8 km, 2 Std., mäßig schwierig, Karte S. 180
(Man kann diese Wanderung mit einem Besuch der Ruine Volterraio beginnen – s. S. 201 – muß dann aber ca. 1½ Std. mehr einplanen.) Beginn am Parkplatz unterhalb der *Ruine Volterraio* (alter Schafstall). Zunächst auf der Straße in Richtung Rio nell'-Elba bergan. Vor dem Hohlweg zweigt rechts ein breiter Weg ab, der bald in einen schmalen Hirtenpfad übergeht. Bergauf bis zur *Cima del Monte* (516 m; gefalteter Radiolaritfels). Von hier oben hat man die schönste Aussicht auf die Insel Elba: auf die Nord-, Süd- und Ostküste, auf den

Bergkegel von Volterraio (Umschlaginnenklappe vorn), Portoferraio, Monte Capanne, bei Fernsicht auf alle Inseln des Toskanischen Archipels.

Auf dem Bergrücken entlang abwärts, schließlich steil abwärts bis zu einem Fahrweg. Diesem folgt man ca. 1,5 km nach Südwesten bis zu einer Müllkippe. Von hier nach Süden abzweigen und auf einem z. T. gefährlich rutschigen Weg bergab bis *Porto Azzurro*.

Wenn man zum Ausgangspunkt der Wanderung zurückkehren muß, endet der Weg sinnvollerweise auf dem höchsten Gipfel (Cima del Monte).

Capoliveri – Monte Calamita **
8 km, 2½ Std., leicht, Karte S. 203

Ausgangspunkt ist der Platz am Ende von *Capoliveri* (Abzweigung nach Calamita Miniere und nach Portoferraio, Telefonhäuschen). Zwischen diesen beiden Abzweigungen folgt man einer schmalen Straße in Serpentinen bergan bis zum Ende. Vor einer einzelnen Steinhütte steigt man links den Hang hoch bis zu drei Pinien, Aussicht auf Capoliveri und bis nach Portoferraio. Einem schmalen Pfad folgt man 5 min. bergauf bis zu einer Steinmauer mit Pinienwäldchen dahinter. Links an der Mauer entlang und rechts zwischen zwei Mauern ca. 3 min. bergan, bis man auf einen breiten Fahrweg stößt. Diesem folgt man ca. 20 min. bergan bis zum Schild ›Zona Militare Aeronautica‹. Von hier aus gibt es mehrere Wandermöglichkeiten. Empfehlenswert ist ein Rundweg von 1 Std.: Rechts abbiegen und auf gleicher Höhe um den *Monte Calamita* herum; Aussicht auf den verlassenen Eisenerztagebau Calamita; später durch junge Aufforstungen bergauf, vorbei am Zaun des militärischen Sperrgebiets zum Ausgangspunkt zurück. Von hier aus denselben Weg bis Capoliveri zurück.

Anmerkungen

1 Hans Waldeck: Die Insel Elba, Berlin/Stuttgart 1977, S. 73, 75
2 Hans Waldeck, S. 93
3 Hans Waldeck, S. 113
4 Hans Waldeck, S. 24
5 Erste Ergebnisse der Grabungen in: L'Elba preromana : fortezze di altura. Primi risultati di scavo. Pisa/Portoferraio 1979
6 Hans Waldeck, S. 28
7 Ferdinand Gregorovius: Wanderjahre in Italien, München 1978, S. 80
8 Ferdinand Gregorovius, S. 82f.
9 Luigi de Pasquali: Napoleon auf Elba, Lecco 1979, S. 8f.
10 Luigi de Pasquali, S. 9
11 W. Hörstel: Die Napoleoninseln Korsika und Elba, Berlin 1908, S. 306
12 Ferdinand Gregorovius, S. 80
13 Zitiert nach Vernon Bartlett: Elba, München 1976, S. 167
14 Statistik der Azienda Autonoma di Cura Soggiorno e Turismo dell'Isola d'Elba, Portoferraio
15 Ferdinand Gregorovius, S. 78f.
16 Vernon Bartlett, S. 168f.
17 Ferdinand Gregorovius, S. 101f.
18 Vernon Bartlett, S. 121
19 Ulrich Mohr in: Merian-Heft ›Elba‹, S. 42
20 Carlo Fabiani in: Merian-Heft ›Elba‹, S. 51

Erläuterung der Fachbegriffe (Glossar)
(Geologie, Archäologie, Botanik)

Aktinolith ein monokliner Amphibol
Alabastron beutelförmiges Salbfläschchen mit enger, abgeflachter Mündung, ohne Henkel und Fuß, allenfalls mit Ösen versehen
allochton vom Bildungsort entfernt befindlich; aus dem ursprünglichen Verband gelöst
Alluvionen angeschwemmtes Material
Amphibole Gruppe gesteinsbildender Minerale
Anatexis Aufschmelzung fester Gesteinspartien an der Grenze zur Magmasphäre im unteren Bereich der festen Erdkruste
Andesit s. S. 19
Aplit s. S. 19
Apophyse seitliche Abzweigung von einem Gang oder einem Magmagesteinskörper, der das Nebengestein durchsetzt
Aryballos bauchiges Ölfläschchen mit enger Mündung, scheibenförmigem Mündungsrand und Bandhenkel, wurde von Athleten am Handgelenk getragen
Aufschluß Stelle im Gelände, wo das anstehende Gestein unverhüllt beobachtet werden kann. Felswände, Steilufer u. ä. sind natürliche, Steinbrüche, Straßeneinschnitte u. ä. sind künstliche Aufschlüsse
Bank feste, von Schichtfugen begrenzte Gesteinsschicht
basische Gesteine Magmatite (Erstarrungsgesteine) mit SiO_2-Gehalt unter 52%
Brekzie Sedimentgestein aus wenig verfrachteten und darum eckigen Bruchstücken eines Gesteins oder Minerals, verkittet durch ein toniges, kalkiges oder kieseliges Bindemittel
Bruch hier: Auseinanderfallen eines Minerals mit unregelmäßigen Flächen bei Schlagbeanspruchung; dient als wesentliches Erkennungsmaterial von Mineralien
C_{14}-Methode (Radiokarbonmethode) Altersbestimmung organischer Stoffe durch die Messung des Zerfalls des radioaktiven Kohlenstoffisotops C 14
Desquamation Abschuppung, s. S. 28 f.
Detritus zerriebenes Gestein
Diabas ein Basalt, dessen Hauptbestandteile Plagioklas und Augit umgewandelt sind; Chloritisierung führt zur Grünfärbung (Grünstein)
Dolomit ein wesentlich aus dem Mineral Dolomit $CaMg[CO_3]_2$ bestehendes körniges bis dichtes Gestein, aus Kalkstein entstanden, in verdünnter Salzsäure nur langsam löslich
Druse Verwachsungen gut ausgebildeter Kristalle auf den Wänden von Hohlräumen im Gestein
Endemismus Beschränkung einer Pflanzen- oder Tierart auf ein enges Gebiet. Er kann Überrest eines früher größeren Areals sein (regressiver Endemismus) oder durch Neuentwicklung einer Art an einem isolierten Standort (Insel oder Gebirge) entstanden sein
Eruptivgestein entsteht aus Schmelzflüssen (Magma), die in die Erdkruste eindringen beziehungsweise die Erdoberfläche erreichen und erstarren
Felsburg s. S. 27 f.
Flysch marine Sandsteine, Mergel, Schiefertone und Kalke in Wechsellagerung

GLOSSAR

Formation während eines Zeitraumes der Erdgeschichte durch Ablagerung entstandene Schichtenfolge
Gabbro s. S. 19
Gang aus Gestein oder Mineralien bestehende Ausfüllung einer Spalte in einem anderen (älteren) Gestein
Garigue s. S. 33
Geomorphologie Wissenschaft von den Formen der Erdoberfläche, Teilgebiet der physischen Geographie und der Geologie
Glanz durch reflektierendes Licht hervorgerufenes glänzendes Aussehen von Mineralien, dient zur Bestimmung von Mineralien
Gneis kristalliner Schiefer aus Feldspat, Quarz und Glimmer; durch Metamorphose aus Graniten (Orthogneis) oder aus Sedimentgesteinen (Paragneis) entstanden
Grus Verwitterungsprodukt von Festgesteinen, z. B. Granit, mit Korngrößendurchmesser von 63–2 mm
idiomorph von eigenen echten Kristallflächen begrenzt
Insolation Einstrahlung der Sonne auf die Erdoberfläche; großer Einfluß bei der mechanischen Zerstörung der Gesteine
Intrusion Eindringen des Magmas (Gesteinsschmelzfluß) zwischen andere Gesteine
Kantharos Trinkbecher mit hochgezogenen Schlaufenhenkeln und abgesetztem Fuß
Klüftung Durchsetzung des Gesteins mit trennenden Fugen und Klüften, ohne wesentliche Verschiebungen
Konglomerat Sedimentgestein aus abgerundeten Gesteinstrümmern, die durch ein Bindemittel miteinander verkittet sind
Kyathos 1. Schöpfkelle mit langem Stiel, aus Metall
2. Schöpfbecher aus Ton, skyphosförmig, mit über die Mündung hochgezogenem Schlaufenhenkel
Kylix bei Weingelagen verwendete flache Trinkschale mit zwei Horizontalhenkeln und anfangs niedrigem, später hohem Fuß, gebräuchlich im 7.–4. Jh. v. Chr.

Lochkarren höhlenartige Auslaugungsformen an der Oberfläche von Kalkgesteinen
Macchia s. S. 31 f.
Mergel Lockergestein aus Ton und feinverteiltem Kalk
Metamorphose Umwandlung des Mineralbestandes von Gesteinen in der Erdkruste durch Druck- und Temperaturänderungen, wobei der kristalline Zustand und die chemische Zusammensetzung erhalten bleiben
metamorphe Gesteine Gesteine, die aus Eruptivgesteinen (Magmatische Gesteine) oder Sedimentgesteinen durch Umwandlung bei veränderten Temperatur- und Druckbedingungen entstanden sind
Mohshärte Gruppierung von Mineralien nach der zehnteiligen Ritzhärteskala (nach dem Mineralogen Friedrich Mohs, 1773–1839)
Nummuliten Gruppe der Foraminiferen (einzellige Wassertierchen) mit kalkiger, flachscheibenförmiger Schale und zahlreichen spiraligen, vielkammerigen inneren Umgängen
Oinochoë eine Weinkanne mit abgesetztem Hals und Kleeblattmündung
Olpe Schlauch-Kanne, mit fließender Kontur und meist runder Mündung
Ophiolithe basische und ultrabasische Magmen, reich an Eisen; charakteristisch sind grüngefärbte Gesteine (Diabas, Serpentinit u. a.)
Phyllit grünlichgrauer, seidig glänzender, feinblättriger kristalliner Schiefer, vorwiegend aus Quarz und Serizit bestehend
Pluton Tiefengesteinskörper, der innerhalb der Erdkruste erstarrt ist. Durch Abtragung der Deckschichten werden die Plutone freigelegt
Porphyr Struktur eines Gesteins, bei dem in einer dichten oder feinkörnigen Grundmasse größere Kristalle als Einsprenglinge sitzen
Pyroxene Gruppe gesteinsbildender Minerale
Radiolarit Sedimentgestein, das durch Verfestigung aus Radiolarienschlamm entstanden ist. Radiolarien sind Strahlentierchen (Urtiere), überwiegend als Plankton lebend
saure Gesteine Magmatite (Erstarrungsgesteine) mit einem SiO_2-Gehalt über 65 %

Sedimentgesteine entstehen aus den Zerstörungsprodukten anderer Gesteine, die von Wasser, Wind oder Gletschereis verfrachtet und abgelagert werden
Serpentinit s. S. 19
Skarne vielfach eisenerz- oder kieshaltige Gesteine, die aus Kalksteinen, Dolomiten und Mergeln entstanden sind. Chemisch handelt es sich um Kalksilikatfelse
Skyphos tassenförmiger Trinknapf mit zwei Horizontalhenkeln am Mündungsrand, nicht nur bei Weingelagen zum Trinken verwendet
Solifluktion Bodenfließen; fließende Bewegung von Schutt- oder Erdmassen infolge Gefrierens und Wiederauftauens
Stratigraphie Teilgebiet der Geologie, befaßt sich mit der Aufeinanderfolge der Schichten, ihrem Gesteins- und Fossilinhalt

Strich ein mit Hilfe einer Strichtafel (poröse Porzellanplatte) erkennbares wichtiges Unterscheidungsmerkmal der Mineralien. Strichfarbe weicht häufig von der Mineralfarbe ab
Strömungsmarken erhabene Schichtflächenmarken, deren stromaufwärts gerichtetes Ende rundlich abgestumpft ist, während das andere Ende sich verbreitert und allmählich in die Schichtfläche übergeht
Tafoni s. S. 30 f.
Tektonik Lehre vom Bau der Erdkruste, den Bewegungsvorgängen und ihren verursachenden Kräften
xenomorph fremdgestaltig; Mineralien, die bei der Gesteinsbildung nicht in ihrer typischen Kristallform erstarren konnten

Literaturhinweise

Bartlett, Vernon: Elba, München 1976
Battaglini, G. M.: Cosmopolis. Portoferraio medicea storia urbana 1548–1737, Roma 1978
Dumler, H.: Wanderungen in der Toskana. (Städte – Inseln – Berge), München 1989
Ferrari, M. und Giombini, R.: Großer Wanderführer über Elba (mit Karte 1:25000), Editrice Azzurra, Florenz 1987
Godlewski, G.: Trois cents jour d'exil. Napoléon à l'île d'Elbe, Paris 1961
Grandjot, W.: Reiseführer durch das Pflanzenreich der Mittelmeerländer, Schroeder Reiseführer, Bonn 1965
Gregorovius, F.: Wanderjahre in Italien, München 1978
Hentschel, H.: Capoliveri, Portrait eines schwierigen Freundes, Elba 1982
Hörstel, W.: Die Napoleoninseln Korsika und Elba, Berlin 1908
Klaer, W.: Verwitterungsformen im Granit auf Korsika. Petermanns geogr. Mitt., Erg.-Heft 261, Gotha 1956
Mellini, V.: Memorie storiche dell'Isola d'Elba, Firenze 1965
Monaco, G. und Tabanelli, M.: Guida all'Elba Archeologica ed Artistica, Forlì 1975
Moretti, J. und Stopani, R.: Chiese romaniche all'Elba, Firenze 1972
Pasquali, L. de: Napoleon auf Elba, Lecco 1979
Pasquali, L. de: Storia dell'Elba, 3. Aufl. Lecco 1982
Piras, Pierangela Pellizza: La Cucina Tradizionale dell'Isola d'Elba, Portoferraio o. J. (1979) deutsche Übersetzung: Kochbuch der Insel Elba, Lecco 1982
Polunin, O. u. Huxley, A.: Blumen am Mittelmeer, BVL Bestimmungsbuch, München 1976
Racheli, G.: Le Isole de Ferro. Natura, storia, arte, turismo dell'Archipelago Toscano, Milano 1978
Rainero, E.: Die Insel Elba (Bildband), Firenze 1981
Rother, F. und A.: Elba. Eigene Welt im Mittelmeer. Harenberg Edition der bibliophilen Taschenbücher, Dortmund 1990
Schumann, W.: Steine und Mineralien, BVL Bestimmungsbuch, München 1972
Waldeck, Hans: Die Insel Elba. Mineralogie, Geologie, Geographie, Kulturgeschichte. Samml. Geol. Führer, Berlin/Stuttgart 1977
Wilhelmy, H.: Klimamorphologie der Massengesteine, Braunschweig 1958
Zecchini, M.: Gli Etruschi all'Isola d'Elba, Portoferraio 1978
Zecchini, M.: L'Elba dei tempi mitici, Pisa 1970
Zecchini, M.: Relitti romani dell'Isola d'Elba, Lucca 1982

Ausführliche Literaturhinweise über Geologie, Mineralogie und Geschichte bei H. Waldeck (1977), über Mineralogie, Flora, Fauna, Geschichte und Archäologie bei G. Racheli (1978), über die Frühgeschichte bei M. Zecchini (1978)

Empfehlenswerte Landkarten

1 Carta Automobilistica d'Italia 1:200000 des Touring Club Italiano (TCI), Blatt 15. Dazu Sonderblatt 5 (Mete turistiche in Toscana e Umbria)
2 Carta d'Italia 1:25000, für Elba 7 Blätter (Cavo, Porto Azzurro, Capoliveri, Marina di Campo-Isola di Montecristo, Portoferraio, Marciana, Pomonte-Isola di Pianosa)
3 Carte Turistico-Stradali: Isola d'Elba e Arcipelago Toscana 1:50000, Instituto Geografico de Agostini, 1989
4 Carta Turistica Isola d'Elba 1:30000, KOMPASS-Verlag (mit Wanderwegen!)
5 Tourenkarte Isola d'Elba 1:50000, hrsg. von der Agenzia Viaggi TESI, Portoferraio
6 Carta Geologica dell'Isola d'Elba 1:50000, Editrice Azzurra (Neuauflage der Karte 1:10000 von 1882)

Die Karten 1–5 sind über den deutschen Buch- und Landkartenhandel zu beziehen. Nur die Karten 3–6 sind auf Elba erhältlich.

Rio nell'Elba

Praktische Reisehinweise

Wie kommt man nach Elba?

Mit dem Auto
Zu empfehlen ist die Anreise mit dem Auto, da die Insel Elba dem Autofahrer viel Sehenswertes bietet.

Autoreise München – Elba = 820 km
Beste und schnellste Strecke:
Autobahn: München – Brenner – Mantua – Parma – La Spezia – Livorno (Autobahn-Ende). Von dort 80 km bis Piombino – Fähre.

Autoreise Basel – Elba = 800 km
Beste und schnellste Strecke:
Autobahn: Basel – Zürich – St.-Gotthard-Tunnel (16,3 km) – Bellinzona – Mailand – Piacenza – Parma – La Spezia – Livorno (Autobahn-Ende). Von dort 80 km bis Piombino – Fähre.

Autofährmöglichkeiten Festland – Elba
1 Autofähre Piombino – Portoferraio (Elba)
Staatliche Autofähre – weiße Linie
Schiffahrtsgesellschaft TO.RE.MAR.
I–57025 Piombino
Piazzale Premuda, 13–14
⌀ 0039/565–31100, Telex: 590387
2 Autofähre Piombino–Portoferraio (Elba)
Private Autofähre – blaue Linie
Schiffahrtsgesellschaft NAV.AR.MA.
I–57037 Portoferraio
Viale Elba, 4
⌀ 0039/565/918101
Telex: 590590 NAVARM-I
3 Autofähre Livorno – Portoferraio (Elba)
Schiffahrtsgesellschaft TO.RE.MAR.
Via Calafati, 4
I–57100 Livorno
⌀ 0039/586/896113, Telex 500304
Außerdem gibt es noch eine Autofährverbindung der TO.RE.MAR. zwischen Piombino und Rio Marina bzw. Porto Azzurro. Ein Tragflügelboot (Aliscafo), nur für Passagiere, verkehrt zwischen Piombino–Cavo–Portoferraio in 40 min.
Einfach ist die Vorausbuchung auf NAV.-AR.MA.-Schiffen über deutsche Reisebüros bei Seetours-International, 6000 Frankfurt/M., Seilerstr. 23, ⌀ 069/1333–260. Umständlich ist die Vorausbuchung auf TO.RE.MAR-Schiffen.

Schreiben Sie die Schiffahrtsgesellschaft in Piombino direkt an und teilen Sie den Ankunftstag und die Tageszeit mit, außerdem Art des Kraftfahrzeugs mit Hubraum, Länge des Caravans oder Anhängers, Anzahl der Personen. Die Schiffahrtsgesellschaft wird Ihnen dann eine Bestätigung mit der genauen Abfahrtszeit der Fähre zuschicken. Sicherer ist die Vorbestellung über:
Agenzia Viaggi Tesi

PRAKTISCHE REISEHINWEISE: ANREISE/VERKEHRSVERBINDUNGEN

> **Wichtig!**
> Wenn Sie in der Hochsaison nach Elba reisen, sollten Sie auf jeden Fall ihre Unterkunft (Hotel, Appartement, Pension, Ferienhaus, Campingplatz) möglichst frühzeitig buchen und anzahlen. Sonst kann es Ihnen passieren, daß Sie auf Elba nicht die geeignete Unterkunft finden und gezwungen sind, sofort wieder zum Festland zurückzukehren. In den Monaten Juni bis September ist auch die Vorbestellung der Autofähre notwendig, da sonst Wartezeiten bis zu 24 Stunden und mehr in Kauf genommen werden müssen. Für die Rückreise von Elba zum Festland ist eine Buchung sofort nach Ankunft auf der Insel dringend zu empfehlen.

I–57037 Portoferraio
∅ 0039/565/92386–7
Telex: 500226 – Isola d'Elba (Italia).
Das Reisebüro wird Ihnen ein Formular zum Ausfüllen und die Bitte um Überweisung der Kosten zuschicken. Erst nach Eintreffen des Geldes wird das Reisebüro tätig und bei den Schiffahrtsgesellschaften einen Platz für Sie reservieren. Bei den Schiffahrtsbüros im Hafen erhält man gegen Vorlage der zugeschickten ›Prenotazione‹ (Platzkarte) die Fahrkarte für das Auto. Man sollte mindestens eine Stunde vor Abfahrt des Schiffes im Hafen eintreffen.

Mit der Bahn
München – Brenner – Florenz (umsteigen) – Campiglia-Marittima (umsteigen) – Piombino-Fähre/Tragflügelboot = 10–12 Stunden
Basel – Genua – Campiglia-Marittima (umsteigen) – Piombino-Fähre = 10–12 Stunden

Mit dem Flugzeug
Der Flughafen auf Elba bei Marina di Campo ist für Turbopropellermaschinen bis 4 t geeignet (800 m Landepiste).
Flüge mit Lufthansa/Alitalia nach Pisa, Florenz oder Mailand, von dort mit Lufttaxi (Transavio) nach Elba oder mit der Bahn nach Campiglia-Marittima (umsteigen) – Piombino – mit Fähre oder Tragflügelboot nach Elba.
Im Sommerhalbjahr bieten verschiedene Reiseveranstalter Direktflüge von Deutschland, Österreich und der Schweiz nach Elba an. *Aeroporto Elba* ∅ 97011

Verkehrsverbindungen auf Elba

Autobus
Zwischen Portoferraio und den übrigen Orten existiert regelmäßiger Busverkehr. Ausgangspunkt aller Busse ist die *Calata Matteotti* (Alter Hafen), fünf Minuten später *Calata Italia* (Neuer Hafen). Es gibt folgende Hauptrouten:

1. Portoferraio – Porto Azzurro – Rio nell'Elba – Rio Marina – Cavo (Nebenlinie nach Capoliveri)
2. Portoferraio – Procchio – Marina di Campo – Pomonte (Rückverkehr von Fetovaia über San Piero und Sant'Ilario)
3. Portoferraio – Procchio – Marciana Marina – Poggio – Marciana Alta (gelegentlich bis Pomonte)

Außerdem bestehen Verbindungen mit San Martino, Bagnaia, Lacona und Viticcio.

Busfahrpläne erhalten Sie bei:
Busbüro ATL
Portoferraio, Hochhaus-Passage
∅ 91 43 92

Taxi
Hauptstand der Taxis in Portoferraio ist an der *Molo Massimo*. Es empfiehlt sich, vorher den Preis zu vereinbaren. ∅ 91 51 12. Manche Hotels unterhalten eigene Taxis.

Mietwagen und Motorroller
Auskunft in den Reisebüros

Rufnummern für Notfälle	
Polizei und Unfallrettung für ganz Italien	113
Erste Hilfe und Unfallrettungsdienst: Portoferraio	
– Reverenda Misericordia	91 40 09
– Publica Assistenza	91 40 10
– Croce Verde	91 70 70
Porto Azzurro	95 79 92
Rio Marina	96 20 09
Rio nell'Elba	94 33 93
Marciana Marina	99 68 67
Capoliveri	96 70 70
Marina di Campo	97 70 85
in Portoferraio:	
Krankenhaus (Ospedale)	91 74 21
Feuerwache	91 42 22
Polizei (Carabinieri)	91 42 41
Verkehrspolizei (Polizia Stradale)	91 47 41

Wichtige Adressen

Diplomatische Vertretungen in Italien

Bundesrepublik Deutschland
Botschaft
Via Po 25c
00198 Roma
∅ (06) 86 03 41

Konsulate
Via San Vincenzo 4/28
16121 Genova
∅ (010) 590841

Via Solferino 40
20121 Milano
∅ (02) 6 59 54 61

Honorarkonsulat
Via San Francesco 17
57100 Livorno
∅ (0586) 3808

Österreich
Konsulate
Piazza Raffaele Rosetti 4
16129 Genova
∅ (010) 592680

Via Mascheroni 25
20145 Milano
∅ (02) 482066/482937

Schweiz
Konsulate
Via Tornabuoni 1
50123 Firenze
∅ (055) 216142/284708

Piazza Brignole 3
16122 Genova
∅ (010) 565620

Via Palestro 2
20121 Milano
∅ (02) 795515

PRAKTISCHE REISEHINWEISE: WICHTIGE ADRESSEN

Italienische diplomatische Vertretungen

Bundesrepublik Deutschland

Botschaft

Karl-Finkelnburg-Straße 51
5300 Bonn-Bad Godesberg
∅ (0228) 820060

Generalkonsulate

Graf-Spee-Straße 1/7
1000 Berlin
∅ (030) 2611591

Beethovenst. 17
6000 Frankfurt/Main
∅ (069) 720796

Österreich

Botschaft

Rennweg 27
1030 Wien
∅ (0222) 725121

Generalkonsulat

Kardinal-Schuett-Straße 9
9021 Klagenfurt
∅ (04222) 83455

Schweiz

Botschaft

Elfenstraße 14
3000 Bern
∅ (031) 444151

Generalkonsulate

Schaffhauserrheinweg 5
4000 Basel
∅ (061) 333925

Rue Charles Galland 14
1200 Genève
∅ (022) 464744

Avenue de la Gare 29
1000 Lausanne
∅ (021) 201291

Via Monte Ceneri 16
6900 Lugano
∅ (091) 24461

Conrad-Ferdinand-Meyer-Str. 14
8000 Zürich
∅ (01) 366500

Für Reisevorbereitungen

Informations-Büros des Staatlichen Italienischen Fremdenverkehrsamtes E.N.I.T. (Ente Nazionale Industrie Turistiche)

Bundesrepublik Deutschland

Berliner Allee 26
4000 Düsseldorf
∅ (0211) 132231

Kaiserstraße 65
6000 Frankfurt/Main
∅ (069) 231213

Goethestraße 20
8000 München 2
∅ (089) 530369/533933

Österreich

Kärntnerring 4
1010 Wien
∅ (0222) 654374/651630

Schweiz

3, Rue du Marché
1204 Genève
∅ (022) 282922

Uraniastraße 32
8001 Zürich
∅ (01) 2113633

Allen größeren Reisebüros in der Bundesrepublik Deutschland, in Österreich und der Schweiz sind CIT (Compagnia Italiana Turismo) – Vertretungen (= offizielle italienische Reisebüros) angeschlossen (zum Buchen der Reise, Ausgabe von Fahrkarten).

Insel Elba
A.A.S.T.
(Azienda Autonoma di Cura Soggiorno e Turismo) (Fremdenverkehrsamt)
Calata Italia 26, 57037 Portoferraio
∅ 91 46 71
Verzeichnis von Hotels, Pensionen und Bungalows, Beratung bei Touristenproblemen

Associazione Albergatori Elbani
(Vereinigung der Hotelbesitzer)
Calata Italia 21/A, 57037 Portoferraio
∅ 91 47 54
(Prospektmaterial über alle angeschlossenen Hotels, Buchungen)

Der deutschsprachige ›Elba-Spiegel‹ informiert über aktuelle Ereignisse. Herausgeber: Tourist-Inform-Center Elba, Elvira Korf

Touristenagenturen auf Elba
(Fahrkarten für Fähre, Eisenbahn, Flugzeug, Autovermietung)

Portoferraio
Agenzia Viaggi Tesi
Calata Italia 8
∅ 91 43 86/87
Ufficio Turistico Caprai
Via Marconi 4
∅ 91 51 59

Agenzia TO.RE.MAR
Calata Italia 22
∅ 91 80 80
Agenzia NAV.AR.MA
Viale Elba 4
∅ 91 81 01

Busrundfahrten mit Führung arrangieren:
Agenzia Viaggi Aethaltours
Viale Elba 4
∅ 91 57 55
Agenzia Viaggi Intourelba
Viale T. Tesei 1
∅ 91 72 36

Für Koffer und größere Frachten:
Bagaglio e Spedizioni
Via Carducci
∅ 92 19 2

Porto Azzurro
Ufficio Turistico Arrighi
Banchina IV. Novembre
∅ 95 00 0
Ufficio Turistico Mantica
Via Vitaliani
∅ 95 35 1
Agenzia TO.RE.MAR.
Banchina IV Novembre, 19
∅ 95 00 4

Procchio
Ufficio Turistico ›Bruno‹
∅ 90 77 16

Capoliveri
Ufficio Turistico Della Lucia
Via Mellini 9
∅ 96 84 17

Marina di Campo
Ufficio Turistico CIPAT
Via Mascagni
∅ 97 64 14

Hinweise von A bis Z

Ärztliche Versorgung
In allen ENIT-Büros liegen jeweils die neuesten Adressenlisten deutschsprachiger Ärzte aus; Deutsche und Österreicher werden in Italien gegen Vorlage eines ›Internationalen Krankenscheins‹ behandelt, den Sie bei Ihrer Krankenkasse erhalten (ca. 3–4 Wochen vor Reisebeginn beantragen).

Autoreisen
Straßenhilfsdienst
Der Straßenhilfsdienst des ACI hat die *Rufnummer 116*. Pannenhilfe ist für ADAC-Schutzbrief-Inhaber kostenlos.
Verkehrsbestimmungen
Auf Landstraßen liegt die Geschwindigkeitsbegrenzung für Pkw mit einem Hubraum bis 600 cm³ und Motorräder bis 99 cm³ bei 80 km/h, für alle anderen Pkw und Motorräder bei 90 km/h, auf Schnellstraßen bei 110 km/h. Auf Autobahnen dürfen Motorräder unter 149 cm³ überhaupt nicht fahren und Autos mit einem Hubraum bis 600 cm³ nicht mehr als 90 km/h. Für stärkere Pkw und Motorräder beträgt das Tempolimit auf Autobahnen 130 km/h, an Wochenenden, Feiertagen und in der Ferienzeit (Juli/August) sogar nur 110 km/h.

In Orten mit guter Straßenbeleuchtung nur mit Standlicht fahren. In Tunneln und Galerien immer mit Abblendlicht fahren. Privates Abschleppen auf der Autobahn ist verboten. Parkverbot besteht an schwarzgelb markierten Bordsteinen. Straßenbahnen haben stets Vorfahrt.
Kraftfahrzeugpapiere
Nationaler Führerschein. Dringend empfohlen: Grüne Versicherungskarte sowie eine Vollkasko-Versicherung.

Tankstellen
Außer an Autobahnen sind Tankstellen von 7–12.30 Uhr und 15.30–19.30 Uhr geöffnet, Okt.–April bis 19.00 Uhr. Da das Normalbenzin weniger Oktan hat als in Deutschland, sollte man Super tanken. Ein Verzeichnis der Tankstellen, die bleifreies Benzin verkaufen, ist beim ADAC erhältlich.
Benzingutscheine
Ermäßigungsgutscheine für Treibstoff und Autobahnbenutzung (bei ADAC, Banken)

Devisen
Ein- und Ausfuhr von Fremdwährung sowie Einfuhr von Landeswährung unbegrenzt. Ausfuhr von Landeswährung bis zu 1 Mill. Lire. Bei Ausfuhr von Fremdwährung im Gegenwert über 5 Mill. Lire pro Person muß der gesamte Betrag bei der Einreise deklariert werden. Schecks, Reiseschecks, Euroschecks und Postsparbücher brauchen nicht deklariert und können ohne Beschränkung ausgeführt werden.

Notruf
Deutschsprachige Pannenhilfe: Rom, ⌀ (06) 4 95 47 30 (ACI/ADAC)

Öffnungszeiten
Banken: 8.20–13.20 Uhr, samstags und sonntags geschlossen. Am Fährhafen Portoferraio ist eine Wechselstube auch an Sonn- und Feiertagen geöffnet.
Geschäfte: 8.30–12.30, 15.30–19.30 Uhr. In den größeren Orten sind sie, vor allem während der Saison, auch an Sonn- und Feiertagen geöffnet, abends auch länger.

Reisedokumente
Für die Einreise nach Italien benötigen Bürger der Bundesrepublik Deutschland, Österreich und der Schweiz Reisepaß oder

Personalausweis. Für Kinder unter 16 Jahren gilt der Kinderausweis oder eine Eintragung im Familienpaß.

Stromstärke
In den größeren Ortschaften 220 Volt, in den kleineren Ortschaften meist nur 110 Volt. Schukostecker sind nicht verwendbar.

Telefon
In Italien kann man in öffentlichen Telefonzellen mit Geldmünzen und mit ›Gettoni‹ telefonieren, die an jedem Kiosk zu kaufen sind; oftmals werden sie auch als Wechselgeld herausgegeben.
Vorwahl für Deutschland: 0049
Österreich: 0043
Schweiz: 0041
anschließend Vorwahl der Ortsnetzkennzahl ohne Null.

Tips
Zum Wandern durch die Macchia: knöchelhohe Schuhe, Stock zum Vertreiben von Schlangen, bei Schlangenbiß sofort das entsprechende Glied abbinden und Arzt aufsuchen. Wunde nicht aussaugen! Zum Sammeln von Mineralien und Gesteinen: Hammer, Meißel und Zubehör zum Bestimmen (Lupe, Strichtafel, Ritzbesteck, verd. Salzsäure [10%] zum Nachweis von Karbonatgesteinen, u. a.), Tesakrepp zum Beschriften, Plastiktüten, Stiefel, Rucksack.

Wochenmärkte (von 9–13 Uhr)
Montag: Rio Marina
Dienstag: Marciana Marina
Mittwoch: Marina di Campo
Donnerstag: Procchio, Capoliveri
Freitag: Portoferraio
Samstag: Porto Azzurro

Zoll
Der Reisebedarf für den persönlichen Gebrauch darf vorübergehend zollfrei eingeführt werden. Zollfrei zum Verbrauch bleiben 300 Zigaretten oder 150 Zigarillos oder 75 Zigarren oder 400 g Tabak, 1,5 l Spirituosen über 22 % oder 3 l Spirituosen unter 22 % Alkoholgehalt oder 3 l Schaumwein und 3 l sonstiger Wein, 750 g Kaffee oder 300 g Kaffeeauszüge, 150 g Tee oder 60 g Teeauszüge. Tabak, Alkohol und Kaffee nur für Personen über 15 Jahre. Von Personen über 15 Jahre dürfen Waren und Geschenke bis zu einem Gegenwert von 135 553 Lire eingeführt werden. Wegen der Mitnahme von Sprechfunkgeräten und Waffen ist Rückfrage beim ADAC oder den Fremdenverkehrsämtern erforderlich.

Klima und Reisezeit

Die Insel Elba besitzt typisches Mittelmeerklima: heiße, trockene Sommer und milde, feuchte Winter.
Jahreszeitliche Durchschnittstemperaturen
Winter 9,7 °C
Frühjahr 13,9 °C
Sommer 22,7 °C
Herbst 16,6 °C

Monatliche Niedrigst- u. Höchsttemperaturen

Monat	Minimum in °C	Maximum in °C
Januar	1	16
Februar	1	17
März	6	18
April	8	22
Mai	12	25
Juni	14	31

Juli	18	30
August	18	32
September	15	28
Oktober	10	28
November	10	22
Dezember	6	18

Die Bewölkung ist während der Sommermonate (Juli, August) am geringsten, während der Monate Februar, März und April am höchsten. Dem Bedeckungsgrad entsprechen auch die Niederschläge; die Niederschläge sind im Februar und März mit 8,7% und 8,5% am höchsten, im August mit 1,4% am niedrigsten. Die Niederschlagsmengen sind aufgrund der orographischen Verhältnisse recht unterschiedlich: die höchsten wurden in Westelba im Bereich des Monte Capanne mit 1062 mm/Jahr, die niedrigsten in Mittelelba in der Umgebung von Portoferraio mit 576 mm/Jahr gemessen.

Als Insel ist Elba ständigen Winden ausgesetzt, die variieren können von einer willkommenen Brise im heißen Sommer bis zu orkanartigen Stürmen im späten Herbst. Während der Wintermonate sind die Luftbewegungen am stärksten. Dann weht aus südwestlicher bis südöstlicher Richtung der ›Scirocco‹ (Windstärke 6–8). Er hat die Wärme der Sahara in sich aufgenommen und sich über dem Meer mit Feuchtigkeit angereichert. Er kündigt sich durch starken Dunst an. Aus westlicher bis südwestlicher Richtung weht der ›Libeccio‹ (Windstärke 6–8) und der ›Ponente‹. Ein kalter Nordwind polaren oder arktischen Ursprungs ist der ›Maestrale‹ (großartige Fernsicht), und aus nordöstlicher Richtung erreicht die ›Tramontana‹, von der Adria herkommend, das italienische Festland und die Insel Elba.

Allen Reisenden, die an Baden und Wassersport interessiert sind, seien die Sommermonate auf Elba empfohlen, dem entdeckungsfreudigen Reisenden mehr die Frühjahrs- und Herbstmonate. Er muß zwar ab und zu mit Schlechtwettertagen rechnen, erlebt dafür aber eine Insel der blühenden Macchia und der Obstbäume oder der bunten Wein- und Kastanienernte und wird in seinem Unternehmungsgeist nicht durch die drückende sommerliche Hitze gehemmt.

Durchschnittliche Wassertemperaturen

April	19 °C
Mai	20 °C
Juni	24,1 °C
Juli	24,3 °C
August	27,3 °C
September	25,5 °C
Oktober	23,1 °C

Campingplätze

1 *Rosselba Le Palme****, 57037 Portoferaio/Ottone, ∅ 966101
2 *Acquaviva***, 57037 Portoferraio Acquaviva, ∅ 915592
3 *La Sorgente***, 57037 Portoferraio, ∅ 917139
4 *Enfola****, 57037 Portoferraio, ∅ 915390
5 *Scaglieri****, 57037 Portoferraio, ∅ 969940
6 *La Foce****, 57034 Marina di Campo, ∅ 97456
7 *Del Mare***, 57034 Marina di Campo, ∅ 97237
8 *Dell'Isola****, 57034 Marina di Campo, ∅ 97048

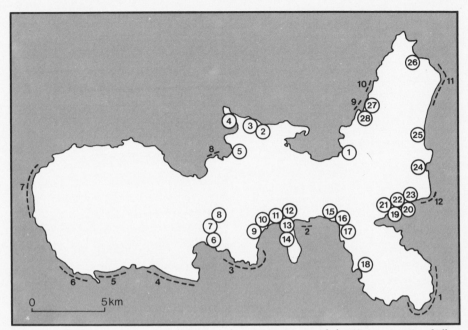

Campingplätze (Nr. 1–28 im Kreis) und FFK-Strände (Nr. 1–12 mit gestrichelter Linie; s. S. 227) auf Elba

9 Laconella**, 57037 Portoferraio/ Lacona, ℘ 964063
10 Tallinucci**, 57037 Portoferraio/ Lacona, ℘ 964066
11 Valle S. Maria**, 57037 Portoferraio/ Lacona, ℘ 964101
12 Lacona-Pineta***, 57037 Portoferraio/ Lacona, ℘ 964149
13 Lacona***, 57937 Portoferraio/ Lacona, ℘ 964161
14 Stella Mare***, 57037 Portoferraio/ Lacona, ℘ 964007
15 Lido*, 57031 Lido di Capoliveri
16 Europa***, 57031 Lido di Capoliveri, ℘ 940121
17 Le Calanchiole**, 57031 Calanchiole/ Capoliveri, ℘ 940138
18 Croce del Sud**, 57031 Capoliveri/ Morcone, ℘ 968640
19 Da Mario**, 57036 Porto Azzurro/ Via del Forte 17, ℘ 958032
20 Arrighi**, 57036 Porto Azzurro/ Barbarossa, ℘ 95568
21 Arrighi Alessandro**, 57036 Porto Azzurro/Barbarossa, ℘ 95087
22 Roclan's**, 57036 Porto Azzurro/ Barbarossa, ℘ 957803
23 Reale**, 57036 Porto Azzurro, ℘ 95678
24 Canapai**, 57038 Rio Marina/Ortano, ℘ 943271
25 Le Venelle**, 57038 Rio Marina, Strada vicinale di Venelle
26 Paguro's**, 57030 Cavo, ℘ 949966
27 Nisportino**, 57039 Rio nell'Elba/ Nisportino, ℘ 961081
28 Sole e Mare***, 57029 Rio nell'Elba/ Nisporto, ℘ 961059

PRAKT. REISEHINWEISE: CAMPINGPLÄTZE / BADESTRÄNDE / FKK-STRÄNDE

Wie überall in Italien ist wildes Campieren offiziell verboten. Die Campingplätze sind durchgehend von April/Mai bis Oktober geöffnet. Es empfiehlt sich dringend, während der Hochsaison im voraus zu buchen, da die meisten Plätze voll belegt sind.

Badestrände

*besonders empfehlenswert in schöner landschaftlicher Umgebung

Comune di Portoferraio
* La Biodola (Sand) (Farbt. 13, 15)
Le Ghiaie (Kies)
Le Viste (Sand und Fels)
Acquaviva (Kies)
Enfola (Sand und Kies)
Capo Bianco (Kies)
Paduella (Kies)
Bagnaia (Sand und Kies)
Schiopparello (Kies)
Ottone (Sand und Kies)

Comune di Capoliveri
* Lacona, großer Strand (Sand)
Lido (Sand)
* Naregno (Sand)
Pareti (Sand)
Morcone (Sand)
Stracoligno (Sand)
Ferrato (Sand)
Norsi (Sand)
* Margidore (Sand und Fels)
Innamorata (Sand)
Zuccale (Sand)
Madonna della Grazie (Sand)

Comune di Campo nell'Elba
* Marina di Campo (Sand) (Farbt. 27)
Galenzana (Sand)
* Cavoli (Sand)
Seccheto (Sand und Fels)
* Fetovaia (Sand) (Farbt. 42)

Ogliera (Kies)
Fonza (Kies)
Colle Palombaia (Kies)

Comune di Marciana
* Procchio (Sand)
Spartaia (Sand)
* Sant'Andrea (Sand und Fels) (Abb. 3)
Patresi-Mare (Kies)

Comune di Marciana Marina
La Fenicia (Kies)

Comune di Porto Azzurro
Barbarossa (Sand)
Reale (Sand)
Terranera (Kies) (Farbt. 47)
La Rossa (Sand)
La Pianotta (Fels und Kies)

Comune di Rio Marina
Ortano (Sand und Fels)
Porticciolo (Sand und Fels)
Luisi d'Angelo (Sand und Fels)
Marina di Gennaro (Sand und Fels)
La Caletta (Sand und Fels)
Cala dell'Alga, Cavo (Sand und Fels)
Frugoso, Cavo (Sand und Fels)
Vigneria (Sand und Fels)
Lungomare di Cavo (Sand und Fels)
Rio Albano (Sand)

Comune di Rio nell'Elba
Bagnaia (Sand und Fels)
Nisporto (Kies)
Nisportino (Sand)

FKK-Strände

Es gibt auf Elba zwölf Strände, an denen Nacktbaden toleriert wird (vgl. Karte S. 225). Diese liegen alle in entlegenen Küstengebieten ohne Service-Einrichtung und besitzen häufig keinen Zugang von der Landseite. Die italienische Naturistenvereinigung bemüht sich auf der Insel um eine breitere Anerkennung der Freikörperkultur.

Die FKK-Bewegung ist im religiösen und traditionsreichen Italien aber ein erster vorsichtiger Versuch einer neuen Lebenseinstellung, die der FKK-Anhänger durch unauffälliges Benehmen an den FKK-Stränden respektieren sollte.

Nähere Auskunft: A.N.ITA. Associazione Naturista Italiana, Gruppo Naturisti ›Isola d'Elba‹, Via Andrea Vitaliani, 20, 57036 Porto Azzurro, ✆ (0565) 95619

1. *Costa dei Gabbiani* (Capoliveri)
   5 km Küstenbereich, 250 m Strand (Sand, Kies), Felsen
   Zugang: mit dem Auto von Capoliveri zur Fattoria Ripalte, Stichstraßen zum Meer oder Zugang mit dem Boot von den Stränden Capoliveris

2. *Spiaggia del Golfo Stella* (Capoliveri)
   400 m, Kies und Sand, Felsenriffe
   Zugang: mit dem Auto auf der Straße nach Lacona, 2 km von der Abzweigung Portoferraio–Porto Azzurro

3. *Costa della Laconella* (Capoliveri)
   800 m, Kiesstrand und Felsen
   Zugang: mit dem Auto von Marina di Campo auf einer Erdpiste in Meeresnähe, später Abzweigung zum Meer

4. *Costa di Capo Poro* (Marina di Campo)
   1,5 km, Felsenküste
   Zugang: mit dem Boot von den Stränden Cavoli oder Marina di Campo

5. *Costa di Seccheto* (Marina di Campo)
   1,2 km, Granitfelsen
   Zugang: mit dem Auto, von der Straße Marina di Campo – Fetovaia, Parkmöglichkeiten (unauffällig verhalten!)

6. *Litorale Costiero ›Punta delle Tombe‹*
   600 m, feiner Sand und Kies
   Zugang: mit dem Auto, von der Straße Fetovaia–Pomonte (unauffällig verhalten!)

7. *Costa ›Sedia di Napoleone‹* (Marciana)
   3 km, Felsen, kleine Sand- und Kiesbuchten
   Zugang: vom Meer

8. *Penisola della ›Procchiodola‹* (Marciana)
   3 km, Felsen und 60 m Strand
   Zugang: mit dem Boot von den Stränden Procchio oder Biodola

9. *Litorale Costiero di Nisporto* (Rio Elba)
   700 m, Kies und Sand
   Zugang: mit dem Boot von den Stränden Nisporto oder Bagnaia

10. *Litorale Costiero di Nisportino* (Rio Elba)
    150 m, Kies und Sand
    Zugang: mit dem Boot vom Strand von Nisportino

11. *Litorale Costiero di ›Capo Pero‹* (Rio Marina)
    5 km, Kies und Sand
    Zugang: vom Meer und mit dem Auto von der Straße Rio Marina – Cavo, leicht zugänglich

PRAKT. REISEHINWEISE: TOSKAN. SEGELREVIER/UNTERWASSERSPORT

12 *Costa di Barbarossa* (Porto Azzurro) Boot von den Stränden Barbarossa und
    200 m, 25 m Strand, Felsen   Reale (unauffällig verhalten!)
    Zugang: mit dem Auto und mit dem

Toskanisches Segelrevier

Etwa 100 Seemeilen im Umkreis von Elba, zwischen Korsika im Westen und dem italienischen Festland, liegt ein Revier für Segler, über das es nur Lobendes zu berichten gibt. Jede Insel des Archipels öffnet den Kurs auf entferntere Ziele: Korsika und Sardinien, die Häfen der Halbinsel Monte Argentario und die Pontinischen Inseln. Pianosa und Gorgona, beide Strafkolonien, sowie die unter Naturschutz stehende Insel Montecristo sind für das Anlegen gesperrt.

Fast den ganzen Sommer über herrschen meist ruhige, überschaubare Wetterverhältnisse. Im Osten der bis zu fast 3000 m aufsteigenden Gebirgskette Korsikas ist das Meer ruhig, gekräuselt nur von kleinen weißen Schaumköpfen, welche die Segler so lieben. Die Seekarte weist kaum Klippen oder Sandbänke auf. Unzählige Buchten bieten Schutz vor aufkommenden Winden. Meist nur im Frühjahr und Herbst bläst ein starker Mistral (Maestrale) aus dem Norden, der in der Straße von Bonifacio zwischen Korsika und Sardinien nicht selten Sturmstärke annimmt. Auch im Sommer gibt es durchschnittlich fünf Starkwindtage pro Monat; dann weht der Schirokko, der von Afrika kommt und über dem Meer mit Feuchtigkeit vollgesogen ist. Er kündigt sich durch starken Dunst an.

Mittelpunkt des Toskanischen Segelreviers ist aber zweifellos die Insel Elba. Hier gibt es die besten Häfen Mittelitaliens, das sichere Portoferraio mit gut ausgestatteten Werften zur Reparatur der Boote sowie Marciana Marina an der Nordküste, Porto Azzurro an der Ostküste – bei Schirokko nicht ganz so ruhig –, und zahlreiche Buchten und Schlupfwinkel, die malerischen Buchten von Marina di Campo, Procchio, Biodola, Cavo, Fetovaia und Golfo Stella.

›Segeln im Toskanischen Archipel: Das ist das Erlebnis eines Paradieses unter südlicher Sonne, aber auch das Erlebnis eines neuen Klimas, neuer Winde und Unwetter, eines ganz

Segelschulen auf Elba

Segel-Zentrum Elba
57037 Portoferraio/Bagnaia
✆ (0039/565) 961090
Buchungsstelle Deutschland:
Segel-Zentrum Elba
Sürther Hauptstraße 211
5000 Köln 50
✆ (02236) 65505

DHH-Yachtschule Elba
Le Grotte del Paradiso
57037 Portoferraio
✆ (0039/565) 933329/933362
Buchungsstelle Deutschland:
Deutscher Hochseesportverband
›Hansa‹ e. V.
Rothenbaumchaussee 58
2000 Hamburg 13
✆ (040) 4411 4250

Yachtschule des Segel-Club-Elba
57037 Portoferraio/Magazini 1B
∅ (0039/565) 933288/933020
Buchungsstelle Deutschland:
Yachtschule des Segel-Club-Elba
Im Schlag 11
5060 Bergisch Gladbach 1
∅ (02204) 68703

Segelschule Procchio
Villa La Capanna
57030 Procchio
∅ (0039/565) 907838
Buchungsstelle Deutschland:
Günther Helm
Peter-Büscher-Str. 2
4400 Münster
∅ (0251) 619358

ungewohnten, meist zahmen und sanften, aber seine Wildheit nur verbergenden Meeres.‹[19] Das Angebot der Segelschulen an Lehrgängen reicht vom Segeln für Kinder (6–13jährige) über Grundlehrgang, Führerschein A (Befahren von Binnengewässern mit Sportbooten), BR-Schein (Führen eines Segelbootes im Revier innerhalb aller von Seeschiffen befahrenen Gewässer bis zur jeweiligen völkerrechtlichen 12-sm-Grenze) bis zum BK-Schein (Führen von Segeljachten im Revier von Ostsee, Nordsee und Mittelmeer sowie für alle Küstengewässer bis 30 sm). Jachtsegeln im Toskanischen Archipel und nach Korsika ist ebenfalls im Programm.

Unterwassersport und andere Sportarten

Die Insel Elba ist ein Paradies für Unterwasserjäger. Reichtum und Vielgestaltigkeit haben die Küstengewässer geradezu für diesen Sport prädestiniert. Hier im Toskanischen Archipel startete die Unterwasserjagd 1949 zum ersten Mal als Wettkampfdisziplin, und auch viele Jahre danach wurde das Championat fast stets an diesem Ort ausgetragen. Da die meisten Taucher heute mit Preßluftgerät ausgerüstet sind, braucht man sich über die Wahl des Tauchgebietes um Elba keine großen Gedanken zu machen. Vor allem im Mai und Juni stoßen die Taucher auf Scharen von Cernien, die zur Paarung die Küstengewässer

PRAKTISCHE REISEHINWEISE: SPORT / THERME VON SAN GIOVANNI

aufsuchen. Aber auch Taucher, die sich ohne Atemgerät in geringere Tiefen hinabwagen, werden voll auf ihre Kosten kommen, denn man sagt Elbas Gewässern immer noch Fischreichtum nach.

»Man begnügt sich nicht mehr mit den Felswänden der Küstengewässer, sondern sucht die Korallenstöcke, die aus den Schlammwüsten des Festlandsockels aufragen, wo die Schwammkolonien inmitten des dichtesten Planktons von dem für die Korallenbänke typisch verwirrenden Leben wimmeln. Wer den Tauchsport so auffaßt, findet ein traumhaftes Paradies in den Gewässern bei der Punta Fetovaia, wenn er von der kaum auftauchenden Sandbank aus in südwestlicher Richtung taucht. Dieser kleine Meeresabschnitt müßte als Nationalpark geschützt werden; denn nur selten stößt man auf einen Dschungel von Lebewesen, der so dicht ist, daß er ein einziges in Symbiose verbundenes Gewebe von erstaunlicher Vielfalt bildet.

An der Punta Fetovaia ist alles anzutreffen: rote und perlmuttfarbene ›pinna nobilis‹, die eine Höhe von einem Meter und mehr erreichen, gelbe und orangefarbene Korallenpolypen, die großartigsten Sternkorallenkolonien und, je nach Tiefe, eine große Kollektion der gesamten Unterwasserfauna und -flora, einschließlich ›corallium rubrum‹. Die Gewässer bei der Sandbank des Mesco an der Ligurischen Riviera lassen sich vielleicht mit denen bei Punta Fetovaia vergleichen, haben aber nicht deren Schönheit und Reichtum.«[20]

Und noch etwas Besonderes erwartet den Taucher in Elbas Gewässern, die Unterwasserarchäologie, was die vielen untermeerischen Funde von Amphoren, Ankern, Wracks römischer und mittelalterlicher Schiffe beweisen (Farbt. 43).

Innerhalb kurzer Zeit kann man in einigen Tauchschulen auf der Insel die Tauchtechnik erlernen:

Bernds Tauchbase BTB,
Madonna delle Grazie, Casa Hinz, Anfragen bei Bernd Fein, ∅ 96 84 85

Spiro Sub
Marina di Campo, Camping del Mare, Anfragen bei Pit Gsell, ∅ 9 72 37

Sport Scheck
Morcone, Anfragen bei Raico Obrull, ∅ 96 85 58 bzw. 8 München 45, Sanddornstr. 6, ∅ (089) 3 11 71 34

Sub Ex
Barbarossa-Bucht in Porto Azzurro, Anfragen bei René Galster, ∅ 95 628 bzw. CH 4123 Allschwil, Bettenstr. 31, ∅ (061) 63 07 82

Surfen
Elba-Surf,
Proccio, ∅ 90 78 38
Lacona-Elba-Surf
Lacona, am Strand, oder in Deutschland, ∅ (089) 49 19 06

In den genannten Segelschulen werden auch Surf-Kurse angeboten.

Bootsverleih und Fischen
Motorboote können ohne Begleitung in Portoferraio, Porto Azzuro, Marino di Campo u. a. Badeorten geliehen werden (Auskunft in Hotels und Bars am Meer). Fischen, ob vom Boot oder unter Wasser, ist nur in Le Ghiaie/Portoferraio und Capo

Bianco (untermeerisches Naturreservat) verboten.

Tennis

Vielen Hotels sind Tennisplätze angeschlossen. Außerdem gibt es bei Portoferraio einen Tennis-Club, der Villa Napoleone di San Martino benachbart.

Golf

Elba besitzt einen sehr schönen Golfplatz bei Acquabona (9 Löcher), dem Acquabona-Golf-Hotel angeschlossen (Hauptstraße Portoferraio–Porto Azzurro).

Reiten

Fattoria Reale, zwischen Porto Azzurro und Rio Marina, ⌀ 95 77 53
Fattoria Le Ripalte, Capoliveri/Punta Calamita, ⌀ 96 83 22
Blandi, Porto Azzurro/Barbarossa, ⌀ 9 50 87
Ranch Antonio, Portoferraio, Loc. Picchiaie, ⌀ 93 31 32

Töpfern

Ferienkurse für Töpfern, Aufbaukeramik und bildnerisches Gestalten bei Oreste und Iskra, Portoferraio, Via Marconi 2, ⌀ 91 81 49 (in deutscher Sprache).

Therme von San Giovanni

Die Therme von San Giovanni liegt im Süden des Golfes von Portoferraio, gegenüber der Altstadt der Medici. Der seltene Lagunenschlamm, der mit dem berühmten ›Liman‹ des Schwarzen Meeres verglichen wird, stammt aus den ehemaligen Salinen, in denen sich die Mineralsalze und organischen Bestandteile des Meerwassers niedergeschlagen haben. Außerdem ist er mit Eisen und Schwefel angereichert, da hier jahrzehntelang die Schlacken der Eisenerz-Hochöfen abgelagert wurden.

Therapeutische Anwendungen: Hauterkrankungen, Rheuma, Gicht, Verrenkungen und Verstauchungen bzw. Nachkur nach Knochenbrüchen, Stoffwechselerkrankungen wie Fettsucht oder Wachstumsstörungen, Frauenleiden, Hals-, Nasen-, Ohrenerkrankungen.

Die Thermalkuren (Schlammpackungen, Bäder, Spülungen, Inhalationen) werden durch den günstigen Einfluß von Sonne und Seeklima wesentlich unterstützt.

Die Therme ist geöffnet von April bis Ende Oktober. Krankenscheine der EG-Länder werden anerkannt. *Informationen:* Terme San Giovanni, 57037 Portoferraio, Isola d'Elba, ⌀ (05 65) 91 46 80.

Besondere Festtage auf Elba

29. April	San Cristino, Ortsheiliger von Portoferraio
1.–3. Mai	Kleine Wallfahrt zur Madonna del Monte
5. Mai	Alljährliche Messe im Angedenken des Todes von Napoleon in der Misericordia-Kirche von Portoferraio
15. Juli	Fest zu Ehren der Ortsheiligen San Giacomo und San Quirico von Rio nell'Elba
7. August	Fest zu Ehren des Ortsheiligen San Gaetano von Campo

PRAKTISCHE REISEHINWEISE: FESTTAGE/ELBANISCHE KÜCHE UND WEINE

12. August	Fest zu Ehren der Ortsheiligen Santa Chiara von Marciana Marina
15. August	Große Wallfahrt zur Madonna del Monte
16. August	Fest zu Ehren des Ortsheiligen San Rocco von Rio Marina
29. August	Traditionelle Prozession der Bruderschaft Misericordia zur Kirche San Rocco in Portoferraio
8. September	Geburt der Jungfrau Maria, Ortsheilige von Porto Azzurro
8.–15. September	Wallfahrten zur Madonna di Monserrato
25. November	Fest zu Ehren der Ortsheiligen Santa Caterina von Marciana Alta
8. Dezember	Unbefleckte Empfängnis der Jungfrau Maria in Capoliveri
Ostermontag	Wallfahrt zum Reliquienschrein von Madonna del Monte
Christi Himmelfahrt	Wallfahrt zum Reliquienschrein von Santa Lucia bei Portoferraio

Elbanische Küche und Weine

Schon seit Jahren kennen und schätzen die Mitteleuropäer die ›cucina italiana‹ als eine in ihrer Natürlichkeit gesunde und gaumenfreundliche Küche. In jedem größeren Ort haben sich bei uns italienische Speiserestaurants oder Pizzerias niedergelassen, und der Pizzabäkker läßt sich gerne über die Schulter schauen. Wenn er den sorgfältig vorbereiteten Teig geformt hat, jongliert er ihn meistens noch einmal wie ein Tellerartist durch die Luft, verteilt schnell und mit viel Geschick den Belag darauf und schiebt ihn anschließend in einen besonders heißen Ofen, der mit Holzkohle gefeuert wird. Aber auch in anderen Restaurants hat der Koch offenbar nichts zu verbergen: wir können die Zubereitung der Speisen unmittelbar verfolgen. Zunächst suchen wir uns aber aus dem köstlich dekorierten Arrangement von Fischen oder Fleischstücken die passenden Portionen aus.

In den meisten Restaurants kann man zwischen Mahlzeiten ›à la carte‹ und einem ›menu turistico a prezzo fisso‹ (zum festen Preis) wählen. Das Touristenmenu ist zwar preiswerter, da Gedeck, Brot, Wein und Bedienungsgeld inbegriffen sind, jedoch auch quantitativ weniger zufriedenstellend. Das Menu des Italieners besteht aus drei oder vier Gängen, zu dem er sich viel Zeit nimmt und gerne auch einen stattlichen Preis zu zahlen bereit ist. Sonne und Hitze verursachen Appetitlosigkeit, so daß die Hauptmahlzeit in den Abendstunden eingenommen wird.

Durch die Nähe zum Festland gibt es auch auf Elba eine internationale, italienische oder toskanische Küche, und es ist nicht immer leicht festzustellen, ob man eine typisch elbanische Speise vor sich hat.

Das die Insel umbrandende Meer sorgt ständig für frische Meerestiere, die oft nur gegrillt, gebraten oder gekocht und mit den typischen elbanischen Macchiengewürzen geschmacklich abgestimmt werden:

Fische und Meerestiere

Acciughe al limone
Marinierte Sardellen (Zitrone, Ingwer, Salz)
Acciughe sotto pesto
Sardellen in Petersiliensoße (Petersilie, Knoblauch wird gestampft und eine mit Ingwer gewürzte Soße hergestellt)
Acciughe sotto sale
Gesalzene Sardellen (frische Sardellen, Salz, schwarzer Pfeffer)
Aragosta alla griglia
Gegrillter Hummer
Cacciucco
Fischsuppe aus mehreren Fischsorten, Tomaten, Petersilie, Zwiebeln, Knoblauch, Öl, Salz; ähnlich der Bouillabaisse
Crostini caldi di pesce
Toast mit warmem ›totano‹ (Tintenfischart), (Kleiner ›totano‹, Tintenfische, Muscheln, Garnelen, Öl, Knoblauch, Ingwer, Petersilie, Salz)
Insalata di polpo, gamberetti e arselle
Salat aus Tintenfischen, Garnelen und kleinen Muscheln (Petersilie, Knoblauch, Ingwer, Zitronenschale)
Muscoli alla marinare
Muscheln nach Seemannsart (Öl, Petersilie, Knoblauch, Ingwer)
Muscoli in salsina d'uovo
Muscheln in Eiersoße (Öl, Tomaten, Petersilie, Knoblauch, Eier, Salz)
Muscoli sott'olio
Muscheln in Öl (Knoblauch, Ingwer, Öl)
Nasello lesso
Gekochter Seehecht (Seehecht, Sellerie, Zwiebeln, Knoblauch, Lorbeerblatt, Salz)
Pesce al cartoccio
Fisch in Alufolie gebacken
Polpo lesso
Gekochter Tintenfisch (Ingwer, Salz)
Polpo alla cacciatora
Tintenfisch nach Jägerart (Tomaten, Zwiebeln, Öl, Salz)
Polpo lesso e alla cacciatora
Gekochter Tintenfisch mit kräftiger Tomatensoße
Ricci di mare
Rohe Seeigel mit Zitronensaft
Riso nero
Soße aus ›totano‹ mit Tomaten auf gekochtem Reis
Risotto alla marinara
Reis nach Seemannsart (Tintenfisch, Muscheln, Garnelen, Petersilie, Knoblauch, Ingwer, Tomaten, Öl, Salz, Reis)
Sardine ripiene
Gefüllte Sardinen (Füllung: Eier, Parmesankäse, Knoblauch, Pfeffer, Salz), danach gebraten
Sburrita
Stockfischsuppe mit Knoblauch, Öl und Kräutern von Elba
Spigola lessa
Gekochter Seebarsch (in Meerwasser)
Stoccafisso alla Riese
Stockfisch nach der Art von Riese (Zwiebeln, Tomaten, Basilikum, Petersilie, Paprika, Pfeffer, Parmesankäse, schwarze Oliven, Pinienkerne)
Stoccafisso in umido con patate
Geschmorter Stockfisch mit Kartoffeln
Totani ripieni
Gefüllter ›totano‹ (Füllung aus Eiern, Käse, Zwiebeln, Petersilie, Knoblauch)

Weitere Speisen

Crostini di fegatini
Geflügelleber auf Brot
Funghi sott'olio
Pilze in Öl (Salz, Pfeffer, Knoblauch)

Gurguglione
Gemüsegericht aus Paprika, Auberginen, Zucchinis, Zwiebeln, Basilikum, Petersilie und Tomaten)
Lumache al pomodoro
Schnecken in Tomatensoße (Knoblauch, Petersilie, Öl, elbanische Kräuter, Salz)
Melanzane sott'olio
Auberginen in Öl (Ingwer, Lorbeerblätter, Öl, Knoblauch)
Zucchini e melanzane ripiene
Gefüllte Zucchinis und Auberginen mit Fleisch
Risotto
Es gibt verschiedene Zubereitungen, mit Pilzen, Käse, Tomaten usw.
Ravioli
Verschiedene Zubereitungen z. B. Ravioli di borrane e ricotta (mit Quarkfüllung und elbanischen Kräutern)
Spaghetti
Verschiedene Zubereitungen z. B. Spaghetti di muscoli in bianco (mit mehreren Fischsoßen); Spaghetti all'aragosta (mit Langustensoße); Spaghetti al tonno fresco (mit frischer Thunfischsoße)

Übrigens soll es in Italien 99 verschiedene Arten von Nudelteigwaren geben; sie sind ›un pò crudo‹, also zahngerecht und kein weicher ›Papp‹.
Schiaccia con i fichi secchi
Brot mit getrockneten Feigen
Castagnaccio
Brot aus Kastanienmehl, Rosinen, Pinienkernen, Orangenschale, Salz und Öl
Schiaccia di Pasqua
Brot für die Osterzeit, typisch für San Piero in Campo, mit Anis und Anissamen
Sportella
Kuchen, der die weibliche Fruchtbarkeit symbolisiert. Mädchen und Frauen schenken ihn ihren Freunden, Verlobten und Ehemännern zu Ostern, ein Brauch, der im östlichen Elba bekannt ist.

In der Gegend von Fetovaia ist es ebenfalls Brauchtum, zu Ostern aus Anisteig Hühner zu formen und zu backen.
Dolce pugginco
Kranzförmiger Kuchen aus Eiern, Mehl, Zucker, Likör und geriebener Orangenschale

Fleischgerichte

Bei den Fleischgerichten wird meist auf raffinierte Soßen verzichtet, wodurch der Eigengeschmack um so mehr zu schmecken ist. Wegen der hohen Temperaturen im Sommer ist das Fleisch meistens nicht abgehangen und erscheint uns deshalb häufig als zäh.

Bistecca alla griglia	Beefsteak
Filetto ai ferri	Gegrilltes Filet
Maiale ai ferri	Gegrilltes Schweinefleisch
Scaloppine al Marsala	Kalbfleisch in Marsalaweinsauce
Tordi arrosti (= Antipasta)	Gebratene Drosseln

Getränke

Hauptgetränk zum Essen ist der Wein. Die Landweine sind meist sehr gut und bekömmlich. Die Reben, an niedrigen Stöcken gezogen, bringen reiche Erträge und eine Reihe von Spitzenweinen.
Procanico (Elba bianco)
Dieser weiße, trockene außergewöhnliche Wein, der aus der Procanico-Traube und der Biancone-Traube hergestellt wird, eignet sich, gut gekühlt, vor allem für Fischge-

richte. Er hat eine leicht strohgelbe Farbe, ist lieblich und sehr alkoholreich.

Sangioveto (Elba rosso)
Dieser rubinrote, etwas bitter schmeckende trockene Wein, der aus der Sangiovese-Traube mit einem Zusatz von Procanico-Traube hergestellt wird, eignet sich vor allem für Fleischgerichte.

Rosato
Roséwein, ein Tischwein von delikatem Aroma, für Feinschmecker.

Aleatico
Schwerer, süßer Dessertwein von unnachahmlichem Geschmack, harmonisch, weich, samtig von rubinroter, fast violetter Farbe.

Moscato
Schwerer, süßer Dessertwein von lieblichem, berauschendem Duft und angenehmem, großzügigem Geschmack, von goldgelber Farbe.

Elba Spumante
Ein Schaumwein, seit über 60 Jahren durch natürliche Fermentation zubereitet, leicht, brillant und aromatisch. Man erhält ihn als trockenen, halbsüßen oder Muskat-Schaumwein.

Zuletzt sei noch vermerkt, daß in den elbanischen Weinen der Geschmack des Bodenuntergrundes, des Eisens, Phosphors und eine natürliche Radioaktivität enthalten ist.

Auf Elba werden neben den einheimischen Weinen auch billige eingeführte Verschnittweine angeboten, die z. B. den Etikettvermerk tragen: ›imbottigliato all'Elba‹ (abgefüllt auf Elba). Echte elbanische Weine tragen dagegen folgende Etiketthinweise:
D.O.C. = ›Denominazione di origine controllata‹
›prodotto e imbottigliato all'Elba‹ (hergestellt und abgefüllt auf Elba)
›imbottigliato dal produttore‹ (abgefüllt vom Produzenten)
›imbottigliato dal viticoltore‹ (abgefüllt vom Winzer)
›imbottigliato nella zona di produzione‹ (abgefüllt am Herstellungsort)
›imbottigliato all'origine‹ (abgefüllt am Ursprungsort)

Zu ›pane e coperto‹ gehört auch ein Krug frischen Wassers. Bekömmlicher ist jedoch Mineralwasser, das es in Italien in vielfältigen sorgfältig geprüften Angeboten gibt. Die bekannteste Mineralquelle auf Elba ist die Fonte Napoleone bei Poggio, deren Wasser auch für Trinkwasserkuren geeignet ist (vgl. S. 172). Es gibt aber auch Bier: helles Bier (birra chiara) und dunkles Bier (birra scura). Spremuta ist ein frischgepreßter Orangen- oder Zitronensaft. Neben allen weiteren Arten alkoholischer Getränke erhält man überall Espresso, Cappuccino, Tee und Kakao.

Die kleinen Inseln des Toskanischen Archipels

Giannutri (Provinz Grosseto, Gemeinde Giglio)

griech. Artemisia, röm. Dianium
Größe: 2,6 qkm, Breite 500 m, Küstenlänge 11 km
höchste Erhebung: Poggio Capel Rosso 88 m.
Schiffsverbindungen: Während der Sommermonate täglich Personenfähren von Porto Santo Stefano (Festland) sowie Ausflugsboote von der Nachbarinsel Giglio.
Die Felseninsel, südlich der Halbinsel Argentario, war früher im Besitz einer einzigen Familie, inzwischen wurden einige moderne Ferienhäuser gebaut, vor allem von Italienern, die an der Unterwasserjagd interessiert sind. An der Cala Spalmatoio entstand ein Feriendorf mit Restaurant und Geschäften. Sehenswert sind die Überreste einer altrömischen Villa aus dem 2. Jh. n. Chr., wahrscheinlich von der Familie Domitii Aenobardi, die im selben Jahrhundert auch Besitzer der Halbinsel Argentario und der Inseln Giglio und Giannutri war. Säulen, Mosaiken, beheizbare Baderäume sowie Mauerwerk in der Arbeitstechnik der römischen Antike (Opus reticulatum) sind erhalten. Taucher fanden in den Küstengewässern von Giannutri versunkene römische Schiffswracks; das interessanteste wurde 1962 an der Nordwestküste entdeckt, wo man den Ankerplatz für die römische Villa annahm. Das Wrack enthielt noch gut erhaltene Töpferwaren, Vasen und Schalen. Heute sind die Funde im Besitz der Gemeinde Porto S. Stefano. Weitere Funde von römischen Schiffswracks: Cala Scirrocco (heute im Museum Orbetello), Punta Secca und Cala dello Spalmatoio.

Giglio (Provinz Grosseto)

griech. Aigilion Mikros, röm. Igilium Gilium
Größe: 21,2 qkm, Länge 8,7 km, Breite 4 km, Küstenlänge 28 km
höchste Erhebung: Poggio della Pagana 498 m
Bevölkerung: 1770 Einwohner
Hauptorte: Giglio Castello (400 m), Giglio Porto, Campese
Schiffsverbindungen: TO.RE.MAR-Schiffe zwischen Porto Santo Stefano (Festland) und Giglio, Mitnahme des Autos möglich, aber überflüssig.
Verkehrsverbindungen: Buslinien zwischen den Orten Giglio Porto, Giglio Castello und Campese. Taxiverkehr
Die Insel stellt den Gipfel eines untergetauchten Granitgebirges dar; ein von Quarzbändern durchzogener Granit, der sich vom Westelbagranit durch sein höheres Alter unterscheidet. Die Küste besitzt Korallenkolonien und einen bei den Unterwasserjägern beliebten Fischreichtum. Offen bleibt, wer wohl dieser Insel den Namen der weißen Lilie gegeben hat. Römische Geschichtsschreiber erzählen von Wäldern, die einst die Insel bedeckten, später

aber wie fast alle Wälder im Mittelmeerraum dem Seemachtsdenken und den Ziegen und Schafen zum Opfer fielen. Wie Elba und die anderen Inseln des Archipels wurde Giglio von verschiedenen Völkern erobert. Zu Beginn des 9. Jahrhunderts vergab Kaiser Karl der Große die Inseln als Lehen. Dann war sie viele Jahrhunderte im Besitz der Republik Pisa und der Appiani. Häufig wurde die Insel von nordafrikanischen Piraten heimgesucht, die Bevölkerung verschleppt oder gar ausgerottet. Deshalb gab es bis zum 19. Jahrhundert nur den hochgelegenen und stark befestigten Ort Giglio Castello mit labyrinthähnlichen Gassen und Treppen, deren Besuch Fotografen entzückt. Während des 19. Jahrhunderts entstand Giglio Porto. Der Hafen reicht kaum aus für die vielen Jachten, die im Sommer einen Anlegeplatz neben den Fischerbooten finden wollen. Bekannt ist der schöne von Cosimo I. erbaute Rundturm. Der an der Westküste gelegene Ort Campese entstand durch die Entdeckung Giglios als Ferieninsel. Ein Medici-Turm bewacht die Bucht.

Fauna und Flora: Wenige Tierarten: Kaninchen, Vögel wie Rebhühner und Waldschnepfen. Einzige Schlange ist Coluber viridiflavus. Wenige Baumbestände: Olivenbaum, Eßkastanie, Feigenbaum, Schirmpinie, sonst viel Macchia.

Archäologie: neolithische Pfeilspitzen, Messer, Knochennadeln. Untermeerische Funde: Le Scole, zwischen Giglio Porto und Cala delle Cannelle (Gefäße aus dem 2. und 3. Jh. n. Chr.); Punta Arenella, nördlich von Giglio Porto (Amphoren aus verschiedenen Epochen); Punta Capel Rosso am südlichen Punkt Giglios (Töpferscherben, 1. Jh. v. Chr.); Punta Gabbianora (Anker, Amphoren verschiedener Größe, 2. Jh. v. – 2. Jh. n. Chr.); Secche del Campese in der Bucht von Campese (vermutlich ein Wrack in 30 m Tiefe, doch haben örtliche Strömungen es mit Sand zugedeckt; Amphoren aus dem 2. oder 1. Jh. v. Chr.).

Pianosa (Provinz Livorno, Gemeinde Campo nell'Elba)

röm. Planasia
Größe: 10,25 qkm, Länge 5,8 km, Breite 4,6 km, Küstenlänge 26 km
höchste Erhebung: Poggio della Quercia 27 m
Bevölkerung: keine Insulaner, sondern Strafgefangene und Wachpersonal, ca. 1000 Personen
Schiffsverbindungen: Piombino (Festland) – Rio Marina – Porto Azzurro – Pianosa mit TO.RE.MAR-Fähren

Pianosa ist Strafgefangeneninsel und darf nur mit Genehmigung des italienischen Justizministeriums betreten werden.

Die Insel ist geologisch interessant, weil sie gegenüber den übrigen gebirgigen Inseln flach bleibt und zum größten Teil aus Kalken des Pliozän (jüngstes Tertiär) besteht. Die Ebene steigt ziemlich schroff und hoch aus dem Meer auf und besitzt nur wenige Anlegestellen. Die Strafgefangeneninsel ist stark bewacht, und man sollte sich ihr mit dem Boot nicht zu sehr nähern. In römischer Zeit sollen sich auf Pianosa üppige Gärten, Tempel, ja sogar ein

PRAKTISCHE REISEHINWEISE: INSELN DES TOSKANISCHEN ARCHIPELS

Theater befunden haben. Heute ist sie größtenteils mit Macchia bedeckt, und die Strafgefangenen arbeiten an der landwirtschaftlichen Erschließung der Insel. Auch Pianosa hat seine wechselvolle Geschichte: 1553 verschleppte der Korsar Dragut alle Einwohner als Sklaven, nicht ohne vorher einige ausgezeichnete pisanische Festungen zerstört zu haben. Bei einem kurzen Besuch auf Pianosa hatte später Napoleon die Idee der Urbarmachung. Er gab einem genuesischen Kaufmann die Genehmigung, hier hundert Bauernfamilien anzusiedeln; außerdem plante er ein Gestüt. Doch mit dem Aufbruch Napoleons von Elba geriet sein Vorhaben in Vergessenheit. 1856 richtete die toskanische Regierung eine Kolonie für jugendliche Strafgefangene ein.

Montecristo (Provinz Livorno)

griech. Ocrasia (?), röm. Oglasa, Mons Jovis (?), mittelalterl. Montecristo
Größe: 10,4 qkm, Küstenlänge 16 km
höchste Erhebung: Monte della Fortezza 645 m
Wichtigster Ort: Cala Maestra mit der Villa und dem Haus des Wächters der Insel
Schiffsverbindungen: Keine regelmäßige Fährverbindung, in der Hauptsaison Inselrundfahrten und Badeausflüge mit dem Motorboot von den Nachbarinseln aus
Die Insel steht unter Naturschutz und darf nur mit Sondergenehmigung betreten werden.
  Montecristo ist wohl die wildromantischste und geheimnisvollste Insel des Archipels. Felsen stürzen schroff und steil ins Meer; nirgendwo gibt es Sandstrände. Ende des 6. Jahrhunderts gab es hier ein reiches Benediktinerkloster, unter dessen Einfluß die Klöster auf Sardinien und Korsika standen. 1498 waren die Mönche so verarmt, daß sie sich um Almosen an die Fürsten Appiani wandten, denen die Insel zu jener Zeit gehörte. Sie erhielten von ihnen aber nur vier Sack Getreide, denn die Appiani, ebenso Cosimo I. de' Medici, in einem späteren Jahrhundert verschiedene Deutsche und Franzosen, die das Kloster in der ersten Hälfte des 19. Jahrhunderts pachteten, glaubten an einen Schatz des Klosters, der irgendwo im Felsen verborgen worden sei. 1852 wurde Montecristo von dem englischen Abenteurer George Green Taylor gepachtet, der sich Graf von Montecristo nannte. Zeitweilig gehörte das Kloster einem Franzosen aus Florenz, Jacques Abrial. Er war es, der Alexander Dumas zu seinem berühmten Roman ›Der Graf von Monte Cristo‹ 1845 inspiriert hat, was zur Folge hatte, daß sich immer wieder Abenteurer aufmachten, um den Schatz zu finden. 1971 wurde die mit einer üppigen Mittelmeer-Vegetation überzogene Insel zum Naturschutzgebiet erklärt.

Capraia (Provinz Livorno)

griech. Aegilion, Aegilon megas (Ort der Ziegen), röm. Capraria
Größe: 19,3 qkm, Länge 8 km, Breite 4 km, Küstenlänge 27 km

Capraia, Torre dello Zenobito

höchste Erhebung: Monte Castello 445 m
Bevölkerung: 350 Einwohner
Hauptort: Capraia Paese (65 m)
Schiffsverbindungen: Livorno – Gorgona – Capraia – Portoferraio mit TO.RE.MAR-
 Fähren

Der Nordteil der vulkanischen Insel war etwa 100 Jahre lang Sperrgebiet für Strafgefangene, bis 1986 das Gefängnis geschlossen wurde. Die Festung San Giorgio wurde im 11. Jh. von Pisanern gegründet, im 16. Jh. von den Genuesen vollendet. Der kleine Hafen ist vorzüglich geschützt und über 3 m tief. Der Torre del Porto wurde 1516 von der Banco di San Giorgio gegen die Angriffe der Korsaren gebaut. Weitere interessante Türme sind der Torre delle Barbici an der Nordspitze, der Torre dello Zenobito an der Südspitze und der Torre di Scalo al Bagno, ein länglicher Wachturm mit zylindrischem Dach im Süden des Ortes Capraia. Die Bewohner leben vom Weinanbau und Fischfang. Tourismus gibt es nur während der Sommersaison, aber man plant den Ausbau der touristischen Einrichtungen oder einen Naturpark. Wanderwege erschließen die Insel.

Gorgona (Provinz Livorno)

griech. Egilora, lat. und röm. Urgo, Gorgon, Marmorica
Größe: 2,23 qkm, Länge 1,5 km, Breite 1,2 km, Küstenlänge 5,5 km
höchste Erhebung: Punta Gorgona 225 m
Schiffsverbindungen: Livorno – Gorgona – Capraia – Portoferraio mit TO.RE.MAR-
 Fähren

Die kleinste Insel des toskanischen Archipels ist ebenfalls Strafgefangeneninsel und darf nur mit Sondergenehmigung betreten werden.

Abbildungsnachweis

Farbtafeln und Schwarzweiß-Abbildungen

G. Brambilla, Portoferraio Abb. 27, 28
H. Rudolph, Hirschhorn/Neckar Abb. 16, 63
L. Zamboni, E. V. E., Portoferraio Farbt. 43

Alle übrigen Aufnahmen von Almut und Frank Rother

Zeichnungen und Pläne im Text
(Die Zahlen bezeichnen die Seiten im Buch)

Alinari, Florenz 117
Bibliothequè Nationale, Paris 121
Bildarchiv Preußischer Kulturbesitz, Berlin 133
Durand, A.: La Toscane. Album Pittoresque et Archéologique, 1861 108, 122–125, 134, 157, 158, 161, 163
Fiori, A. u. Paoletti, G.; Flora Italiana Illustrata, Bologna 1970 38–45
Grand-Carteret, J.: Napoléon en images. Portraits et Caricatures. Paris 1895 128/129
Lambardi, S.: Memorie antiche e moderne dell' Isola d'Elba, Firenze 1791. Nachdruck Bologna (Ed. Forni) 1966 155
Mellini, G.: Relazione delle antichità scavate dal tenente colonnello ing. Giacomo Mellini in luogo detto Profico. Territorio di Capoliveri. Manuskript 1816 56/57, 61
Mellini, V.: Memorie storiche dell'Isola d'Elba, Firenze 1965 62
Moretti, J. & Stopani, R.: Chiese romaniche all'Elba, Firenze 1972 109–111, 112 o.
Münster, S.: Cosmographia, Basel 1598 118
Racheli, G.: Le Isole de Ferro, Ugo Mursia Editore, Milano 1978 12
Ridi, Portoferraio 135
Waldeck, Hans: Die Insel Elba. Samml. Geol. Führer, Gebrüder Borntraeger, Berlin/Stuttgart 1977 17, 25, 31, Hintere Umschlagklappe
Wilhelmy, H.: Klimamorphologie der Massengesteine, Braunschweig 1958 27, 28, 29
Wunderlich, H.-G.: Strömungsmarken und Faltenachsen im Flysch von Elba. Neues Jahrb. Geol. Paläont. Mh., 13, E. Schweizerbart'sche Verlagsbuchhandlung, Stuttgart 1962, S. 230–244 15
Zecchini, M.: Gli Etruschi all'Isola d'Elba, Portoferraio 1978 53, 54 o., 55, 59

Almut Rother zeichnete die Figuren auf den Seiten 54 u., 112 u., 166, 171, 174, 182, 184, 202, 216, 229, 239

Karten und Pläne: DuMont Buchverlag nach Entwürfen von Frank Rother

---

Alle in diesem Buch enthaltenen Angaben wurden vom Autor nach bestem Wissen erstellt und von ihm und dem Verlag mit größtmöglicher Sorgfalt überprüft. Gleichwohl sind – wie wir im Sinne des Produkthaftungsrechts betonen müssen – inhaltliche Fehler nicht vollständig auszuschließen. Daher erfolgen die Angaben ohne jegliche Verpflichtung oder Garantie des Verlags oder des Autors. Beide übernehmen keinerlei Verantwortung und Haftung für etwaige inhaltliche Unstimmigkeiten.
Wir bitten dafür um Verständnis und werden Korrekturhinweise gerne aufgreifen.
DuMont Buchverlag, Postfach 10 04 68, 5000 Köln 1.

Register

Personen und Völker

Abrial, Jacques 238
Alexander, Sohn Napoleons 131
Alexander VII. 162
Antonmarchi 163
Aphrodite 32
Apollon 40
Appiana, Polissena 119
Appiani **114**, 116, 118, 119, 154, 170, 174, 201, 208, 238
Appiano, Gherardo d' 114
Appiano, Giacomo III. 184
Appiano, Giacomo V. 114, 115, 183
Appiano, Jacopo d' 114
Appiano, Jacopo VI. 116
Aristoteles 54
Augustus, Kaiser 60

Baciocchi, Felice 119
Battaglini, Giuseppe 8, **155f.**
Beaume 133
Belle, Stefano della 127
Bellucci, Giovanni Battista 155, 157, 160, 161
Benedikt VII., Papst 107
Berger, Hans Georg 184
Bernotti 131
Bertrand, General 120, 127, 131, 162
Blanc, A. C. 12
Bolano, Italo **175f.** (Abb. 67, 68)
Boncompagni 119
Bourbonen 132
Brignetti, Raffaelo 171
Brustolon 127

Camaino, Tino 163
Cambronne, General 130, 162
Camerini, G. B. 116, 117, 155, 157, 160, 161
Campbell, Oberst 120, 132, 162
Canova, Antonio 127, 162
Caterina, Santa 232
Cellini, Benvenuto 160
Cerbone, St. **106**
Cervantes, Miguel de C. Saavedra 123
Chaireddin Barbarossa 108, **115**, 117, 168, 201
Chiara, Santa 232
Christinus 163
Coghlan, H. 53
Cosimo I. de' Medici 10, **116f., 154ff.**, 160, 161, 162, 238
Cosimo III. de' Medici 119
Cristino, San 231

Dalesme, General 120
David, Jacques Louis 161
Demidoff, Anatol **126, 163**
Desiderius, König 106
Deutsche 136, 155, 181, 237
Domitii Aenobardi 236
Don Garcia von Toledo 114
Dragut 108, 117, 118, 174, 238
Drouot, General 120
Dumas, Alexander 238

Elisa Marianna Bonaparte 119
Engländer 155, 181
Etrusker 49, **52ff.**, 64, 108
Eugenie, Kaiserin 162

REGISTER: PERSONEN UND VÖLKER

Ferdinand III. 134
Ferdinand von Aragonien 114
Ferdinando I. de' Medici 118
Ferdinando II. de' Medici 160
Foresi, Mario 10, 127, 164
Franz von Lothringen (Franz I. von Frankreich) 115, 119, 161
Franzosen 110, **118f.**, 155, 163, 181, 237

Gaetano, San 231
Gambacorti 114
Genovese, Castiglion 127
Genseric, König 64
Genuesen 114
Germanowski, Colonel 162
Ghibellinen 114
Giacomo, San 231
Giambullari 157
Gian Gastone de' Medici 119, 123
Giannini, Walter 8, 105
Gillieron, F. 26
Glauco, Meerdämon 111
Gregor XI., Papst 110
Gregorovius, Ferdinand **119f.**, 123, 126, **154, 182f.**
Griechen 9, 37, 49, 52, 54, 60, 61
Guarducci, Gino 126
Gummarith, Fürst 106

Habsburger 115, **119**
Hadrian, Kaiser 62
Hadrian I., Papst 106
Heath, William 130
Horaz 38
Hugo, Victor 163, 169
Hugo, Kapitän 163, **169**

Johannes XVIII., Papst 107
Johanniter 116

Karl V., Kaiser 115, **116**
Karl der Große 106, 237
Karthager 52, 60
Klaer, W. 30, 31
Koller 120

La Fontaine 123
Lambardi, Sebastiano 155
Langobarden 106, 111
Leopold II. 134
Lotti, Bernardino 14
Ludovisi, Nicolò 119
Ludwig XVIII. 120, 126, 130

Madonna del Monte 230
Madonna di Monserrato 231
Maggiani, A. 58
Mamilianus, hl. 64
Margarete Louise von Orléans 119
Maria, Jungfrau 232
Maria Theresia 119
Marie-Louise von Österreich, Gattin Napoleons 126, 131
Marks, Lewis 130
Matas, Nicolò 126
Mathilde, Nichte Napoleons 126
Mauren 107
Maximilian I. von Habsburg 115
Medici 10, **116ff.**, 134, **154ff.**, 176
Mellini, G. 58, 60, 61
Mellini, V. 113
Minto, A. 54
Monaco, G. 63
Montefeltro, Guido da 114
Moretti, J. 109, 110
Münster, Sebastian 118
Murat, Sultan 132
Muzet 107

Napoleon I., Kaiser der Franzosen 108, **119ff.**, 134, 154, 155, 161, 162, 204, 231, 238 (Abb. 56, 57, 59)
Napoleon III. 161, 162
Neandertaler 49
Neapolitaner 155
Ninci, G. 110

Octavian (Kaiser Augustus) 111, 173

Pampolini 127
Pauline (Borghese), Schwester Napoleons 126, 132, 133, 162 (Abb. 60)

Peter Leopold I. 160
Petit, General 120
Philipp II. 116
Philipp III., König 114, 118, 181
Phokäer 60
Pisaner **107 ff.**, 153, 167, 172, 174, 201
Plutarch 123
Pons de l'Hérault, M. 119, 134, 162
Pons y Leon, Gouverneur 181
Popov, B. 30
Publius Acilius Attianus 62

Quirico, San 231

Rau, Vanni di Gherardo 108
Ravelli, Paolo 133
Ravelli, Pietro 127
Reni, Guido 127
Rocco, San 232
Römer 9, 49, 58, **60 ff.**, 153, 168
Roquentes y Zuniga, F. G. F. di 204
Rousseau, Jean Jacques 123
Rowlandson 130
Rude, Francesco 162

Sacrestani, Giovanni Camillo 163
Sarazenen **106 f.**, 110, **115**, 117, 169
Senno, Pietro 127
Signorini, Telemaco 127
Sinaam Dalesman **115 f.**
Spanier 114, **116 ff.**, 181
Stopani, R. 109, 110
Strabo 176
Süleyman II. der Prächtige, Sultan **115**

Taylor, George Green 238
Theophrast 37
Timaios 53
Traditi, Pietro 122
Trevisan, L. 14, 16, 17
Türken 168, 204

Umberto I., König 161

Vandalen 106
Varchi 157

Vasari, Giorgio 116, 117, 156
Vergil 38, 53
Victor Emanuel II. 135
Villanova-Stämme 52
Virgée-Lebrun, Elisabeth 127
Visconti, Galeazzo 114
Voltaire 123

Waldeck, Hans **16, 19 f.**, 24, **51**
Walewska, Maria Gräfin 131
Welfen 114
Wilhelmy, H. 27, 28, 29, 30
Wunderlich, H.-G. 14

Ximenez 127

Zecchini, M. 55, 59, 61

Orte

Aquabona 231
Aquaviva 224
Adria 224
Alalia (Aleria) 55
Algier 115
Alpen 52
Amiens 119
Antwerpen 114
Apennin 50
Argentario 236
Argoos 60, 61
Arno 106, 107
Arrighi 225
Austalien 35, 45
Avignon 110
Azoren 132

Bagnaia 10, 184, **202**, 226
Bagno 52, 58, 153, 171
Baratti-Populonia 155
Barbarossabucht 59, 117, 225, 226, 230
Basel 217, 218, 220
Bastia 11
Bellinzona 217
Belvedere 169

REGISTER: ORTE

Berlin 220
Bern 220
Bivio Boni 176, 179, 181
Blaue Grotte 166, 167
Bolsena 51
Bonn-Bad Godesberg 220
Brenner 217, 218
Bretagne 13
Bucht von Palazzo 205

Cala dell'Alga 226
Cala delle Cannelle 237
Cala dello Spalmatoio 236
Cala Maestra 238
Calamita (Erzgrube) 13, 20, 21, 22, **25**, 51, 105, 202, **205**, 210 (Farbt. 48)
Calamita (Halbinsel) 11, 13, 14, 24, 53, 60, 203 ff., 209
Cala Margidore 48
Cala Scirocco 236
Campagna 52, 58
Campese 236, 237
Campiglia-Marittima 218
Campigliese 51, 61
Campo nell'Elba 13, 109, 119, 136, 153, 178, **226,** 230, 236
Capo Bianco 55, 226, 231
Capo Castello 64, 183
Capo d'Arco 182
Capo della Stella 179
Capo di Fonza 179
Capo di Poro 179
Capoliveri 13, 48, 58, 61, 107, 110, 116, 119, 133, 153, 181, 202, **204,** 209, 210, 219, 221, 223, **226,** 232 (Farbt. 21)
Capo Ortano 13
Capo Pero 53, 183
Capo Sant'Andrea 169 (Farbt. 14, Abb. 3, 4)
Capo Vita 10, 13, 183
Capraia 11, 48, 119, 127, 169, 209, 235, **238** f.
– Torre del Porto 239
– Torre delle Barbici 239
– Torre dello Zenobito 239
– Torre di Scalo al Bagno 239
Capraia Paese 239

Castiglione di Marina di Campo 55
Caubbio 60
Caverna Reale 50
Cavo 24, 61, 64, 153, 180, **183,** 219, 226, 228
Cavoli 12, 14, 61, 136, 153, 165, **166,** 178, 227
Cerveteri 61
Chiesa del Padre Eterno 201
Chiessi 11, 29, 52, 64, 165, **168,** 169, 207, 208 (Farbt. 43, Abb. 12)
Chur 217
Cima del Monte 10, 13, 16, 181, **209**
Colle della Grotaccia 207
Colle d'Orano **169**
Colle Palombaia 226
Colle Reciso 51, 117, 179, 209
Cosmopoli (Portoferraio) 116 f., 119, 155, **156 f.**
Costa dei Gabbiani **205, 227**
Costa della Laconella **227**
Costa di Barbarossa **228**
Costa di Capo Poro **227**
Costa di Seccheto **227**
Costa ›Sedia di Napoleone‹ **227**
Cotona 31
Cresta San Bartolòmmeo 207
Croce del Sud 225

Da Mario 225
Dell'Isola 225
Del Mare 225
Düsseldorf 220

Enfola, Halbinsel 12, 153, 172, 175, 176, 209
Enfola, Campingplatz 224
England 119
Etrurien 60
Europa, Campingplatz 225

Fabricia (Portoferraio) 61, 116, 154
Fatoria Reale 231
Fattoria delle Ripalte 205
Ferrato 226
Fetovaia 11, 165, **168,** 219, 226, 228, 234 (Farbt. 42)
Florenz 116, 117, 126, 160, 177, 218, 219
Fontainebleau 120, 126, 130
Fonte Napoleone **172,** 208, 235

244

Fonza 226
Forno 176, 177
Forte dei Marini 7
Forte Focardo 114, 119, **204f.**
Fosso del Castagnola 11
Fosso della Gneccarina 169
Fosso del Infernetto 169
Fosso della Madonnina 176
Fosso dell'Inferno 11, **168** (Abb. 5)
Fosso di Marciana 11
Fosso di Valdana 179
Fosso di Vallebuia 167 (Abb. 7, 8, 9, 33)
Fosso Galeo 209
Fosso la Valaccia 11
Fosso Redinoce 209
Frankfurt/Main 220
Frankreich 115, 118, 119, 120, 132
Fréjus 120
Frugoso 226

Galenzana 226
Gemini-Inseln 205
Genf 220
Genua 107, 114, 116, 217, 218, 219
Giannutri 118, **236**
Giglio 11, 106, 118, 234, **236f.**
Giglio Castello 236, **237**
Giglio Porto 236, 237
Ginevro (Erzgrube) 21, 22, 23, 24, **25**, 153, 205
Golf von Biodola 12, 172, 177 (Umschlagvorderseite, Farbt. 11, 13, Abb. 16)
Golf von Campo 111, **179**, 209
Golf von Ferraia 116
Golf von Lacona 12, 13, 179
Golf von Marina di Campo 11, 12, 13, 172 (Farbt. 10)
Golf von Porto Azzurro 11, 13
Golf von Portoferraio 10, 13, 107, 156, 202
Golf von Procchio 11, 12, 13, 172, 178 (Farbt. 12)
Golf von Stella 11, 12, 13, 179, 205, 228 (Farbt. 8)
Gorgona 11, 127, 169, 228, 236, **239**
Gran Beia 226

Grassera 52, 59, 115
Grosseto 234
Grotta d'Oggi 22
Grotta Rame 20, 21, 25, 51
Grotte von San Giuseppe 51
Grotte Guattari al Circeo 49

Hamburg 228

Il Mortaio 169
Il Troppolo 208
Innamorata 226
Ionisches Meer 107
I Pini Campobagnolo 209
Italien 50, 52, 64, 106, 114, 132, 135, 222, 223

Klagenfurt 220
Kleinasien 50, 60
Konstantinopel 115, 116
Korfu 120
Korsika 16, 30, 31, 32, 50, 55, 60, 107, 119, 120, 127, 131, 168, 169, 228, 229, 238

La Biodola 14, 175, 176, **177**, 219, 226, 228
La Caletta 226
Lacona 19, 132, 136, 175, 178, **179**, 181, 209, 226
– Spiaggia Grande 179, 226
Lacona, Campingplatz 225
Laconella 225
La Fenicia 226
La Foce 14, 225
La Guardia 169
La Nave 166, 167 (Abb. 34)
La Pianotta 226
La Pila 172, 174, **178**, 224
La Rossa 226
La Sorgente 224
La Spezia 107, 217
La Tavola 29, 207
La Terra 207, 208
Lausanne 220
Le Calanche 167
Le Calanchiole 225
Le Filicaie 207
Le Ghiaie 226, 231

245

REGISTER: ORTE

Le Grotte 62
Le Scole 237
Le Trane 59
Le Venelle 225
Le Viste 226
Lido 225
Ligurische Riviera 229
Litorale Costiero di ›Capo Pero‹ **227**
Litorale Costiero ›Punta delle Tombe‹ **227**
Litorale Costiero di Nisporto **227**
Litorale Costiero di Nisportino **227**
Livorno 13, 59, 114, 135, 136, 157, 158, 217, 219, 239
Luceri 107, 116
Lugano 220
Luisi d'Angelo 226
Lungomare 226
Luni 107

Macinelle 167, 168 (Abb. 5, 20, 21)
Madonna della Neve 179
Madonna delle Grazie **204**, 226, 230 (Abb. 48)
Madonna del Monte 29, 52, **127** f., 168, 169, 182, **208**, 232 (Abb. 49)
Madonna di Monserrato 181 f., 232 (Farbt. 29)
Magazzini 10, **59**, 61, 112, 156, 202 (Farbt. 1)
Mailand 217, 218, 219
Malta 116
Mantua 217
Marciana Alta 13, 34, 64, 113, 117, 119, 127, 136, 165, **169** f., 171, 172, 207, **208**, 209, 219, 221, 224, 226, 232 (Farbt. 16, 19, 20; Abb. 36)
– Archäologisches Museum 58, 64, **169** (Abb. 22–26, 29, 30)
– Casa degli Appiani 170
– Kastell (Fortezza Pisana) 157, **113, 169** (Abb. 46)
Marciana Marina 13, 24, 31, 35, 113, 118, 131, 153, 162, 165, **170** f., 177, 178, 209, 219, 224, 226, 230, 231, 232 (Farbt. 22, 26, 41; Abb. 6, 63)
– Cotone **170**
– Torre Pisana 170, 177 (Farbt. 41; Abb. 47)
Margidore 179, 226

Marina di Campo 14, 106, 113, 136, 153, 165, 166, 174, 175, **178**, 181, 209, 218, 219, 221, 223, 226, 228, 230, 231 (Farbt. 24, 27; Abb. 15)
Marina di Gennaro 226
Marmi 178, 179
Massa Marittima 106
Meloria 114
Mola, Ebene 11, 136, 181, 205
Monserrat 181
Monte Argentario 228
Monte Bello 176
Monte Calamita 13, 48, 203, 210
Monte Calanche 173
Monte Capanello 16
Monte Capanne 7, 11, 12, 14, 16, **27** ff. 34, 46, 51, **61** f., 105, 106, 166, 167, 169, 170, 171, 177, 201, 205, 207, 210, 224 (Farbt. 16)
Monte Capo Stella 179
Monte Castello 16, 54, **55, 178,** 181
Monte Castello (Capraia) 238
Monte Castiglione di San Martino 55, 176 (Abb. 17–19)
Montecristo 11, **64** f., 114, 168, 205, **238**
Monte della Fortezza 238
Monte Enfola 176
Monte Fonza 179, 209
Monte Giove 29, 127, 170, 171, 183, 208
– Fortezza del Giogo 184
Monte Lentisco 183
Monte Maolo 207
Monte Mar di Capanne 16
Monte Orello 12, 49, 60, 179
Monte Perone 51, 109, 172, 174, 207 (Farbt. 9, 30)
Monte San Bartolommeo 208
Monte Serra 10
Monte Strega 10, 184
Monte Tambone 12, 209
Monumento 179
Morcone 13, 226, 230, 231
München 217, 218, 220

Naregno 13, 64, 226
Neapel 59, 114, 116, 132, 135
Nisportino 156, 184, 226
Nisporto 156, 184, 225, 226

Nordafrika 106, 115
Norsi 226

Obromanto 231
Ogliera 226
Orbetello 236
Ortano 24, **26**, 182, 226
Österreich 132
Ottone 156, 226

Paduella 226
Paguro's 225
Palmairola 120
Paolina-Felsen 58, 178
Pareti 13, 205, 219, 226
Paris 120, 163
Parma 217
Patresi 59, 169
Patresi-Mare 169, 226
Penisola della ›Procchiodola‹ 227
Pianosa 11, 114, 120, 168, 178, 205, 208, 228, 236, **237** f.
Piombino 9, 11, 25, 55, 114, 115, 127, 135, 136, 153, 154, 155, 158, 182, 183, 217, 218, 237
Pisa 106, **107**, 109, 112, 114, 116, 170, 218, 237
Poggio 34, 113, 119, 169, 170, 171, **172**, 174, 207, 209, 219, 223, 234 (Farbt. 34)
Poggio Capel Rosso 236
Poggio della Pagana 236
Poggio della Quercia 237
Pomonte 51, 61, 136, 165, **168**, 169, 207, 208, 219, 224
Ponte Valle della Nivera 207
Pontinische Inseln 228
Populonia 55, 106, 155, 156
Porticciolo 105, 226
Porto Azzurro (Porto Longone) 13, 18, 19, 50, 64, 110, 114, 115, 117, 118, 119, 131, 132, 153, 180, **181**, 203, 210, 219, 221, 224, **226**, 227, 228, 231, 232, 237 (Farbt. 40; Abb. 65, 66)
– Fortezza di San Giacomo 114, 118, 132, 181
Portoferraio (s. a. Fabricia, Cosmopoli) 10, 12, 13, 14, 18, 48, 60, 62, 63, 107, 116, 118, 119, 122, 126, 127, 131, 133, **135**, 136, 153, **154** ff., 175, 177, 179, 180, 181, 182, 183, 184, 203, 217, **219**, 222, 224, 225, **226**, 229, 231, 239 (Farbt. 23, 25, 44, 45)
– Alter Hafen 158
– Calata Matteotti 219
– Calata Mazzini 159
– Casa del Duca 52, 60, 117
– Castell Inglese 154
– Chiesa della Misericordia **163**, 231 (Abb. 56, 57)
– Chiesa del S. S. Sacramento **162** f.
– Dom 162
– Forte Falcone 117, 122, 154, 160
– Forte Stella 117, 122, 154, 157, **160**, 161 (Abb. 50)
– Galeazze **164**
– Ghiaie-Bucht 158
– Molo Massimo 219
– Molo Mediceo 158, 160
– Municipio **62**, **163** f. (Abb. 31)
– Palazzo dei Mulini **122** f., **161**, 163 (Abb. 53–55, 58)
– Piazza Cavour 159
– Piazza della Repubblica 159
– Porta a Mare 158, **160** (Abb. 51)
– Reede 61, 117
– San Rocco 232
– San Salvatore **164**
– Teatro dei Vigilanti 133, **164**
– Torre del Gallo **161** (Abb. 52)
– Torre del Martello **161** (Abb. 52)
Porto Longone s. Porto Azzurro
Porto Santo Stefano 236
Preußen 132
Procchio 14, 28, 58, 63, 165, 169, 171, 175, 177, **178**, 209, 219, 223, 226, 229, 230
Profico **58**, 60, 61
Provence 120
Punta Acquaviva 55
Punta Arenella 237
Punta Bardella 179
Punta Calamita 203
Punta Capel Rosso 237
Punta dei Ripalti 60
Punta del Fiammingo 183
Punta della Calamita 13, 24

REGISTER: ORTE

Punta della Crocetta   171 (Abb. 14)
Punta Falconaia   10
Punta Fetovaia   **230**
Punta Gabbianora   237
Punta Gorgona   239
Punta Morcone   204
Punta Nera   169
Punta Penisola   176, 177
Punta Polveraia   169, 208
Punta Secca   236
Puplona (Populonia)   60, **61**

Reale   225, 226
Reggio Emilia   60
Riese   156
Rhodos   116
Rio   61, 107, 117, 118, 119
Rio Albano (Erzgrube)   20, 22, 23, 24, **26**, 184
Rio Albano   184, 226
Rio di Ortano   182
Rio Marina   13, 14, 19, 23, 24, 51, 105, 115, 134, 153, 162, 180, **182 f.**, 201, 219, 223, **226**, 231, 237 (Farbt. 39)
– Palazzo Communale   183
– Torre degli Appiani   182, 183
Rio Marina (Erzgrube)   19, 20, 21, 22, 24, **26**, 53, 109, 119, **183**, 184, 204, 210 (Farbt. 46, 49)
Rio nell'Elba   13, **59**, 117, 153, 180, 181, 182, **184 f.**, 216, 219, 223, 226, 227, 231 (Farbt. 17, 18, 38)
Rio Ortano   12
Rom   60, 61, 62, 110, 131, 219, 222
Rosselba Le Palme   224
Rußland   132

San Bartolommeo   52
San-Bernardino-Tunnel   217
San Cerbone   207, 208
San Giovanni   61, 131, 133, 135
San Giovanni (Kirche)   **109 f.**, 173 (Farbt. 28; Abb. 45)
San Giovanni (Therme)   179, **231**
San Giovanni (Turm)   113 (Abb. 37)
San Lorenzo   **113**, 170 (Abb. 43, 44)
San Lucia   51, 52

San Mamiliano   64
San Martino   176
– Demidoff-Palast   124/25, 126, 175 (Abb. 60, 61)
– Villa Napoleone di San Martino   123, 124/25, **126 f.**, 175 (Abb. 59, 62)
– Ägyptischer Saal   127 (Abb. 62)
San Michele   109, **110**, 204
San Piero in Campo   19, 20, 22, 23, 24, 105, 107, 109, 111, 113, 166, 172, **173 f.**, 178, 207, 219, 224, 234 (Abb. 10)
– Chiesa dei Santi Pietro e Paolo   **111**, 173 (Abb. 40–42)
Sant' Andrea   64, 165, **169**, 208, 226
St. Helena   132, 163
Santa Lucia   132, 232
Sant' Ilario in Campo   20, 22, 24, 107, 119, 172, **174**, 178, 207, 209, 219, 224 (Farbt. 35)
Santo Stefano alle Trane   109, **112 f.**, 202 (Abb. 38, 39)
Santuario di Santa Caterina   **184**
Sardinien   11, 60, 64, 107, 116, 228, 238
Sassi Neri (Erzgrube)   22, 24, **25**
Sassi Turchini   225
Scaglieri   176, 177, 225 (Farbt. 15)
Schiopparello   226
Secche del Campese   237
Seccheto   12, 29, 61, 136, 153, 163, 165, 166, **167**, 178, 207, 226 (Abb. 64)
– pisanische Säule   167 (Abb. 33)
Sedia di Napoleone   13, **169**
Siena   116
Sizilien   11, 116
Soest   111
Sole e Mare   225
Spanien   107, 115, 116
Spartaia   226
Spiaggia del Golfo Stella   **227**
Spiaggia del Lido   181
Spiaggia di Naregno   203
Spiaggia d'Ortano   182
Spiazzi di Rio Marina   52
Stella, Halbinsel   12, 179
Stella Mare   225
Stracoligno   226
Syrakus   60, 61

Tallinucci   225
Tarquinia   61
Terranera (Erzgrube)   20, 21, 22, 23, 24, **25f.**, 182 (Farbt. 47)
Terranera, Strand   226
Torre di Rio   21, 22
Torre di San Giovanni   **173** (Abb. 37)
Toskana   11, 13, 34, 51, 53, 109, 111, 116, 118, 119, 135
Toskanischer Archipel   11, 48, 50, 135, 153, 158, 229, 234, 238
Triest   135
Tunis   115
Tyrrhenisches Becken   16
Tyrrhenisches Meer   7, 11, 14, 52, 60, 106, 114, 119

Vaglisotto   111
Valeria   61, 183
Vallebuia   61, 167
Valle delle Ceramiche   175, **176f.** (Farbt. 36; Abb. 67, 68)
Valle di Filetto   179
Valle Dimola   12
Valle di Pedalta   207
Valle Gueccarina   52
Valle S. Maria   225
Veji   60
Viareggio   7
Vigneria   226
Villanova   52
Villa Ottone   10, 202
Villa romana delle Grotte   62ff., 179, 181 (Farbt. 4, 5; Abb. 32)
Viticcio   13, 176
Volterra   108
Volterraio   10, 105, **107f.**, 116, 118, 156, 180, 181, 182, **202**, 210 (Umschlaginnenklappe vorn, Farbt. 2, 3; Abb. 13)

Waterloo   132, 133
Wien   119, 220

Zanca   169
Zuccale   226
Zürich   217, 220

Bitte beachten Sie auch folgende Veröffentlichungen aus unserem Verlag:

Toscana
Das Hügelland und die historischen Stadtzentren
Pisa Lucca Pistoia Prato Arezzo Siena San Gimignano Volterra
Von Klaus Zimmermanns. 392 Seiten mit 40 farbigen und 132 einfarbigen Abbildungen, 140 Plänen und Zeichnungen, 16 Seiten praktischen Reisehinweisen, Literaturangaben, Register (DuMont Kunst-Reiseführer)

»Ein Kunstbuch besonderer Art ist der hervorragende Kunst-Reiseführer durch die Toscana von Klaus Zimmermanns. Flüssig geschrieben, schildert er die an Kunstschätzen reiche Gegend und führt den Leser mit seinen informativen Texten, Zeichnungen und Fotos geradezu in Versuchung.« *Marin-Echo*

»Richtig reisen«: Toscana
Von Claudia Nana Nenzel. 368 Seiten mit 33 farbigen und 182 einfarbigen Abbildungen, 17 Karten und Plänen, 55 Seiten praktischen Reisehinweisen

Die Villen der Toscana und ihre Gärten
Kunst- und kulturgeschichtliche Reisen durch die Landschaften um Florenz und Pistoia, Lucca und Siena
Von Gerda Bödefeld und Berthold Hinz. 344 Seiten mit 25 farbigen und 41 einfarbigen Abbildungen sowie 154 Plänen und Zeichnungen, Katalog der 94 Villen und ihrer Gärten, Übersicht über die bedeutendsten Villen-Architekten, 6 Seiten praktischen Reisehinweisen, Glossar, Literaturverzeichnis, Register (DuMont Kunst-Reiseführer)

Die ländliche Toscana
Entdeckungsreisen abseits der bekannten Routen
Von Lieselotte Sauer-Kaulbach. 376 Seiten mit 29 farbigen und 65 einfarbigen Abbildungen im Text, 9 Seiten praktischen Reisehinweisen, Erklärung der Fachbegriffe, Literaturhinweisen, Register (DuMont Kunst-Reiseführer)

Toscana
Von Claudia Aigner und Karl Henkel. 281 Seiten mit 10 farbigen und 46 einfarbigen Abbildungen, Karten und Plänen, 25 Seiten praktischen Reisehinweisen, Register
(DuMont Reise-Taschenbücher, Band 2021)

»Richtig wandern«: Toscana und Latium
Von Christoph Hennig. 224 Seiten mit 14 farbigen und 41 einfarbigen Abbildungen, 28 Karten und Plänen, Register

Von Almut und Frank Rother erschienen in unserem Verlag:

Korsika

Natur und Kultur auf der ›Insel der Schönheit‹
Menhirstatuen, pisanische Kirchen und genuesische Zitadellen
336 Seiten und 42 farbigen und 139 einfarbigen Abbildungen, 88 Plänen und Zeichnungen, 21 Seiten praktischen Reisehinweisen, Register (DuMont Kunst-Reiseführer)

Die Kanarischen Inseln

Inseln des ewigen Frühlings: Teneriffa, Gomera, Hierro, La Palma, Gran Canaria, Fuerteventura, Lanzarote
336 Seiten mit 95 farbigen und 93 einfarbigen Abbildungen, 71 Zeichnungen und Plänen, Sachwortverzeichnis, Literaturhinweisen, 27 Seiten praktischen Reisehinweisen

»Wer sich an irgendwelchen Sand- oder Felsgestaden nur die Sonne auf den Bauch scheinen lassen möchte, kann sich die Ausgabe sparen. Wer aber wissen möchte, auf welche Erdformationen er seinen Körper bettet, wie diese Eilande zustande kamen und wo die Sehenswürdigkeiten sind, der kommt um dieses Buch nicht herum.« *Münchner Merkur*

Jugoslawien

Geschichte, Kunst und Landschaft zwischen Adria und Donau
352 Seiten mit 49 farbigen und 200 einfarbigen Abbildungen, 85 Zeichnungen und Plänen, 40 Seiten praktischen Reisehinweisen, Sachwortregister, ausgewählter Literatur, Personen- und Ortsregister

»Dieses Buch zeichnet sich durch seine kultivierte Aufmachung aus: reich bebildert und graphisch gut gegliedert. Dazu praktische Reisehinweise mit Routenvorschlägen am Schluß. Ein empfehlenswertes Buch.« *Deutsche Zeitung*

Die Bretagne

Im Land der Dolmen, Menhire und Calvaires
312 Seiten mit 45 farbien und 137 einfarbigen Abbildungen, 73 Zeichnungen und Plänen, 34 Seiten praktischen Reisehinweisen, Register

»Anspruchsvolle Reisende werden zu den großen und kleineren Kunstdenkmälern dieser Region geführt und bekommen in zahlreichen Fotos, Grundrißzeichnungen und Zeittafeln zusätzliche Informatioen. Besonders detailliert geschildert werden die mittelalterlichen Städte. In Verbindung mit den auf gelbem Papier gedruckten ›Praktischen Reisehinweisen‹ wird dieses Buch zu einem nützlichen Reisebegleiter.« *Stuttgarter Zeitung*

DuMont Kunst-Reiseführer

Ägypten und Sinai – Geschichte, Kunst und Kultur im Niltal Vom Reich der Pharaonen bis zur Gegenwart

Albanien Kunstreise durch das Land der Skipetaren

Algerien – Kunst, Kultur und Landschaft Von den Stätten der Römer zu den Tuareg der zentralen Sahara

Belgien – Spiegelbild Europas Eine Einladung nach Brüssel, Gent, Brügge, Antwerpen, Lüttich und zu anderen Kunststätten

Die Ardennen Eine alte Kulturlandschaft im Herzen Europas

Bhutan Kunst und Kultur im Reich des Drachen

Brasilien Völker und Kulturen zwischen Amazonas und Atlantik

Bulgarien Kunstdenkmäler aus vier Jahrtausenden von den Thrakern bis zur Gegenwart

Volksrepublik China Kunstreisen durch das Reich der Mitte

Dänemark Land zwischen den Meeren

Bundesrepublik Deutschland

Das Allgäu Städte, Klöster und Wallfahrtskirchen zwischen Bodensee und Lech

Bayerisch Schwaben Kultur, Geschichte und Landschaft zwischen Ries und Lechfeld

Das Bergische Land Kultur, Geschichte, Landschaft zwischen Ruhr und Sieg

Bodensee und Oberschwaben Zwischen Donau und Alpen: Wege und Wunder im ›Himmelreich des Barock‹

Bonn Von der römischen Garnison zur Bundeshauptstadt. Kunst und Kultur zwischen Voreifel und Siebengebirge

Bremen, Bremerhaven und das nördliche Niedersachsen Kultur, Geschichte und Landschaft zwischen Unterweser und Elbe

Deutsche Demokratische Republik Geschichte und Kunst von der Romanik bis zur Gegenwart

Düsseldorf Eine moderne Landeshauptstadt mit 700jähriger Geschichte und Kultur

Die Eifel Entdeckungsfahrten durch Landschaft, Geschichte, Kultur und Kunst

Franken – Kunst, Geschichte und Landschaft Würzburg, Rothenburg, Bamberg, Nürnberg und die Kunststätten der Umgebung

Freie und Hansestadt Hamburg Geschichte, Kultur und Stadtbaukunst an Elbe und Alster

Hannover und das südliche Niedersachsen Geschichte, Kunst und Landschaft zwischen Harz und Weser, Braunschweig und Göttingen

Hessen Vom Edersee zur Bergstraße. Die Vielfalt von Kunst und Landschaft zwischen Kassel und Darmstadt

Nördliches Hessen Zwischen Lahn und Werra, Reinhardswald und Rhön – Rundfahrten im Land des Fachwerkbaues

Hunsrück und Naheland Entdeckungsfahrten zwischen Mosel, Nahe, Saar und Rhein

Köln Zwei Jahrtausende Kunst, Geschichte und Kultur

Kölns romanische Kirchen Architektur, Ausstattung, Geschichte

Die Mosel Von der Mündung bei Koblenz bis zur Quelle in den Vogesen

München Von der welfischen Gründung Heinrichs des Löwen bis zur Gegenwart: Kunst, Kultur, Geschichte

Münster und das Münsterland Ein Reisebegleiter in das Herz Westfalens

Zwischen Neckar und Donau Kunst, Kultur und Landschaft von Heidelberg bis Heilbronn, im Hohenloher Land, Ries, Altmühltal und an der oberen Donau

Der Niederrhein Landschaft, Geschichte und Kultur am unteren Rhein

Oberbayern Kultur, Geschichte, Landschaft zwischen Donau und Alpen, Lech und Salzach

Oberpfalz, Bayerischer Wald, Niederbayern Regensburg und das nordöstliche Bayern

Osnabrück, Oldenburg und das westliche Niedersachsen Kultur, Geschichte, Landschaft zwischen Weser und Ems

Ostfriesland mit Jever- und Wangerland Über Moor, Geest und Marsch zum Wattenmeer und zu den Inseln Borkum, Juist, Norderney, Baltrum, Langeoog, Spiekeroog und Wangerooge

Der Rhein von Mainz bis Köln Eine Reise durch das Rheintal

Das Ruhrgebiet Kultur und Geschichte im »Revier« zwischen Ruhr und Lippe

Sachsen Kultur und Landschaft zwischen Dresden, Leipzig und Chemnitz

Sachsen-Anhalt Zwischen Harz und Fläming, Altmark und Unstrut-Tal – Kultur, Geschichte und Landschaft an Elbe und Saale

Sauerland mit Siegerland und Wittgensteiner Land

Schleswig-Holstein Zwischen Nordsee und Ostsee

Der Schwarzwald und das Oberrheinland Wege zur Kunst zwischen Karlsruhe und Waldshut: Ortenau, Breisgau, Kaiserstuhl und Markgräflerland

Sylt, Amrum, Föhr, Helgoland, Pellworm, Nordstrand und Halligen Natur und Kultur auf Helgoland und den Nordfriesischen Inseln

Thüringen Reisen durch eine große deutsche Kulturlandschaft

Der Westerwald Vom Siebengebirge zum Hessischen Hinterland

Östliches Westfalen Vom Hellweg zur Weser. Kunst und Kultur zwischen Soest und Paderborn, Minden und Warburg

Württemberg-Hohenzollern Kunst und Kultur zwischen Schwarzwald, Donautal und Hohenloher Land: Stuttgart, Heilbronn, Schwäbisch Gmünd, Tübingen, Rottweil, Sigmaringen

Die Färöer Inselwelt im Nordatlantik

Frankreich

Auvergne und Zentralmassiv Entdeckungsreisen von Clermont-Ferrand über die Vulkane und Schluchten des Zentralmassivs zum Cevennen-Nationalpark

Die Bretagne Im Land der Dolmen, Menhire und Calvaires

Burgund Burgen, Klöster und Kathedralen im Herzen Frankreichs: Das Land um Dijon, Auxerre, Nevers, Autun und Tournus

Côte d'Azur Frankreichs Mittelmeer-Küste von Marseille bis Menton

Das Elsaß Wegzeichen europäischer Kultur und Geschichte zwischen Oberrhein und Vogesen

Frankreich für Pferdefreunde Kulturgeschichte des Pferdes von der Höhlenmalerei bis zur Gegenwart

Frankreichs gotische Kathedralen Eine Reise zu den Höhepunkten mittelalterlicher Architektur in Frankreich

Romanische Kunst in Frankreich Ein Reisebegleiter zu allen bedeutenden romanischen Kirchen und Klöstern

Korsika Natur und Kultur auf der ›Insel der Schönheit‹
Languedoc – Roussillon Von der Rhône zu den Pyrenäen
Das Tal der Loire Schlösser, Kirchen und Städte im ›Garten Frankreichs‹
Lothringen Kunst, Geschichte, Landschaft
Die Normandie Vom Seine-Tal zum Mont St. Michel
Paris und die Ile de France Die Metropole und das Herzland Frankreichs. Von der antiken Lutetia bis zur Millionenstadt
Périgord und Atlantikküste Kunst und Natur im Land der Dordogne und an der Côte d'Argent von Bordeaux bis Biarritz
Das Poitou Westfrankreich zwischen Poitiers, La Rochelle und Angoulême – die Atlantikküste von der Loiremündung bis zur Gironde
Die Provence Ein Begleiter zu den Kunststätten und Naturschönheiten im Sonnenland Frankreichs
Savoyen Vom Genfer See zum Montblanc – Natur und Kunst in den französischen Alpen

Griechenland
Athen Geschichte, Kunst und Leben der ältesten europäischen Großstadt von der Antike bis zur Gegenwart
Die griechischen Inseln Ein Reisebegleiter zu den Inseln des Lichts
Korfu Das antike Kerkyra im Ionischen Meer
Kreta – Kunst aus fünf Jahrtausenden Von den Anfängen Europas bis zur kreto-venezianischen Kunst
Rhodos Eine der sonnenreichsten Inseln im Mittelmeer – ihre Geschichte, Kultur und Landschaft
Tempel und Stätten der Götter Griechenlands Ein Reisebegleiter zu den antiken Kultzentren der Griechen

Grönland Kultur und Landschaft am Polarkreis

Großbritannien
Englische Kathedralen Eine Reise zu den Höhepunkten englischer Architektur von 1066 bis heute
Die Kanalinseln und die Insel Wight Die britischen Inseln zwischen Normandie und Süd-England
London Biographie einer Weltstadt
Die Orkney- und Shetland-Inseln Landschaft und Kultur im Nordatlantik
Ostengland Suffolk, Norfolk und Essex. Von Künstlern und Bauern, Kirchen und Palästen der Countryside
Schottland Geschichte und Literatur. Architektur und Landschaft
Süd-England Von Kent bis Cornwall. Architektur und Landschaft, Literatur und Geschichte
Wales Literatur und Politik – Industrie und Landschaft

Guatemala Honduras – Belize. Die versunkene Welt der Maya

Holland Ein Reisebegleiter durch Städte und Provinzen der Niederlande

Indien Von den Klöstern im Himalaya zu den Tempelstätten Südindiens
Ladakh und Zanskar Lamaistische Klosterkultur im Land zwischen Indien und Tibet

Indonesien Ein Reisebegleiter nach Java, Sumatra, Bali und Sulawesi (Celebes)
Bali Tempel, Mythen und Volkskunst auf der tropischen Insel zwischen Indischem und Pazifischem Ozean

Irland – Kunst, Kultur und Landschaft Entdeckungsfahrten zu den Kunststätten der ›Grünen Insel‹

Island Vulkaninsel zwischen Europa und Amerika

Israel
Das Heilige Land Historische und religiöse Stätten von Judentum, Christentum und Islam in dem zehntausend Jahre alten Kulturland zwischen Mittelmeer, Rotem Meer und Jordan

Italien
Die Abruzzen Das Bergland im Herzen Italiens. Kunst, Kultur und Geschichte
Apulien Kastelle und Kathedralen im Südreich der Staufer
Elba Ferieninsel im Tyrrhenischen Meer. Macchienwildnis, Kulturstätten, Dörfer, Mineralienfundorte
Emilia-Romagna Oberitalienische Kunststädte zwischen Po, Apennin und Adria
Das etruskische Italien Entdeckungsfahrten zu den Kunststätten und Nekropolen der Etrusker
Florenz Ein europäisches Zentrum der Kunst. Geschichte, Denkmäler, Sammlungen
Gardasee, Verona, Trentino Der See und seine Stadt – Landschaft und Geschichte, Literatur und Kunst
Latium – Das Land um Rom Klöster und Villen, Kirchen und Gräberstädte, mittelalterliche Orte und arkadische Landschaften
Lombardei und Oberitalienische Seen Kunst und Landschaft zwischen Adda und Po
Die Marken Die adriatische Kulturlandschaft zwischen Urbino, Loreto und Ascoli Piceno
Der Golf von Neapel Das Traumziel der klassischen Italienreise. Geschichte, Kunst, Geographie
Piemont und Aosta-Tal Begegnungen italienischer und französischer Kunst im Königreich der Savoyer. Kultur, Geschichte und Landschaft im Bogen der Westalpen
Die italienische Riviera Ligurien – die Region und ihre Küste von San Remo über Genua bis La Spezia
Rom – Ein Reisebegleiter Zweieinhalb Jahrtausende Kunst und Kultur der Ewigen Stadt
Rom in 1000 Bildern Kunst und Kultur der ›Ewigen Stadt‹ in mehr als 1000 Bildern
Das antike Rom Die Stadt der sieben Hügel: Plätze, Monumente und Kunstwerke. Geschichte und Leben im alten Rom
Sardinien Entdeckungsreisen auf einer der schönsten Inseln im Mittelmeer
Südtirol Begegnungen nördlicher und südlicher Kulturtradition in der Landschaft zwischen Brenner und Salurner Klause
Toscana Das Hügelland und die historischen Stadtzentren
Die ländliche Toscana Entdeckungsreisen abseits der bekannten Routen
Die Villen der Toscana und ihre Gärten Kunst- und kulturgeschichtliche Reisen durch die Landschaften um Florenz, Pistoia, Lucca und Siena
Umbrien Eine Landschaft im Herzen Italiens
Venedig Die Stadt in der Lagune – Kirchen und Paläste, Gondeln und Karneval
Das Veneto Verona, Vicenza, Padua. Städte und Villen, Kultur und Landschaft Venetiens
Die Villen im Veneto Eine kunst- und kulturgeschichtliche Reise in das Land zwischen Alpenrand und Adriabogen

Japan – Tempel, Gärten und Paläste Einführung in Geschichte und Kultur und Begleiter zu den Kunststätten Japans

Der Jemen Nord- und Südjemen. Antikes und islamisches Südarabien

Jordanien Völker und Kulturen zwischen Jordan und Rotem Meer

Jugoslawien Kunst, Geschichte und Landschaft zwischen Adria und Donau

Karibische Inseln Westindien. Von Cuba bis Aruba

Kenya Kunst, Kultur und Geschichte am Eingangstor zu Innerafrika

Luxemburg Entdeckungsfahrten zu den Burgen, Schlössern, Kirchen und Städten des Großherzogtums

Malaysia und Singapur Dschungelvölker, Moscheen, Hindutempel, chinesische Heiligtümer und moderne Stadtkulturen im Herzen Südostasiens

Malta und Gozo Die goldenen Felseninseln – Urzeittempel und Malteserburgen

Marokko – Berberburgen und Königsstädte des Islam Ein Reisebegleiter zur Kunst Marokkos

Mexiko Ein Reisebegleiter zu den Götterburgen und Kolonialbauten Mexikos

Mexico auf neuen Wegen Ein Reisebegleiter zu präkolumbischen Kultstätten und Kunstschätzen

Namibia und Botswana Kultur und Landschaft im südlichen Afrika

Nepal – Königreich im Himalaya Geschichte, Kunst und Kultur im Kathmandu-Tal

Norwegen Natur- und Kulturlandschaften vom Skagerrak bis nach Finnmark

Österreich

Das Burgenland Land der Störche und der Burgen: Kultur, Landschaft und Geschichte zwischen Ostalpen und Pußta

Kärnten und Steiermark Vom Großglockner zum steirischen Weinland

Salzburg, Salzkammergut, Oberösterreich Kunst und Kultur auf Alpenreise vom Dachstein bis zum Böhmerwald

Tirol Nordtirol und Osttirol. Kunstlandschaft und Urlaubsland an Inn und Isel

Vorarlberg und Liechtenstein Landschaft, Geschichte und Kultur im ›Ländle‹ und im Fürstentum

Wien und Umgebung Kunst, Kultur und Geschichte der Donaumetropole

Pakistan Drei Hochkulturen am Indus. Harappa – Gandhara – Die Moguln

Papua-Neuguinea Niugini. Steinzeit-Kulturen auf dem Weg ins 20. Jahrhundert

Polen Geschichte, Kunst und Landschaft einer alten europäischen Kulturnation

Portugal Vom Algarve zum Minho
Madeira Kultur und Landschaft auf Portugals ›Blumeninsel‹ im Atlantik

Rumänien Schwarzmeerküste – Donaudelta – Moldau – Walachei – Siebenbürgen: Kultur und Geschichte

Die Sahara Mensch und Natur in der größten Wüste der Erde
Sahel Senegal, Mauretanien, Mali, Niger Islamische und traditionelle schwarzafrikanische Kultur zwischen Atlantik und Tschadsee

Schweden
Schweden Vielfalt von Kunst und Landschaft im Herzen Skandinaviens

Gotland Die größte Insel der Ostsee. Eine schwedische Provinz von besonderem Reiz – Kultur, Geschichte, Landschaft

Schweiz
Die Schweiz Zwischen Basel und Bodensee · Französische Schweiz · Das Tessin · Graubünden · Vierwaldstätter See · Berner Land · Die großen Städte
Tessin Kunst und Landschaft zwischen Gotthard und Campagna Adorna
Das Wallis Der Südwesten der Schweiz

Skandinavien – Dänemark, Norwegen, Schweden, Finnland Kultur, Geschichte, Landschaft

Sowjetunion
Georgien und Armenien Zwei christliche Kulturlandschaften im Süden der Sowjetunion
Moskau und Leningrad Kunst, Kultur und Geschichte der beiden Metropolen, des ›Goldenen Ringes‹ und Nowgorods
Sowjetischer Orient Kunst und Kultur, Geschichte und Gegenwart der Völker Mittelasiens

Spanien
Die Kanarischen Inseln Inseln des ewigen Frühlings: Teneriffa, Gomera, Hierro, La Palma, Gran Canaria, Fuerteventura, Lanzarote
Katalonien und Andorra Von den Pyrenäen zum Ebro. Costa Brava – Barcelona – Tarragona – Die Königsklöster
Der Prado in Madrid Ein Führer durch eine der schönsten Gemäldesammlungen Europas (Frühjahr '92)
Mallorca – Menorca Ein Begleiter zu den kulturellen Stätten und landschaftlichen Schönheiten der großen Balearen-Inseln
Nordwestspanien Landschaft, Geschichte und Kunst auf dem Weg nach Santiago de Compostela
Spaniens Südosten – Die Levante Die Mittelmeerküste von Amposta über Valencia und Alicante bis Cartagena
Südspanien für Pferdefreunde Kulturgeschichte des Pferdes von den Höhlenmalereien bis zur Gegenwart. Geschichte der Stierfechterkunst

Sudan Steinerne Gräber und lebendige Kulturen am Nil

Südamerika: präkolumbische Hochkulturen Kunst der Kolonialzeit. Ein Reisebegleiter zu den Kunststätten in Kolumbien, Ekuador, Peru und Bolivien

Südkorea Kunst und Kultur im Land der ›Hohen Schönheit‹

Syrien Hochkulturen zwischen Mittelmeer und Arabischer Wüste

Thailand und Burma Tempelanlagen und Königsstädte zwischen Mekong und Indischem Ozean

Tschechoslowakei Kunst, Kultur und Geschichte im Herzen Europas
Prag Kultur und Geschichte der ›Goldenen Stadt‹

Türkei
Istanbul Bursa und Edirne. Byzanz – Konstantinopel – Stambul. Eine historische Hauptstadt zwischen Abend- und Morgenland
Ost-Türkei Völker und Kulturen zwischen Taurus und Ararat

Ungarn Kultur und Kunst im Land der Magyaren

USA – Der Südwesten Indianerkulturen und Naturwunder zwischen Colorado und Rio Grande

Vietnam Pagoden und Tempel im Reisfeld – im Focus chinesischer und indischer Kultur

Zimbabwe Das afrikanische Hochland zwischen den Flüssen Zambezi und Limpopo

Zypern 8000 Jahre Geschichte: Archäologische Schätze – Byzantinische Kirchen – Gotische Kathedralen

»Richtig reisen«

- Ägypten
- Kairo
- Sinai und Rotes Meer
- Algerische Sahara
- Arabische Halbinsel
- Bahamas
- Belgien
- Belgien mit dem Rad
  Bundesrepublik Deutschland
- Berlin
- München
- China
- Cuba
- Dänemark
- Bornholm
- Ferner Osten
- Finnland
  Frankreich
- »Richtig wandern«: Bretagne
- »Richtig wandern«: Burgund
- Elsaß
- Korsika
- Paris
- »Richtig wandern«: Pyrenäen
- Griechenland
- Kreta
- »Richtig wandern«: Kykladen
- »Richtig wandern«: Nordgriechenland
- »Richtig wandern«: Rhodos
- Großbritannien
- London
- »Richtig wandern«: Nord-England
- »Richtig wandern«: Schottland
- »Richtig wandern«: Englands Süden
- Guadeloupe – Martinique
- Holland
- Amsterdam
- Hongkong mit Macau und Kanton
  Indien
- Nord-Indien
- Süd-Indien
- Indonesien
- Von Bangkok nach Bali
- Irland
- Italien
- Friaul – Triest – Venetien
- Neapel
- Oberitalien
- Sizilien
- Süditalien
- »Richtig wandern«: Südtirol
- Toscana
- »Richtig wandern«: Toscana und Latium
- Venedig
- Jamaica

- Kanada und Alaska
- Ost-Kanada
- West-Kanada und Alaska
  Luxemburg
- Belgien und Luxemburg
- Madagaskar – Komoren
- Malediven
- Marokko
- Mauritius
- Mexiko
- Nepal
- Neuseeland
- Norwegen
  Österreich
- Graz und die Steiermark
- Wien
- Ostafrika
- Philippinen
- Portugal
- Azoren
- Réunion
- Schweden
- Die Schweiz und ihre Städte
- Seychellen
  Sowjetunion
- Moskau
- Spanien
- Andalusien
- Barcelona
- Gran Canaria
- Ibiza/Formentera
- Lanzarote
- Madrid und Kastilien
- »Richtig wandern«: Mallorca
- »Richtig wandern«: Pyrenäen
- Teneriffa
  Südamerika
- Argentinien – Chile – Paraguay – Uruguay
- Peru und Bolivien
- Venezuela – Kolumbien und Ecuador
- Thailand
- Von Bangkok nach Bali
- Türkei
- Istanbul
- Tunesien
  USA
- Florida
- Hawaii und Südsee
- Kalifornien
- Los Angeles
- Neu-England
- New Orleans und die Südstaaten
- New York
- Texas
- Südwesten – USA
- Washington D. C.
- Zentralamerika
- Zypern

DuMont Reise-Taschenbücher

Ägypten Die klassische Nilreise. Von Hans-Günter Semsek (Band 2001)
Amazonien Von Hans Otzen (Band 2033)
Andalusien Von Maria Anna Hälker (Band 2030)
Apulien Von Birgid Hanke (Band 2019)
Bali Java – Lombok. Von Roland Dusik (Band 2002)
Bangkok und Südthailand Von Rainer Krack (Band 2003)
Berlin Von Petra Dubilski (Band 2022)
Bretagne Von Uwe Anhäuser (Band 2027)
Burgund Von Norbert Lewandowski (Band 2031)
Côte d'Azur Von Britta Sandberg (Band 2018)
Djerba und Südtunesien Von Hans-Joachim Aubert (Band 2004)
Dominikanische Republik Von Ulrich Fleischmann (Band 2034)
Holland Von Siggi Weidemann (Band 2032)
Irland Von Susanne Tschirner (Band 2016)
Kapverdische Inseln Von Rolf Osang (Band 2029)
Korfu und die Ionischen Inseln Von Klaus Bötig (Band 2017)
Kykladen Von Beo Scharfenberger (Band 2005)
London Von Reinhard Damm (Band 2020)
Los Angeles und Süd-Kalifornien Von Ulf Müller-Moewes (Band 2014)
Malta Von Hans E. Latzke (Band 2006)
Südmarokko Von Hartmut Buchholz (Band 2013)
Moskau und Leningrad Von Ulrike Krause und Enno Wiese (Band 2015)
München Von Heide Marie Karin Geiss (Band 2024)
New Orleans und Umgebung Von Leo Linder (Band 2025)
Nicaragua Von Ingeborg Weber und Hans-Otto Wiebus (Band 2007)
Normandie Von Manfred Braunger (Band 2028)
Paris Von Uwe Anhäuser (Band 2008)
San Francisco und Umgebung Von Ernst P. Rischmüller (Band 2009)
Singapur und Westmalaysia Von Rainer Krack (Band 2026)
Teneriffa Von Gottfried Aigner (Band 2011)
Toscana Von Claudia Aigner und Karl Henkel (Band 2021)
Die schönsten Autorouten durch die USA
Von Hans-R. Grundmann (Band 2012)
Wien Von Walter M. Weiss (Band 2023)
Medizinisches Handbuch für Fernreisen
Informationen zur Selbsthilfe unterwegs. Von Wolf Lieb (Band 2010)